Reiseführer Natur
Nördliches S

mit Finnland

Die Deutsche Bibliothek – CIP-Einheitsaufnahme

Reiseführer Natur nördliches Skandinavien:
mit Finnland / Angelika Lang; Sven Halling; Detlef Singer. – München; Wien; Zürich; BLV, 1994
Nebent.: Nördliches Skandinavien mit Finnland
ISBN 3-405-14512-0
NE: Lang, Angelika; Halling, Sven; Singer, Detlef; Nördliches Skandinavien mit Finnland

Umschlagfotos: S. Halling (hinten Preiselbeere); B. Kiesewetter (vorn: Lofoten, Insel Moskenesøya); D. Singer (hinten: Unglückshäher; großes Foto: Nationalpark Muddus, Blick vom Vogelturm am Muddusluobbal)

Foto S. 1: Alpenschneehuhn (Weibchen) im Winterkleid
Foto S. 2/3: Landschaft am Kungsleden zwischen Abisko und Alesjaure

BLV Verlagsgesellschaft mbH
München Wien Zürich
80797 München

Umschlaggestaltung: Julius Negele, München
Karten: Viertaler + Braun, Grafik + DTP, München
Redaktionelle Mitarbeit: Dr. Einhard Bezzel, Prof. Dr. Josef H. Reichholf
Lektorat: Dr. Friedrich Kögel
Layout: Volker Fehrenbach, München
Herstellung: Hermann Maxant
Satz: Grafisches Büro V. Fehrenbach, München
Reproduktionen: G+S Grafikstudio, Verona
Druck: Appl, Wemding
Bindung: Bückers GmbH, Anzing
Gedruckt auf chlorfrei gebleichtem Papier

Printed in Germany · ISBN 3-405-14512-0

Inhalt

Einführung

Essays

Hauptreiseziele

Nebenreiseziele

Reiseplanung

Anhang

Zum Geleit

Reiseführer Natur — eine Chance für den sanften Tourismus?

Dem Massentourismus ist sehr viel Natur zum Opfer gefallen. Der Versuch, der Unwirtlichkeit der Städte und der Industriegesellschaft in eine »intakte Natur« für die kostbarsten Wochen des Jahres zu entfliehen, mißlang gründlich. Denn der Ruhe, Entspannung und Naturgenuß suchende Mensch wurde im Touristikboom schnell wieder in die Massen einbezogen und beinahe zu einer »Ware« degradiert. Der zähe Brei des Massentourismus wälzte sich, da er fortlaufend seine eigenen Existenzgrundlagen zerstört, immer weiter hinaus bis in die letzten Winkel der Erde. Mit größter Sorge betrachteten Naturschützer in aller Welt diese Entwicklung und versuchten – vergeblich – sich dagegenzustemmen. Sie waren und sind machtlos gegen die Flut, die über sie und die wenigen geschützten Gebiete hereinbrach. Die Naturschützer hatten so gut wie keine Chancen, die Natur vor dem Massenansturm zu bewahren.

So wurde denn der Tourismus in Bausch und Bogen als nicht natur- und umweltverträglich verdammt und gebrandmarkt. Nicht ganz zu Recht, wie man bei objektiver Betrachtung der Sachlage zugeben muß. Denn nicht wenige der wichtigen, ja unersetzlichen Naturreservate der Welt konnten gerade wegen des Tourismus gesichert werden, der Staaten wie Tansania mit der weltberühmten Serengeti und Ecuador mit seinen Galápagos-Inseln mehr harte Währung einbrachte, als eine Umwidmung der geschützten Flächen zu anderen Formen der Nutzung. Durch geschickte und gezielte Lenkung des Besucherstromes ist es möglich, die Schäden gering zu halten, aber großen Nutzen einzubringen. Viele Beispiele gibt es hierfür. In Amerika, in Afrika und in Südostasien gelingt es offenbar weitaus besser, Naturreservate zu erhalten als hierzulande in Mitteleuropa, wo Naturschutzgebiete fast automatisch zu Sperrgebieten für Naturfreunde gemacht werden (während andere Nutzungsformen, insbesondere Jagd und Fischerei, in der Regel uneingeschränkt weiterlaufen dürfen).

Es fehlt an Information und an Personal, das die Schutzgebiete überwacht, Besucher betreut und für die Erhaltung der Natur wie für die Einhaltung der Schutzbestimmungen sorgt. Vielfach können gerade da, wo die Schutzgebiete mit strengem »Betreten verboten« ausgewiesen sind, die Schutzziele nicht eingehalten werden. Es fehlen die »Verbündeten«; sie sind als Naturfreunde ausgeschlossen und damit keine starken Partner. Eine grundsätzliche Änderung, eine Wende zum Besseren ist derzeit nicht in Sicht. So bleibt der Naturfreund auf sich allein gestellt, Natur zu erleben, ohne sie zu zerstören.

Die neue Serie »Reiseführer Natur« folgt diesem Leitgedanken. Sie will den engagierten Naturfreunden die Möglichkeit aufzeigen, sich schöne Landschaften mit einem reichhaltigen oder einzigartigen Tier- und Pflanzenleben auf eine »umweltverträgliche« Art und Weise zu erschließen. Ein Tourismus dieser Art, der auf Information aufbaut und dessen Ziel die Sicherung der Naturschönheiten ist, wird vielleicht die überfällige Wende bringen. Unberührte Natur, naturnahe Landschaften und freilebende Tiere und Pflanzen haben ihren besonderen Wert. Aber er wird nicht zum Nulltarif auf Dauer zu erhalten sein.

Dr. Einhard Bezzel
Prof. Dr. Josef H. Reichholf

Vorwort

Mit Urlaub in Skandinavien oder Finnland verbinden die meisten Mitteleuropäer Kälte, Regen und Mücken und stellen rasch eine Verbindung zu Sibirien her. Naturfreunde, die es wagen, Nordeuropa sogar als bevorzugtes Reiseziel anzugeben, stoßen oft auf Unverständnis. Als Argument wird häufig vorgebracht, es gäbe dort oben doch nur endlose, langweilige Wälder.
Die negative Einschätzung des europäischen Nordens als Reiseland hat durchaus auch sein Gutes gehabt, denn dadurch blieben den drei Ländern die typischen Auswüchse des »Phänomens« Tourismus mit Hotelburgen, Müllchaos und überlaufenen Naturgebieten, wie wir sie aus Südeuropa gewohnt sind, erspart – auch wenn anderweitige Naturzerstörungen wie Kahlschläge, Entwässerung von Mooren oder gigantische Stauseeprojekte Nordeuropa keineswegs verschont haben.
In den letzten Jahren hat jedoch ein Wandel der Einstellung vieler Zentraleuropäer zu den nordeuropäischen Ländern stattgefunden. Im Zusammenhang mit dem Trend »Zurück zur Natur« haben sich viele besonnen, daß es im Norden noch weite und nahezu unberührte Naturlandschaften gibt, in denen man Entspannung von der Hetze des Alltags finden kann.
Nordskandinavien und Finnland bieten wanderlustigen Naturfreunden viele Möglichkeiten des Naturgenusses, jeder kann auf seine Kosten kommen: Sei es der Langstreckenwanderer, der für ein oder zwei Wochen mit Rucksack, Zelt und Verpflegung auf dem Rücken die Einsamkeit in der weglosen Wildnis sucht, oder eine Familie mit Kindern, die nur mit Fernglas und Brotzeit ausgerüstet ein paar Stunden von einem komfortablen Bohlenweg aus die unberührte Natur erkunden will.
Mit diesem Reiseführer wollen wir allerdings nicht die Touristenströme, die bisher in Richtung Mittelmeerküste unterwegs waren, nach Norden umleiten. Vielmehr wünschen wir uns, daß naturinteressierte Menschen Skandinavien und Finnland kennenlernen, um zu erleben, welch positive Auswirkungen intakte Natur auf Körper, Geist und Seele hat. Diese Erfahrungen mögen dazu beitragen, daß diese Menschen nicht nur die Natur im Norden als schützenswertes Gut erachten, sondern daß sie auch die Restnatur im eigenen Land mit anderen Augen sehen lernen und sich für deren Erhaltung einsetzen.
Helfen Sie bitte mit, daß die heute noch vergleichsweise riesigen Wildnisgebiete im Norden Europas auch unseren Kindern und Enkeln einzigartige Naturerlebnisse bieten können, und halten Sie sich bei Ihren Reisen strikt an die Schutzbestimmungen.
Am Zustandekommen des Buches waren neben den drei Autoren auch staatliche und private Organisationen in den drei Ländern beteiligt, die uns in großzügiger Weise Informationsmaterial zukommen ließen. Ihnen allen gilt unser herzlicher Dank, ganz besonders der Finnischen Zentrale für Tourismus in Frankfurt.

Angelika Lang
Sven Halling
Detlef Singer

Einführung

Zur Benutzung des Buches

Der Reiseführer umfaßt den Norden Skandinaviens sowie ganz Finnland. Zunächst ein paar klärende Worte: Streng genommen gehören zu Skandinavien nur Norwegen und Schweden, im weiteren Sinne wird Dänemark dazugezählt, im weitesten Sinne auch Finnland. Häufig wird das Problem umgangen, indem man Norwegen, Schweden und Finnland im Begriff »Fennoskandien« vereint.

Der Reiseführer möchte dem Leser die vielfältigen Naturlandschaften, die Pflanzen und Tiere des behandelten Gebietes vorstellen und ihn bei der Planung und Durchführung einer Nordlandreise unterstützen. Um möglichst gute und übersichtliche Informationen zu vermitteln, wurde das Buch in folgende Kapitel unterteilt: Einführung, Hauptteil mit Haupt- und Nebenreisezielen, Reiseplanung, Anhang.

Einführung: In der **»Kleinen Landeskunde«** erfährt der Leser Wissenswertes über die Lage, Größe, Fläche, Geologie/Geomorphologie und das Klima der 3 nordischen Länder. Der Abschnitt **»Pflanzen- und Tierwelt«** behandelt die Vegetationszonen und die Tiere. Das Kapitel **»Samen und Renhaltung«** befaßt sich mit den ursprünglichen Bewohnern der Region und ihrer Lebensweise. Darauf folgt das sogenannte **Jedermannsrecht,** ein ungeschriebenes Gesetz über Rechte und Pflichten des Naturnutzers, das es ausschließlich in Fennoskandien gibt. Schließlich beendet eine Zusammenstellung über die verschiedenen Schutzgebietstypen in den 3 Ländern den einführenden Teil.

Der Hauptteil des Buches stellt eine Auswahl der für den Naturtouristen besonders interessanten Gebiete Nordskandinaviens und Finnlands vor, die in 27 Hauptreiseziele und 19 Nebenreiseziele aufgeteilt sind. Auf einer Karte in der hinteren Buchklappe sind alle Haupt- und Nebenreiseziele eingezeichnet.

Hauptreiseziele sind sehenswerte Gebiete, in denen der Naturfreund schöne Landschaft, interessante geologische Formationen sowie typische Tiere und Pflanzen antreffen kann.

Zu Beginn jedes Hauptreiseziels befindet sich eine Kurzcharakterisierung des Gebietes, in der in Stichworten die »highlights« des vorgestellten Reiseziels erfaßt sind. Darauf folgt eine Beschreibung des Gebietes sowie anschließend der typischen Tier- und Pflanzenwelt. Im Abschnitt **»Im Gebiet unterwegs«** findet der Wanderer ausgewählte Routenbeschreibungen, die ihn zu den Sehenswürdigkeiten führen. Für die schnelle Orientierung im Gelände ist jedes Hauptreiseziel mit einer Karte ausgestattet.

»Praktische Tips« informieren über Klima, Reisezeit, Unterkunft, Karten und Anfahrt. In **»Blick in die Umgebung«** werden lohnenswerte Reiseziele vorgestellt, die vom entsprechenden Hauptreiseziel aus leicht zu erreichen sind beziehungsweise »auf der Strecke« liegen.

Interessante und wichtige Themen sind vielfach als kurze **»Essays«** herausgestellt; an ihrer blauen Unterlegung sind diese Zusatzinformationen leicht kenntlich.

Es wurde versucht, möglichst viele Tier- und Pflanzenarten, die man in einem Hauptreiseziel erleben kann, im Foto vorzustellen. Fotos aus dem natürlichen Lebensraum wurden bevorzugt. Wo nur um den Preis gravierender Störungen empfindlicher Arten gutes Bildmaterial zu erhalten ist, wurden Gehegeaufnahmen gewählt. »S...« verweist auf Arten, die in einem anderen Kapitel abgebildet sind, »s. S....« weist auf Textstellen hin.

Die **Nebenreiseziele** sind nicht etwa Reise-

ziele zweiter Klasse, sondern vom Erlebniswert her häufig gleichrangig wie Hauptreiseziele; jedoch sind sie oft nicht so leicht zugänglich oder befinden sich im »Schatten« eines noch attraktiveren Hauptreiseziels. Wieder andere bieten nur zu bestimmten Jahreszeiten interessante Beobachtungsmöglichkeiten.
Das Kapitel **Reiseplanung** enthält wichtige Adressen, Tips für An- und Einreise, Informationen für Autofahrer, Gesundheit, Reisezeit, Ausrüstung und Unterkunft. Ein finnisches und samisches Wörterbuch soll wegen der schwierigen Sprachen das Zurechtfinden auf den Karten erleichtern.
Im **Anhang** findet der Leser eine Liste mit der verwendeten und der weiterführenden Literatur sowie Hinweise auf allgemeines Kartenmaterial. Daran schließt sich ein **Wörterbuch** an mit den deutschen und wissenschaftlichen Artnamen der behandelten Tier- und Pflanzenarten; die wichtigsten Arten sind auch in einem deutsch/schwedischen, deutsch/norwegischen und deutsch/finnischen Wörterbuch aufgeführt.

Erklärung der in den Karten benutzten Symbole

Um die Karten im Hauptteil übersichtlich zu gestalten, wurden nur Informationen aufgenommen, die für Touristen interessant sind. Die verwendeten Symbole und Abkürzungen werden in der folgenden Übersicht erklärt. Sonderzeichen, die nur in einem einzigen Gebiet vorkommen, sind in der jeweiligen Karte erklärt.

Verwendete Kartensymbole

	Straße jeglicher Breite und Ausbaustufe		*Information*
95	*Straßennummer*	△	*Berg*
	Wanderweg	●	*Ortschaft*
	Naturlehrpfad		*Vogelturm*
	Fluß	*	*Aussichtspunkt, Sehenswürdigkeit*
	Staatsgrenze		*Hütte*
	Seilbahn	■	*Gehöft*
	See, Meer	P	*Parkplatz*
	Land		*Windschutz*
	Nationalpark		*Feuerstelle*
	Gletscher		*Hafen*
	Jugendherberge, Hotel		*Brücke*
	Campingplatz, Zeltstelle	3	*Besuchspunkte (mit Querverweisen im Text)*

Lage und Größe

Die Reiseziele, die im vorliegenden Führer vorgestellt werden, liegen innerhalb eines Bereiches, der sich vom 60. Breitengrad in Südfinnland und dem 63. Breitengrad in Mittelschweden bis zum 71. Breitengrad in Nordnorwegen erstreckt. Das Gebiet wird vom 12. Längengrad im Westen und dem 31. Längengrad im Osten begrenzt.

Norwegen: Das Territorium Festland-Norwegens umfaßt 323 877 km², davon machen Binnengewässer rund 5% aus. Die größte Nord-Süd-Ausdehnung beträgt 1752 km, die größte Breite 430 km. Die Küstenlänge mißt 2650 km, rechnet man alle Fjorde und Buchten hinzu, kommt man auf einen Wert von rund 21 000 km. Norwegen hat zur Zeit rund 4,2 Mio. Einwohner, pro km² leben im Durchschnitt 13 Menschen. Zum Vergleich: In Deutschland leben auf einer Fläche von 356 755 km² 79,5 Mio. Menschen, das entspricht 223 Einwohnern pro km².
Schweden: Die Gesamtfläche Schwedens beträgt 449 964 km², davon entfallen auf die Landfläche 411 479 km² und auf die Fläche der Binnengewässer 38 485 km². Von Nord nach Süd dehnt sich das Land über 1574 km aus. Die größte Ost-West-Ausdehnung mißt fast 500 km. Die rund 8,5 Mio. Einwohner leben vorwiegend im Süden des Landes, die Einwohnerdichte liegt im landesweiten Schnitt bei 18,8 Menschen pro km², in Lappland bei 1 Einwohner pro km².
Finnland: Finnland hat eine Fläche von 337 964 km²; 10% davon entfallen auf Binnengewässer. Es gibt mehr als 188 000 Seen, deren Durchmesser größer als 200 m ist. Die größte Nord-Süd-Ausdehnung erstreckt sich über 1160 km, die größte Ost-West-Ausdehnung über 540 km. Es gibt zirka 5 Mio. Finnen – das entspricht 15,7 Einwohnern pro km².

Entstehung und Landschaften

Das nördliche Skandinavien und Finnland weisen recht unterschiedliche Landschaftstypen auf, etwa die Fjorde an der Küste Norwegens, die Skanden, ein Gebirgszug entlang der norwegisch-schwedischen Grenze, die Schären im schwedischen und finnischen Ostseeraum und die Seenplatte im Süden Finnlands.
Der Untergrund von Fennoskandien besteht aus dem Baltischen Schild, der aus dem Urkontinent Megagäa entstanden ist. Er wurde bereits im Erdaltertum mehrfach gefaltet. Damals drangen gewaltige Mengen flüssigen Magmas aus dem Erdinneren in die bereits vorhandenen Gesteine ein und schmolzen sie um. Auf diese Weise entstanden Gneise, Granite, Quarzite und andere kristalline Schieferarten, deren große Härte bekannt ist. Der Baltische Schild ist heute noch der Untergrund Finnlands und Ostschwedens. In Norwegen und im Westen Schwedens wurden durch die kaledonische Gebirgsfaltung vor zirka 600 Mio. Jahren die Skanden über den Baltischen Schild geschoben.
Das kaledonische Gebirge im Grenzbereich von Norwegen und Schweden, die Skanden, erstreckt sich über 13 Breitengrade. Bei seiner Entstehung ragte es bis 8000 m hoch auf; heute ist es infolge starker Abtragung nur noch in Resten vorhanden. Die Skanden wurden im Tertiär noch einmal angehoben, vor allem im Bereich der heutigen Westküste, wo heute die höchsten Gipfel aufragen. Sie bestehen vor allem aus kristallinen Schiefern, in die verschiedene Gesteine in Form von Magma eingedrungen sind, beispielsweise Granite, Syenite und Gabbro.
Den letzten Schliff erhielt die Landschaft jedoch durch die Eiszeiten im Quartär, als die Eismassen im nördlichen Skandinavien bis 2000 m mächtig waren. Während mehrerer 100 000 Jahre transportierten die **Gletscher** große Mengen Gesteinsschutt, den sie in Form von Grund-, Seiten- und

Endmoränen ablagerten. Als das Eis abschmolz, wurden große Steine, Schotter und Sand von den Wassermassen über weite Strecken verfrachtet.
In den Skanden hinterließen die Gletscher U-förmige Trogtäler und Kare; nur die höchsten Gipfel wurden verschont und konnten ihren alpinen Charakter bewahren. Auf den Hochflächen entstand durch die Schürf- und Schleifarbeit der Gletscher die typische **Fjäll-Landschaft** mit weiten, flachen Hängen und runden Bergkuppen, wie man sie z. B. in Schweden oder im Nordosten Finnlands erleben kann, oder eine sanftgewellte Hochebene ohne charakteristische tiefe Taleinschnitte, wie in der Finnmarksvidda Nordnorwegens.
An der Küste Norwegens schufen die Gletscher die vielen größeren und kleineren **Fjorde** – ausgeschürfte U-Täler, in die nach der Eiszeit, als der Meeresspiegel durch die enormen Schmelzwassermassen anstieg, Meerwasser eindrang. Heute bilden die Fjorde schmale, langgezogene Buchten, die tief ins Land reichen und meist von hohen Bergen umgeben sind.

Der Nationalpark Sarek bietet eine der schönsten Fjäll-Landschaften Skandinaviens – im Bild der Blick zum Berg Tjakkeli, davor der See Laidaure.

An der finnischen und schwedischen Ostseeküste hinterließen die Gletscher kleine abgerundete **Felsinseln (Schären)**. Die Seite einer Schäre, die entgegen der Fließrichtung des Eises lag, wurde glattgeschliffen, während die andere Seite ihre rauhe Oberflächenstruktur behielt. Schären treten oft in Gruppen auf und bilden eine reizvolle Insellandschaft vor der Küste; die berühmtesten sind der Schärengarten vor Stockholm und die Åland-Inseln zwischen Schweden und Finnland.
Auch das heutige Oberflächenrelief der **Finnischen Seenplatte**, zu der auch das bekannte Saimaa-Seensystem gehört, verdankt ihr Bestehen den eiszeitlichen Gletschern. Es ist ein vielfältiges Mosaik von ausgehobelten Mulden und aufgeschütteten Moränenrücken; in den Vertiefungen sammelte sich später das Schmelzwasser der Eismassen. Heute bildet die Seenplatte ein Labyrinth aus Seen, Wäldern, Inseln und Höhenrücken, in dem man nicht erkennen kann, wo der eine See aufhört und der andere anfängt.
Landschaftsformen, die nicht die gewaltigen Kräfte der Eiszeitgletscher zu spüren bekamen, kann man nur noch an wenigen Stellen finden, etwa auf den **Lofoten**, einer Inselkette mit Gruppen von scharf gezackten Bergspitzen.

Klima

Der warme Golfstrom ist für das Klima ganz Skandinaviens und Finnlands enorm wichtig und eine Voraussetzung dafür, daß die Menschen hier so hoch im Norden relativ angenehm leben können. In ähnlich nördlich gelegenen Gebieten, wie Alaska, Kanada, Sibirien oder Grönland, ist das Klima deutlich härter.
Im Küstenbereich **Norwegens** fallen viele Niederschläge, dagegen sind die Sommer im Landesinneren recht trocken. Da die Januar-Temperaturen an der Westküste sogar bis zu 15 °C höher sind als etwa in entsprechenden Gebieten Grönlands oder Alaskas, bleiben viele norwegische Häfen im Winter eisfrei. 1991 lagen die Monatsdurchschnittswerte von Mai bis Oktober in der Küstenstadt Bodø zwischen 5,3 und 12,8 °C, die entsprechenden Werte für die weiter nördlich liegende Küstenstadt Tromsø bewegten sich zwischen 3,5 und 11,5°C; in Vardø auf Varanger lagen sie um etwa 1 °C niedriger. Im deutlich weiter östlich gelegenen Karasjok wurden entsprechende Temperaturwerte zwischen –0,9 °C und 13 °C gemessen.
Ein großer Teil **Schwedens** liegt im Regenschatten der Gebirgskette; das bedeutet, daß sich der Hauptteil der Wolken auf norwegischer Seite abregnet, während auf der schwedischen Seite des Gebirges nur noch etwa die Hälfte und in noch weiter östlich liegenden schwedischen Landesteilen nur noch ein Fünftel der norwegischen Niederschlagsmenge fällt. Je weiter man nach Osten kommt, desto kontinentaler wird das Klima; die Temperaturunterschiede zwischen Winter und Sommer werden größer. Die kontinentalen Klimabedingungen sind auch dafür verantwortlich, daß der nördliche Teil der Ostsee in der Regel während der kalten Jahreszeit zufriert.
Finnland hat im Vergleich mit Norwegen und Schweden das am stärksten kontinental geprägte Klima; jedoch macht sich der Einfluß des Golfstroms immer noch bemerkbar und mildert die krassen winterlichen Tiefstwerte. In anderen nordischen Ländern zwischen dem 60. und 70. Breitengrad liegen die Temperaturen im Januar um 10–12°C niedriger und im Juli um 2–4 °C niedriger als in Finnland. Südfinnland hat im Juli mit 16–18 °C die gleichen mittleren Temperaturen wie etwa Norddeutschland. In Nordfinnland liegen die mittleren Juli-Temperaturen mit 12–15 °C etwas niedriger. In den Sommermonaten Juni, Juli und August fällt weniger Regen als in Norddeutschland. Die Temperaturen werden in Finnland sowohl im Sommer als auch im Winter als höher empfunden, weil die Luft meist recht trocken ist.

Pflanzen- und Tierwelt

Vegetation

In dem großen Gebiet, das durch den Reiseführer abgedeckt wird, lassen sich 3 verschiedene Vegetationszonen erkennen: Mischwald (nur ein schmaler Streifen im Süden Finnlands), nördlicher Nadelwald (weitaus der größte Teil Nordskandinaviens und Finnlands) und Bergtundra (im Fjäll); die eigentliche Tundra ist in Skandinavien auf einen kleinen Bereich im äußersten Norden Norwegens beschränkt.
Der **nördliche (boreale) Nadelwald** zieht sich als dunkelgrüner, mehr oder weniger zusammenhängender Gürtel rund um den Nordpol – vom Westen Kanadas über den europäischen Norden bis in das östlichste Sibirien; er wird nur durch die Ozeane unterbrochen. Man bezeichnet diesen Waldgürtel auch nach dem russischen Wort für Urwald (»tajga«) als **Taiga**; häufig wird dieser Terminus jedoch nur für die dunklen Fichtenwälder Sibiriens verwendet. Der riesige Waldgürtel, in dem für mindestens sechs Monate im Jahr winterliche Kälte herrscht, ist nach den Tropenwäldern die zweite große Waldzone der Erde.
Da in der Taiga über große Flächen Nadelbäume bestandsbildend sind, wirken diese Wälder auf den ersten Blick recht monoton. Häufig sind jedoch in das Meer der Nadelbäume Inseln aus Laubbäumen, vor allem Birken, eingestreut, so daß man die Birke auch als einen Charakterbaum der Taiga ansehen muß. Weitere, dort regelmäßig anzutreffende Laubbaumarten sind Zitterpappel oder Aspe, Eberesche, Grauerle und verschiedene Weidenarten, die besonders entlang der Flüsse weit in den Nadelwald vordringen. Obwohl der Anteil der Laubgehölze in der Taiga nach Norden hin abnimmt, kann sich stellenweise auch in hochnordischen Taigagebieten ein von vielen Laubbäumen durchsetzter Wald ausbilden. Besonders an südexponierten Hängen wächst oft üppiger Laubwald, der in starkem Kontrast zum umgebenden Nadelwald steht. In Norwegen hat die Küsten-Taiga vielfach eine ganz besondere Ausprägung, da die Fjorde als Ausläufer des Ozeans tief in das Waldland eindringen und den Wald auf vielfältige Art beeinflussen.
Hauptbaumart in den niederschlagsreicheren Taigagebieten entlang der skandinavischen Fjällkette (Skanden) ist die Fichte, und zwar die nordisch-asiatische Unterart *Picea abies obovata*; sie hat in Anpassung an große winterliche Schneemengen eine schlanke, kerzenförmige Gestalt mit deutlich nach unten hängenden Ästen (s. S. 180). Im Winter kann die Fichte jedoch nur überleben, wenn sie durch eine ausreichende Schneeschicht gegen die austrocknende Wirkung des strengen Dauerfrostes geschützt ist. Im Hochsommer, wenn längere Zeit heißes und trockenes Wetter herrscht, bekommt der Baum ähnliche Probleme, denn er muß sich wieder vor Trockenschäden schützen. Um unter den extremen Taiga-Bedingungen überleben zu können, haben diese Fichten widerstandsfähige Nadeln mit einer dicken, vor Austrocknung schützenden Wachsschicht entwickelt.
In Europa fällt die Südgrenze der Taiga ungefähr mit dem 60. Breitengrad zusammen. Südlich dieser Linie treten geschlossene Nadelwaldbestände nur inselartig auf. Große, taigaähnliche Nadelwälder mit der typischen Tier- und Pflanzenwelt stocken in den höheren Lagen der Gebirge und Mittelgebirge Zentraleuropas.
Der boreale Nadelwald wird nicht nur durch Laubbäume und Laubbauminseln aufgelockert, sondern bildet mit Still- und Fließgewässern und mit oft großen Aapamoorflächen (s. S. 188) ein Mosaik unterschiedlicher Lebensräume, die in ökologischer Hinsicht alle mehr oder minder vom Nadelwald geprägt sind.
Die europäische Taiga grenzt im Norden an Pflanzengemeinschaften, die größere und länger andauernde Kälteperioden

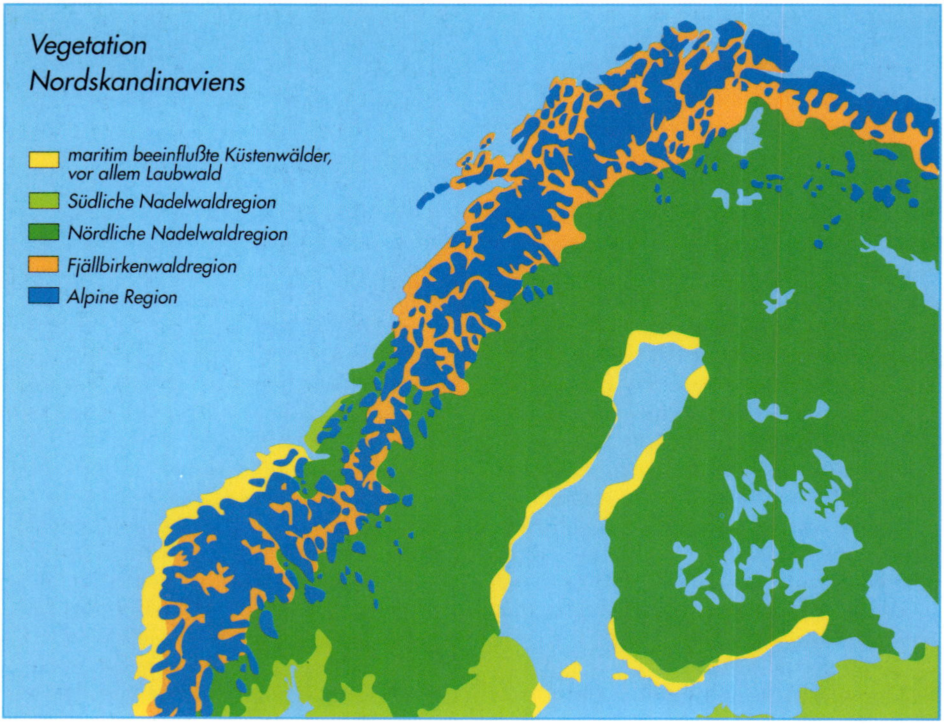

überstehen können. Diese als **Tundra** bezeichnete Vegetationszone ist Teil der arktischen Zone; Tundra ist ein russisches Wort, das auf das finnische »tunturi« (unbewaldeter Berg) zurückgeht. Diese Pflanzenformation erstreckt sich als schmaler Streifen entlang der Eismeerküste – dem Nordrand Europas; ihre Hauptausbreitung liegt in der Arktis. Die Grenze der Tundra zur Taiga, die als breite Übergangszone ausgebildet ist, wird als **Waldtundra** bezeichnet. Die Südgrenze der Tundra fällt mit der 10 °C-Juli-Isotherme zusammen. Im Winter werden hier besonders tiefe Temperaturen bis –50 °C erreicht. Im Gegensatz zu den Verhältnissen in der Taiga, in der es im Sommer oft recht heiß werden kann, bleibt es in der Tundra auch im Sommer relativ kühl. Ein zusätzliches Problem für die Pflanzenwelt ist der Dauerfrostboden, der im Sommer nur an der Oberfläche auftaut und daher tiefwurzelnde Pflanzen nicht überleben läßt.

Wegen der ungünstigen klimatischen Bedingungen ist diese zirkumpolar verbreitete »Kältesteppe« artenarm – nur wenige Pflanzenarten können unter den extremen Bedingungen überleben. Meist sind dies Zwergsträucher, Gräser, Moose und Flechten. Entsprechend der vorherrschenden Pflanzengesellschaften unterscheidet man Flechten-, Moos- und Zwergstrauchtundra. Tundraartige Vegetation wächst auch oberhalb der Waldgrenze in den nordischen Gebirgen (schwed. »fjäll«, norweg. »fjell«, finn. »tunturi«), die in der Zone des borealen Nadelwaldes liegen.

Auf der skandinavischen Halbinsel verläuft, wie bereits erwähnt, in Längsrichtung der Gebirgszug der Skanden. Die Klimaverhältnisse im Gebirge ähneln denen der Tundra, haben jedoch teilweise ihre eigene Ausprägung. Im **Fjäll** ist eine deutliche Höhenzonierung der Vegetation erkennbar: Die Nadelbaumgrenze wird meist von der Fichte, dem typischen Taigabaum bestritten, die in fjällnahen Gebieten besonders schlank ausgebildet ist. Oberhalb der Fichtenregion erstreckt sich eine Vegetationszone, die von der Fjällbirke, einer nahen Verwandten der Moorbirke, bestimmt wird.

Der obere Rand der Birkenstufe bildet im skandinavischen Fjäll die Baumgrenze, an die sich die alpine Stufe des **Kahlfjälls** anschließt. Man unterteilt sie in die untere, mittlere und obere Alpinstufe.

Die Vegetation der unteren Alpinstufe besteht aus verschiedenen Kräutern, Gräsern und Zwergsträuchern und kann noch fast als üppig bezeichnet werden; diese Zone bietet auch noch einzelnen Birken und Weiden Lebensraum. Häufig dominieren die Weiden (Wollige, Blaugrüne und Zwergweide) und bilden dichte Bestände (Strauchheiden), besonders an den feuchteren Standorten. Typisch sind auch weite Grasheiden.

Das Lappländische Knabenkraut trifft man auf nassen, kalkhaltigen Standorten an.

Darüber, an der Wachstumsgrenze der Heidelbeere, schließt sich die mittlere alpine Stufe an, deren Flora bereits deutlich artenärmer auftritt, jedoch meist noch zusammenhängende Bestände ausbildet; sie bestehen unter anderem aus Zwergweide, Krähenbeere, Alpen-Bärentraube (Zwergstrauchheiden) und Dreiblattbinse.

Im Juni überziehen die weißen watteartigen Fruchtstände der Wollgräser die weiten lappländischen Moore.

Die Sturmmöwe ist ein häufiger Brutvogel an klaren Seen, oft nistet sie auf kleinen Inselchen.

Die obere Alpinstufe ist vor allem Lebensraum für verschiedene Moose und Flechten, denn hier halten nur noch wenige höhere Pflanzen durch, beispielsweise der Gletscherhahnenfuß, der von den Gefäßpflanzen Fennoskandiens den Höhen- und Kälteresistenz-Rekord innehat. Diese Stufe wird vor allem im nördlichen Teil der skandinavischen Gebirgskette erreicht. Natürlich wird die Höhenlage dieser Vegetationsstufen vor allem durch die geographische Breite bestimmt: Hoch im Norden ist sie deutlich niedriger als im Süden, und an der Eismeerküste Nordnorwegens liegt sie bereits auf Meeresniveau. Auf der westlichen Seite der Fjällkette beginnen die verschiedenen alpinen Stufen weiter unten als auf der östlichen, da im Westen die atlantische Kaltluft niedrigere Sommertemperaturen zur Folge hat.

Die Männchen des Moorfrosches verfärben sich während der Balz im Frühjahr bläulich.

Fauna

Wer im hohen Norden Europas wandert, bekommt von der Tierwelt häufig nur die Vögel mit, denn diese sind wie wir tagaktiv und machen oft durch verschiedene Lautäußerungen auf sich aufmerksam. Die **Säugetiere** sind meist nachtaktiv und scheu. Am häufigsten begegnet man dem halbdomestizierten Rentier (S. 103), das in den meisten Fjällgebieten in größerer Anzahl vorkommt. Der Elch, der Anfang des 19. Jh. in Skandinavien fast ausgestorben war, ist inzwischen wieder häufiger; trotzdem läßt er sich in der Regel nicht so leicht beobachten.
Die großen Raubtiere sind in 4 Arten vertreten: Bär, Wolf, Luchs und Vielfraß (die »Großen Vier«; s. S. 60); man bekommt sie jedoch nur ausnahmsweise zu Gesicht. Neben dem Rotfuchs kommt in Fjällgebieten auch der kleinere Eisfuchs vor, der im Winter ganz weiß wird. Von den etwa 10 verschiedenen Wühlmausarten ist neben Rötel- und Graurötelmaus vor allem der Berglemming erwähnenswert, denn von seinem Auftreten hängen Bruterfolg beziehungsweise Jungenaufzucht einer Reihe von Säugetier- und Vogelarten ab. In den Taigawäldern lebt eine verwandte Art, der

Die etwas unheimlichen Rufe des Prachttauchers tragen zur Wildmarkstimmung der nordischen Natur bei.

Waldlemming. Das kleinste Säugetier Fennoskandiens ist die 3,5–5 cm (ohne Schwanz) lange und 1,5–3,5 g leichte Knirpsspitzmaus.
Von den **Reptilien** kommen im nördlichen Fennoskandien nur die beiden lebendgebärenden Arten Waldeidechse und Kreuzotter (S. 200) sowie die Ringelnatter und die Blindschleiche vor; die **Amphibien** sind mit Erdkröte, Moorfrosch, Grasfrosch und Teichmolch vertreten.
Die Vegetationsgürtel und die Höhenzonierung in den Fjällgebieten spiegelt sich recht gut in der Artenzusammensetzung der **Vögel** wider. An der Küste trifft man häufig Arten an, die aus Mitteleuropa bekannt sind, wie Eiderente (S. 47), Austernfischer, Rotschenkel, Silber- und Mantelmöwe, Bachstelze oder Strandpieper, aber auch Arten, die in Mitteleuropa nur selten erscheinen wie verschiedene Raubmöwen oder Alken.
Die Vogelwelt der Taigawälder entspricht teilweise ebenfalls der unserer mitteleuropäischen Nadelwälder, besonders in den Alpen und Mittelgebirgen (arktisch-alpiner Verbreitungstyp). Nordische Nadelwälder mit hohem Kiefernanteil sind relativ vogelarm; hier trifft man über größere Strecken oft nur Schwarzspecht, Grau- und Trauerschnäpper, Gartenrotschwanz, Misteldrossel und Baumpieper.
Deutlich artenreicher sind die typischen Taigawälder mit der Fichte als Hauptbaumart. Neben Weidenmeise und Singdrossel, Buchfink und Fichtenkreuzschnabel, die auch in Mitteleuropa häufige Brutvögel sind, kommen auch nordische Arten wie Bergfink, Hakengimpel und Unglückshäher vor. An klaren Waldseen brüten Prachttaucher, Gänsesäger, Reiher- und Krickente. Die verschiedenen Eulenarten der Taiga, wie Habichts-, Rauhfuß- und Sperlingskauz, bevorzugen Randlagen, in denen das Meer der Nadelbäume durch Kahlschläge, Moore, kleine Seen und Flüsse unterbrochen ist. Fichtensumpfwald und Moorränder sind Lebensraum für Wald- und Zwergammer.
Auf den weiten Moorflächen der Taigazone brütet fast stets der Bruchwasserläufer, häufig auch Grünschenkel, Regenbrachvogel und Bekassine, in besonders nassen Mooren Zwergschnepfe und Sumpfläufer; bei gutem Nagerangebot können hier auch Sumpfohreule und Kornweihe brüten. Wenn die Moore reich an Weidengestrüpp, Seggenbeständen und kleinen Seen sind, finden viele Entenarten geeignete Lebensräume, u. a. die Pfeifente. Häufige Singvögel in diesem Bereich sind Schafstelze und Braunkehlchen.
Die fjällnahen Nadelwälder sind Heimat von Auerhuhn, Dreizehenspecht, Heckenbraunelle, Lapplandmeise und Bergfink. Im Fjällbirkenwald sieht man vor allem Fitis, Rot- und Wacholderdrossel, Bergfink und Birkenzeisig sowie an feuchten Stellen auch Blaukehlchen. Oberhalb der Baumgrenze trifft man oft eine erstaunlich artenreiche Vogelwelt an. Spornammer, Rohrammer, Blaukehlchen und gebietsweise Schilfrohrsänger sind typische Vögel im Weidendickicht; in manchen Jahren ist hier auch das Moorschneehuhn häufig.

Trotz ihrer etwas »schlaksigen« Figur können Elche erstaunlich schnell laufen.

In kleineren Mooren und an Seeufern sieht man Schafstelze, Temminckstrandläufer, Bruchwasserläufer, im Norden auch Rotkehlpieper, auf kleinen Moorseen Odinshühnchen. Alpenstrandläufer und Kampfläufer sind Charaktervögel der weiten Seggenmoore, die ein gutes Stück über der Baumgrenze liegen. Die Seen in dieser Region sind vor allem von verschiedenen Entenvögeln bevölkert wie Spieß-, Berg-, Trauer-, Eisente und Zwergsäger sowie Sterntaucher; die Sturmmöwe brütet auf kleinen Inselchen.
Bevorzugtes Jagdgebiet des Merlins ist der Bereich der Baumgrenze, der Rauhfußbussard sucht häufig im Kahlfjäll nach Nahrung. Die Fjällheiden ein gutes Stück oberhalb der Baumgrenze bieten Falkenraubmöwe, Mornellregenpfeifer (s. S. 32), Wiesenpieper und Steinschmätzer geeignete Brutplätze; in nagerreichen Jahren ziehen hier auch Schnee-Eulen ihre Jungen groß. Auf steilen Felsabhängen brüten gebietsweise Ringdrossel, Kolkrabe und Gerfalke, auf steinigen Bergkuppen lebt die Ohrenlerche. Sogar in den flechtenüberzogenen Blocksteingebieten trifft man noch Vögel an: Alpenschneehuhn, Schneeammer und Meerstrandläufer.

Mensch und Naturschutz

Samen und Renhaltung

Der heutige Wohnbereich der Samen (früher Lappen genannt) erstreckt sich vom Norden Dalarnas in Schweden und Femunden in Norwegen über Nordfinnland bis zur Halbinsel Kola in Rußland. Man schätzt, daß in dieser Zone mehr als 40 000 Samen leben, jedoch nur ein kleiner Teil davon lebt von der Rentierhaltung. Die Sprache der Samen ist finnisch-ugrischen Ursprungs, was darauf hindeutet,

Die Blauflügel-Prachtlibelle findet man an schmalen Bächen mit klarem Wasser.

In Kautokeino (Nordnorwegen) findet jedes Jahr zu Ostern ein Fest der Samen mit Schlittenrennen statt.

daß diese Volksgruppe früher von Südosten her eingewandert ist.
Bereits im Jahre 98 n. Chr. sind die Samen in dem Werk »Germania« von Tacitus erwähnt worden. Steinzeitliche Funde auf dem Berg Komsa bei Alta (Nordnorwegen) beweisen, daß dort schon vor 12 000 Jahren Menschen gelebt haben; die Angehörigen dieses Jägervolks könnten die Vorfahren der Samen sein.
Die Menschen bestritten ihren Lebensunterhalt zunächst mit Jagd (vor allem auf Wildrentiere) und Fischfang. Die Wildrene wurden in einem strategisch günstig plazierten System von Fanggruben erbeutet. Später begannen die Menschen, die Rentiere zu zähmen. Dazu mußten sich die ehemaligen Jäger den Rentieren anpassen und ein nomadisches Leben führen. Um den Tieren leichter bei ihren jahreszeitlichen Wanderungen zwischen Fjäll und Waldland folgen zu können, wohnten die Menschen in mit Häuten bespannten Zelten (Koten), die von Packrentieren getragen wurden. Nach und nach errichteten sie dauerhafte Lager mit Torfkoten und Vorratshütten an Stellen, an denen sie längere Zeit verweilten.
Das Rentier lieferte die allermeisten Produkte, die für das tägliche Leben nötig waren: fette Milch für die Käsezubereitung, Häute für Zelte, Kleidung und Schuhe, Knochen und Geweihe zur Herstellung von Werkzeug und Gebrauchsgegenständen und Sehnen zum Nähen. Ende des 20. Jh. hat die Rentierhaltung immer mehr das nordamerikanische Modell angenommen – eine extensive Haltung mit dem Ziel der Produktion von Renfleisch, das man verkauft.
Die Renhaltung im Fjäll folgt einem regelmäßigen jahreszeitlichen Rhythmus. Die Tiere wandern im Frühjahr von selbst zu den üppigen Wiesen im Fjäll. Da die Kälber zeitig im Mai zur Welt kommen, sind die Tiere zu dieser Zeit sehr störungsanfällig. Im Juli/August werden die Rentiere für die Ohrenmarkierung der Jungtiere zusammengetrieben. Im September, vor der Brunftzeit, werden gewöhnlich männliche Tiere (»Sarvarna«) ausgesondert und geschlachtet. Im Winter weiden die Rentiere in den flechtenreichen Kiefernheidewäldern; da die Herden inzwischen sehr groß sind, müssen die Samen oft zufüttern.
Die großen Raubtiere, die regelmäßig Rentiere schlagen, gehören zu den erklärten

Der Trauermantel, ein Edelfalter, ist in Fennoskandien weit verbreitet und erreicht sogar das Nordkap.

Feinden der Samen; jedoch beeinträchtigen andere Formen der Landnutzung die Renhaltung viel nachhaltiger. Der Ausbau der Wasserkraft und die dadurch entstandenen Stauseen haben viele wichtige Weidegebiete unter Wasser gesetzt oder Wanderrouten abgeschnitten, die intensive Waldnutzung schränkt das Nahrungsangebot für die Rentiere stark ein. Um den Tieren in den weiten Fjällgebieten folgen zu können, haben die Samen das Recht, dort motorbetriebene Fahrzeuge einzusetzen; das ist jedoch wegen der starken Schädigung der empfindlichen Vegetation bedenklich.
Wichtig für das Überleben der Samenkultur ist nicht nur die traditionelle Renhaltung, sondern auch die Pflege von Sprache, Handwerk und Volkskunst.

Jedermannsrecht

Das »Jedermannsrecht« in Fennoskandien ist ein ungeschriebenes Gesetz aus längst vergangenen Zeiten. Damals war in dieser Zusammenstellung von Verordnungen festgeschrieben, was dem Landvolk, also den Bauern, erlaubt war. Heute regelt das Jedermannsrecht den Aufenthalt und die Fortbewegung in der freien Natur. Jedem ist der freie Zugang zur Natur gestattet, wenn er einige Grundregeln beherzigt. Die Hauptregel lautet: **»Nicht stören, nicht zerstören«**. Das bedeutet Rücksichtnahme gegenüber anderen Menschen und gegenüber Tieren. Was die Tierwelt anbelangt, sollte man besonders während des Frühjahrs, wenn die Tiere Junge haben, unbedingt Störungen unterlassen.
Das Jedermannsrecht erlaubt:

- sich auf fremdem Grund zu bewegen, wenn man ihn nicht beschädigt. Dagegen dürfen als solche gekennzeichnete Privatgrundstücke nicht betreten werden.
- 1 oder 2 Tage ohne Erlaubnis des Grundeigentümers zu zelten (außer auf gekennzeichneten Privatgrundstücken).
- Feuer zu machen, wenn absolut kein Risiko eines Waldbrandes besteht; jedoch sollte man speziell eingerichtete Feuerstellen benützen. In Norwegen ist offenes Feuer generell vom 15.4. – 15.9. verboten.
- trockenes, am Boden liegendes Holz zu sammeln, um es zu verbrennen.
- in Seen, Flüssen und im Meer zu baden.
- Seen und Flüsse mit Booten oder ähnlichen Wasserfahrzeugen zu befahren.
- wildwachsende Beeren und Pilze sowie Blumen in kleinen Mengen zu pflücken; geschützte Pflanzen sind jedoch davon ausgenommen, ebensowenig darf man Teile von lebenden Bäumen entfernen.

Bitte denken Sie daran:

- Abfälle stets wieder in die Zivilisation zurücknehmen, damit sie ordnungsgemäß entsorgt werden.
- Besonders im Fjäll das Recht der Samen auf Privatsphäre und ungestörte Berufsausübung respektieren. Eine Renherde ist leicht zu versprengen, aber schwer wieder zu sammeln. Hunde müssen daher an der Leine geführt werden.
- Die Benutzung von Geländefahrzeugen abseits befestigter Straßen und Wege ist grundsätzlich verboten.
- Jagd und Fischfang sind nicht im Jedermannsrecht inbegriffen, dafür gibt es gesonderte Bestimmungen.
- Das Jedermannsrecht ist gewöhnlich in Schutzgebieten aller Art eingeschränkt. Für die verschiedenen Nationalparke gelten bestimmte Regelungen, mit denen man sich vertraut machen sollte, bevor man das Parkgebiet betritt.

Schutzgebiete

In Norwegen, Schweden und Finnland gibt es verschiedene Kategorien von Schutzgebieten, die der Erhaltung der Natur dienen, aber auch die Natur dem Menschen nahe bringen sollen. Die wichtigsten sollen im folgenden länderbezogen vorgestellt werden.

Norwegen

❒ **Nasjonalpark** (Nationalpark) schützt eine großräumige Naturlandschaft, die vom Menschen nicht oder nur in geringem Umfang beeinflußt wird. Ziele sind die Erhaltung der dort ursprünglichen Fauna und Flora sowie die Ermöglichung von Forschung, Bildung und Erholung. Für diese Schutzkategorie gibt es international gültige Kriterien.

❒ **Landskapsvernområde** (Landschaftsschutzgebiet) dient der Erhaltung einer ungewöhnlichen oder besonders schönen Natur- oder Kulturlandschaft. Eingriffe, die die Eigenart der Landschaft verändern, sind untersagt.

❒ Ein **Naturreservat** schützt ein unberührtes oder nahezu unberührtes Gebiet oder enthält einen speziellen Naturtyp. Genereller Schutz oder zweckbezogener Schutz (z.B. Vogelreservat, Waldreservat) ist möglich.

❒ **Plante-, Fugle- oder Dyrelivsfredningsområdena** (Pflanzen-, Vogel- oder Tierwelt-Schutzgebiete) wurden aus Artenschutzgründen eingerichtet. Generell ist die Umgebung eines Leuchtturms Vogelschutzgebiet.

Schweden

❒ **Nationalpark** (s. o.).

❒ **Naturreservat** ist der häufigste Schutzgebietstyp (weit über 1000); diese sind dafür oft recht klein. Die Schutzbestimmungen, die speziell auf jedes Naturreservat zugeschnitten sind, schränken die Nutzung des Gebietes soweit ein, daß das Schutzziel erreicht werden kann.

❒ **Naturvårdsområde** (Naturschutzgebiet) dient dem Schutz wertvoller Natur, um das Bild der Landschaft zu erhalten. Die Bodennutzung wird auf Provinzebene (Län) geregelt. Entspricht in Deutschland einem Landschaftsschutzgebiet.

❒ **Domänreservat** ist ein Schutzgebiet auf Staatsgrund, das von der Forstverwaltung (Domänverket) eingerichtet und unterhalten wird.

❒ **Fågelskyddsområde** (Vogelschutzgebiet) ist ein Schutzgebiet, in dem durch Zutritts- beziehungsweise Anlandungsverbot (meistens zeitlich begrenzt) Brut- und Rastplätze von Vögeln geschützt werden.

Finnland

❒ **Kansallispuisto** (Nationalpark; s. o.). In den großen nördlichen Nationalparken wurden aus Schutzgründen eine Basis- und eine Wildniszone eingerichtet, die in jeder Wanderkarte eingezeichnet sind. Während man in der Basiszone die markierten Wanderwege nicht verlassen darf und Camping und Feuermachen auf bestimmte markierte Plätze beschränkt sind, darf man sich in der weglosen Wildniszone frei bewegen und den Platz zum Campen und Feuermachen selbst bestimmen – natürlich mit der größtmöglichen Rücksichtnahme auf Vegetation und Tierwelt, damit der Wildnischarakter der Landschaft erhalten bleibt.

❒ **Luonnonpuisto** (Totalreservat) ist ein strikt geschütztes Gebiet, das aus wissenschaftlichen Gründen eingerichtet wurde. Meist ist der Zutritt ganz untersagt oder auf bestimmte Wege beschränkt, die nicht verlassen werden dürfen.

❒ **Soidensuojelualue** (Moorschutzgebiet) bezeichnet Reservate, die wie Totalreservate und Nationalparke auf staatlichem Grund eingerichtet sind, doch sind die Schutzverordnungen nicht so streng. Die Moorschutzgebiete sollen vor allem von der Abtorfung verschont bleiben.

❒ **Luonnonsuojelualue** (Naturschutzgebiet) schützt kleinere Naturflächen, deren Schutzbestimmungen entsprechend den Schutzzielen variieren.

❒ **Luonnonhoitometsä** (Naturschutzwald) dient dem Schutz von Landschaft, Tier- und Pflanzenwelt oder einfach der Erholung. Der unter Schutz gestellte Wald kann Urwaldcharakter haben, ein parkartig gepflegter oder sogar ein forstlich genutzter Wald sein. Häufig gibt es hier touristische Einrichtungen.

1 Nationalpark Gressåmoen

Weite Moor- und Waldlandschaft mit urwaldartigem Fichtenbestand; fischreiche Seen; stabile Luchspopulation.

1970 wurde auf dem Gebiet der Gemeinde Snåsa in Nord-Trøndelag der Nationalpark Gressåmoen eingerichtet, um einen Fichtenwald mit Urwaldcharakter zu schützen, der typisch für diese Gegend Norwegens ist. Seinen Namen hat der 181,5 km^2 große Park von einem alten, typischen Bergbauernhof übernommen, der lange Zeit Reisenden als Unterkunft diente. Heute liegt er knapp außerhalb der Nationalparkgrenzen.
Topographisch läßt sich der Nationalpark in drei Teile gliedern: Im Norden liegt das breite **Lurudal**, das sich von West nach Ost durch das Schutzgebiet zieht. Der spitze Gipfel Lurusneisa ragt am Ende des Tales mit 992 m Höhe als auffällige Landmarke in den Himmel. Eine markante Formation auf der Nordseite dieses Tals ist der große Endmoränenrücken **Gamstuguhaugane**. Sowohl seine Form als auch der üppige Bewuchs stehen in starkem Kontrast zu dem umgebenden grauen, nahezu vegetationslosen Berggebiet. An der Nordspitze des Nationalparks liegt mit 1009 m Höhe der höchste Punkt des Nationalparks, Bugvassfjellet. Nach Süden und Westen zu erheben sich die kahlen und steinübersäten Fjells Nordre und Søre Gauptjørnaksla auf knapp 1000 m Höhe. Im Südosten fällt die Landschaft zu einer ausgedehnten Senke mit zahlreichen größeren und kleineren Gewässern ab, die alle nach Osten Richtung Schweden entwässern. An den Ge-

Dichte, urwaldartige Fichtenwälder sind typisch für den Nationalpark.

Wie der Name bereits andeutet, sind Birkensamen die Hauptnahrung des Birkenzeisigs.

wässerufern steht krüppeliger Birkenwald, sonst sind sie kaum bewachsen, was sich auch im Namen des größten Sees ausdrückt: Snaufjellvatn bedeutet »Kahlfjellsee«.

Nadelwald ist der dominierende Waldtyp im Nationalpark, er bedeckt eine Fläche von 13 km^2. Große Bereiche davon nehmen dichte, dunkle **Fichtenwälder** ein, die seit Anfang dieses Jahrhunderts unberührt sind. Man findet sie hauptsächlich im Lurudal, vor allem im Bereich von Gamstuguhaugane, und als breiten Gürtel an der westlichen Grenze, etwa um den See Grøntjørna. Der Urwaldeindruck wird durch die großen Mengen an stehenden und liegenden Totholzstämmen hervorgerufen. Diese urwüchsigen Fichtenwälder sind im Durchschnitt etwa 150 Jahre alt; die ältesten Bäume sollen jedoch bereits 4 Jahrhunderte überdauert haben – ein für Fichten ungewöhnlich hohes Alter.

Vereinzelt stehen zwischen den Fichten auch Kiefern. Über nährstoffreicherem Untergrund werden sie gewöhnlich von der Fichte verdrängt, doch über magerem Boden wie Bergkuppen oder Stellen mit wenig Erde können sich diese genügsamen Nadelbäume behaupten. Da die Kiefer mehr Nässe als die Fichte verträgt, kommt sie auch in der Übergangszone zu baumlosen Moorflächen vor. Ungewöhnlicherweise bildet die Kiefer an manchen Stellen die Waldgrenze. Das hängt damit zusammen, daß die Birke, die sonst an der Baumgrenze »die Stellung hält«, wegen der zu geringen Erdauflage nicht mehr überleben kann.

Die nahezu vegetationslosen Felsbereiche sind hauptsächlich präkambrischen Ursprungs und bestehen zum größten Teil aus rötlichem Granit in nur wenigen Ausformungen; an vielen Stellen ist der Granit in einen gestreiften Gneis gepreßt. Diese Gesteinsarten verwittern schlecht und bilden kaum eine Bodenkrume. Dies und die vielen Niederschläge, die zu häufigen Auswaschungen führen, sind der Grund dafür, daß die Vegetation in vielen Teilen des Nationalparks mager ausgebildet ist.

Während der Eiszeit fanden kräftige Eisbewegungen von Ost nach West statt, deren Spuren man heute noch als Gletscherschrammen auf dem Untergrund sieht; dadurch wurde viel Moränenmaterial verfrachtet. Nur im Tal des Flusses Luru und um den See Snaufjellvatn herum findet man noch großflächig Grundmoränen. Weitere »Andenken« an die Eiszeit sind die großen Mengen Moränenschutt entlang der Flüsse, vor allem auf der Nordseite des Luru. Im Fjell selbst bestimmen zahlreiche große Felsbrocken (Findlinge) das Bild.

Einst verlief durch das Gebiet des Nationalparks ein Handelsweg von Snåsa im Westen durch das Tal des Luru nach Lierne im Osten. Wo sich heute das Gehöft Gressåmoen befindet, gab es wahrscheinlich bereits um 1600 vier kleine Übernachtungs- und Rasthütten; im Gebiet Gamstuguhaugane war ebenfalls eine Hütte, die auch von den Samen genutzt wurde. Hinter dem Gehöft gabelte sich der Weg; der nördliche führte über das Gebirge am Bugvassfjell vorbei, der südliche Weg im Lurudal. Einem Pfad durch dieses Tal kann man heute noch folgen.

Pflanzen und Tiere

Aufgrund des ziemlich mageren Bodens trifft man im Nationalpark nur ungefähr 200 Arten höherer Pflanzen an. Die Hauptbaumart in den Nadelwäldern ist die Fichte; der Unterwuchs besteht hauptsächlich aus Heidelbeere, vereinzelt wachsen dazwischen Siebenstern (S. 151), Nordisches Moosglöckchen, Waldwachtelweizen und Waldrippenfarn, hin und wieder auch Schwedischer Hartriegel. Auf mineralreicherem Boden, beispielsweise entlang der Bäche, weicht diese Pflanzengesellschaft einer artenreicheren Hochstaudenflur mit Nördlichem Eisenhut (S. 109), Alpen-Milchlattich, Waldstorchschnabel und Echtem Mädesüß.
Die Moore sind das bestimmende Landschaftselement, besonders in den tieferliegenden Gebieten im Westen. Hier gibt es kilometerweite zusammenhängende Moorflächen, die nur durch kleine, von niederwüchsigen Kiefern bestandene Erhebungen unterbrochen sind. Zum größten Teil sind es nährstoffarme Torfmoosmoore mit Rasiger und Alpenhaarsimse, Rosmarinheide sowie Moosbeere als Charakterpflanzen. Wegen der vielen Niederschläge sind auch Hangmoore entstanden. Dieser Moortyp ist in Trøndelag weit verbreitet. Stellenweise wächst dort der Beinbrech, der zur Blütezeit im Frühsommer kleine gelbe Teppiche bildet. Über Schiefer wird dieser magere Moortyp von Seggenmooren abgelöst, in denen auch anspruchsvollere Pflanzenarten wie Herzblatt, Gewimperter Steinbrech, Alpenhelm sowie Mückenhändelwurz und Fleischrotes Knabenkraut wachsen.
Die Fjellvegetation ist artenarm und karg mit starker Dominanz von Heidekraut und Flechten. Nur an wenigen Stellen gibt es artenreichere Fjellheiden mit Silberwurz (S. 118) als Charakterart. Das vom Meer beeinflußte Klima begünstigt Pflanzenarten, die kühle Sommer und viel Niederschlag aushalten, beispielsweise Waldrippenfarn, Pfeifengras, Schwedischen Hartriegel oder Beinbrech.
Wie die Pflanzenwelt weist auch die Tierwelt keine ausgesprochenen »highlights« auf; jedoch ist sie typisch für die höherliegenden Gebiete von Nord-Trøndelag.
Der Charaktervogel der Moore ist der Regenbrachvogel; manchmal hat man den Eindruck, daß in jedem Moor ein Brutpaar sein Revier verteidigt. Auch Grünschenkel, Bruchwasserläufer, Rotschenkel und Birkhühner kommen vor. Die Kleinvogelfauna ist typisch für Fichtenwälder dieser Breiten; häufig sieht man neben Buch- und Bergfink auch Sing-, Rot- und Wacholderdrossel sowie Erlen- und Birkenzeisig und den Gartenrotschwanz. Nicht selten wird der Wanderer von neugierigen Unglückshähern »besichtigt«.
Die 2 häufigsten Entenarten sind Trauer- und Samtente (S. 105). An den Seen im Südosten des Parks singt das Blaukehlchen. Flußuferläufer und Wasseramsel beleben die Ufer des Flusses Luru; auf dem Fjell hört man häufig die sonoren Rufe des Kolkraben. Nur in Jahren mit reichlichem Kleinnagervorkommen brüten viele Greifvogel- und Eulenarten im Nationalpark.

Für die Fischadler sind die Seen des Gebietes Nahrungsgründe, ihre Brutplätze liegen außerhalb der Grenzen.
Von den großen Raubtieren hat nur der Luchs einen guten Bestand, regelmäßig werden Winterlager der Pinselohr-Katze entdeckt. Früher gab es auf dem Gebiet des Nationalparks viele Wölfe und Bären. Der letzte Wolf wurde 1939 geschossen, Bären sind in den letzten Jahren nur noch durchstreifend beobachtet worden. Der Vielfraß folgt den Rentierherden über weite Strecken, Spuren dieses großen Marders sind im Nationalpark zwar selten, aber das ganze Jahr über zu entdecken.
Anfang dieses Jahrhunderts waren Elche im Nationalpark sehr zahlreich, später wurden ihre Bestände von Wölfen auf ein erträgliches Maß dezimiert; erst in jüngster Zeit nehmen die Elche wieder zu.

Die Alpenhaarsimse besiedelt die nährstoffarmen Torfmoosmoore.

Im Gebiet unterwegs

Im Nationalpark gibt es keine markierten Wege oder Unterkunftsmöglichkeiten. Man ist also auf seine Ausrüstung sowie Karte und Kompaß angewiesen. Am Gehöft **Gressåmoen** ① befindet sich ein Wegweiser zum Nationalpark, dort beginnt auch ein Trampelpfad, der entlang des Flusses Luru führt.

Praktische Tips

Anreise
Mit dem Auto biegt man von der E 6 Richtung Snåsa ab; dort hält man sich Richtung Agle und weiter Richtung Gressåmoen. Bei einer kleinen Siedlung beginnt eine 33 km lange, sehr schlechte, unbefestigte Mautstraße, die an einem Parkplatz nahe dem Gehöft Gressåmoen endet.

Klima/Reisezeit
Obwohl der Nationalpark nicht am Meer liegt, hat die See trotzdem großen Einfluß auf das Klima in Gressåmoen. Typisch dafür sind viele Tage mit Regen. Durchschnittlich fallen an 225 Tagen des Jahres Niederschläge. Die Sommer sind mit einer Durchschnittstemperatur von etwa 12 °C kühl.
Da es im Juli häufig regnet, sind die besten Wandermonate der Frühsommer (Ende Mai und Juni) und der August und Sep-

Die Balz der Birkhähne ist eines der imposantesten Naturschauspiele, das Nordeuropa zu bieten hat.

In den Fichtenwäldern ist neben der Heidelbeere der Waldwachtelweizen häufig.

tember, in denen das Wetter meist relativ stabil ist.

Unterkunft/Information

Im Nationalpark gibt es keine Übernachtungsmöglichkeiten, man ist also ganz auf das Zelt angewiesen. Während der Sommermonate kann man auf dem Gehöft Gressåmoen unterkommen, jedoch muß man sich selbst verpflegen.
Die nächsten Übernachtungsmöglichkeiten befinden sich in Snåsa, dort gibt es ein Touristenzentrum mit Hotel und einem Campingplatz, der auch Hütten vermietet, außerdem mehrere Pensionen sowie eine Jugendherberge, die von Juni bis Ende September geöffnet hat.
Informationen zum Nationalpark erhält man im Touristenbüro in Grong an der E 6.

Karten

Wanderkarten 1:50 000; die Kartenblätter 1823 1 (Andorsjøen) und 2 (Gjevsjøen) reichen für den größten Teil des Nationalparks, für den östlichsten Teil benötigt man die Kartenblätter 1923 3 (Blåfjellhatten) und 4 (Nordli). Die Karten sind sehr gut.

Blick in die Umgebung

An der Straße zwischen Snåsa und Agle befindet sich der Bergrücken Bergsåsen, auf dem 1977 das 840 ha große Pflanzenschutzgebiet **Bergsåsen** eingerichtet wurde. Hier kommen allein 19 Orchideenarten vor, unter anderem Frauenschuh (S. 174) und Fliegenragwurz. Durch das Schutzgebiet führt ein Naturlehrpfad, der am Rathaus in Snåsa beginnt.

Das Nordische Moosglöckchen ist in den Fichtenwäldern von Gressåmoen weit verbreitet.

2 Nationalpark Børgefjell

Beeindruckende Fjell-Landschaft mit hohen Gipfeln; beliebtes Wandergebiet; abwechslungsreiche Fjellflora; reiches Vogelleben mit nördlichen und südlichen Arten nebeneinander.

Mit einer Fläche von 1106,5 km² ist Børgefjell einer der größten Nationalparks Norwegens. Das weite Fjellgebiet an der Grenze zu Schweden stellte man erstmals 1963 unter Schutz, 1971 wurde es auf die heutige Fläche vergrößert und als Nationalpark ausgewiesen.
Die Landschaft im Nationalpark ist dreigeteilt. Im Westen und Osten verläuft je eine nord-süd-ausgerichtete Fjellkette. In der westlichen Fjellkette erheben sich hohe spitze Gipfel mit Firnflächen und Gletschern, dazwischen liegen tiefe, enge Täler. In diesem Bereich befindet sich auch der höchste Berg des Parks, der **Kvigtind** ② mit 1703 m Höhe. Die Berge im Osten verlaufen parallel zur schwedischen Grenze. Sie sind niedriger und haben mehr abgerundete Gipfel. Typisch sind die in West-Ost-Richtung verlaufenden, steilen Täler, die die Kette durchschneiden. In diesen Tälern liegen mehr oder weniger große Seen.
Zwischen den beiden Fjellketten verläuft eine breite Senke mit niedrigeren Gipfeln; sie zieht sich vom See **Namsvatnet** im Süden bis zum Seegebiet **Tiplingen** im Norden. Vor Tiplingen fällt sie deutlich zu einem Wald- und Moorgebiet hin ab.
Im Verlauf der Zuflüsse zum Jengelvatnet

Bei einer Wanderung in der Fjell-Landschaft des Nationalparks muß man sogar im Juli mit Schnee rechnen.

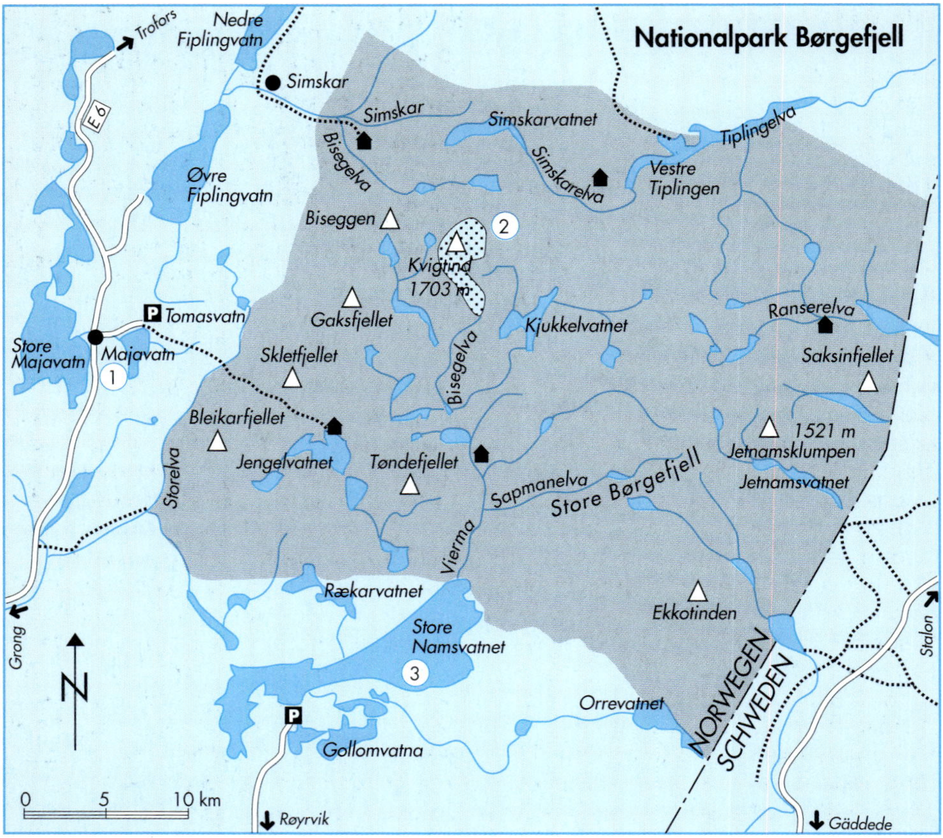

liegen eine Reihe schöner, fischreicher Seen in die Berge eingebettet. Ab dem See Jengelvatnet knickt der Jengelelva in östlicher Richtung ab, um sich in einer Serie prächtiger Stromschnellen und Wasserfälle in den See Namsvatnet außerhalb des Parks zu ergießen. Markante Terrassen am Ufer des Sees Jengelvatnet sind Zeugen eines früheren großen Sees, der damals nach Westen direkt in den Fluß Namsen entwässerte und nicht wie heute über den Fluß Jengelelva nach Osten zum See Namsvatnet.

Sowohl die Ost- als auch die Westkette bestehen bis auf wenige Ausnahmen aus hartem Granit. Die Gipfel der westlichen Fjellkette sind spitz und hoch. Da es über Granit wenig verwittertes Material gibt, auf dem Pflanzen wachsen könnten, gibt es nur wenige Pflanzen, die die karge steinige Fjell-Landschaft auflockern. Die Ostkette ist stärker abgerundet und niedriger. Durch Frostsprengung sind die Fjells inzwischen an vielen Stellen mit Blocksteinfeldern bedeckt. Im Ranserdalen in der Ostkette gibt es ein kleines Gebiet mit vielen Toteislöchern, die heute wassergefüllt sind. Sie entstanden, als große Eisstücke vom Gletscher abbrachen und von Moränenmaterial begraben wurden.

Pflanzen und Tiere

Nur ungefähr 5 % des Gebietes sind bewaldet. Fichtenwald findet man nur am Nordufer des Sees Namsvatnet, im Mündungsbereich der Flüsse Vierma und Jengelelva. Die Fichten sind recht kleinwüchsig, ihre Gestalt ist von der relativ großen Höhe geprägt. Im Unterwuchs dominiert die Heidelbeere.
Die vorherrschende Waldform ist Birkenwald. Große zusammenhängende Birkenwälder gibt es um den Namsvatnet, an den Flüssen Vierma und Namsen und am See Orrevatnet; das zweite größere Waldareal liegt um den See Vestre Tiplingen herum. Birkenwald mit gut ausgeprägter Hochstaudenflur ist im Børgefjell selten, man findet ihn nur am Orrevatnet und am Namsen unterhalb des Kløivfjellets.
Oberhalb der Waldgrenze dominieren artenarme Bergheiden mit Starrer Segge und Heidelbeere. Artenreiche Heiden auf Kalkböden sind nur vom Tøndefjellet bekannt, dort findet man auch den Rasensteinbrech. Ein Teil des Nationalparks ist nahezu vegetationslos. Das gilt vor allem für solche Gebiete, die noch vor gar nicht so langer Zeit unter Gletschereis lagen.
Die südwestlichen Bereiche des Gebirges liegen im Winter stets unter einer hohen Schneedecke, hier gedeihen nur Pflanzen, die dies ertragen, wie Besenheide (S. 155), Heidelbeere, Gewöhnliches Ruchgras oder Schwarze Krähenbeere (S. 175). Mehr nach Nordosten zu wird die winterliche Schneedecke niedriger, die Pflanzen hier müssen größere Kälte ertragen können; Beispiele für diese abgehärteten Arten sind Zwergbirke, Diapensie (S. 182) oder Alpenazalee (S. 81).
In den tieferen Lagen sind die Moore ein wichtiges Landschaftselement. Wegen des sauren Untergrunds und der vielen Niederschläge gibt es nur nährstoffarme Moore, die oft auch als Hangmoore ausgeprägt sind. Hier wachsen Beinbrech, Pfeifengras und Rasige Haarsimse. Hin und wieder

Die Eisenten beginnen bereits mit der Brut, wenn noch Eis und Schnee die Fjell-Landschaft beherrschen.

findet man auch einzelne Kiefern in den Mooren. Über Kalkuntergrund haben sich artenreichere Moortypen entwickelt mit Gewimpertem Steinbrech, Herzblatt, Alpenwiesenraute, Großer Gelbsegge und Kastanienbrauner Binse.
Die Flora im Børgefjell ist mit rund 295 höheren Pflanzen nicht so artenreich wie in anderen vergleichbaren Fjellgebieten Norwegens. Der Grund liegt einmal im Mangel an geeigneten Lebensräumen und zum anderen in der Konkurrenzschwäche vieler Fjellpflanzen. Auch die Tierwelt des Nationalparks ist bis auf die Vögel relativ artenarm, was vor allem an dem hohen Anteil von Kahlfjell liegt.
Der Elch (S. 18) ist selten, man trifft ihn nur in den wenigen Birkenwäldern. Dafür kommt das halbdomestizierte Rentier um so häufiger vor, besonders in der östlichen Fjellkette, denn dort liegen die Sommerweidegebiete der schwedischen Samen. Von den großen Raubtieren hält sich nur der Vielfraß (S. 80) ständig im Nationalpark auf, bevorzugt im Bereich der Westkette, wo im Winter regelmäßig Lager des großen Marders gefunden werden. Bär, Luchs und Wolf hingegen durchstreifen das Nationalparkgebiet nur gelegentlich. Recht häufige Raubtiere sind Rotfuchs und Hermelin, während Mink, Otter (S. 196) und Eisfuchs (S. 113) eher zu den Raritäten zählen. Vereinzelt findet man die Baue des kleinen Eisfuchses als grüne Oasen in der öden Moränenlandschaft.

Typisch für kalkreichen Untergrund im Fjell ist der Gewimperte Steinbrech.

Das Børgefjell ist besonders bei den Ornithologen wegen seines reichen Vogellebens bekannt, denn hier treten ausgeprägt nordische mit typisch südlichen Arten zusammen auf. Einst gab es viele der heute hochbedrohten Zwerggänse im Børgefjell, doch in den letzten Jahren ist ihr Bestand auch hier stark zurückgegangen.
Das Südende des Sees Vestre Tiplingen sowie die Umgebung des Simskarelva-Unterlaufs sind ornithologisch besonders wertvoll, denn die ausgedehnten Weidendickichte und großen Seggenmoore bieten vielen Vögeln Versteck- und Nahrungsmöglichkeiten. Hier trifft man mehrere Arten von Singvögeln an wie Blaukehlchen und Spornammer. Von den Watvögeln sind in den Mooren Bruchwasserläufer, Bekassine, Rotschenkel, Odinshühnchen und der kleine Temminckstrandläufer am häufigsten; an den Gewässern suchen Flußuferläufer, Sandregenpfeifer und Meerstrandläufer nach Nahrung. Typische Entenarten der Seen sind Trauer-, Eis- und Bergente; auf den größeren Gewässern kann man den Prachttaucher beobachten. In den Bergheidegebieten sind Goldregenpfeifer (S. 192) mit ihren wehmütigen Rufen »tonangebend«; gebietsweise trifft man dort auch den Mornellregenpfeifer an. Am Namsvatnet liegt das Jagdgebiet des Fischadlers. Häufig sieht man den Steinadler kreisen, Rauhfußbussard und Falkenraubmöwe sind vor allem in Lemmingjahren ein alltäglicher Anblick.

Im Gebiet unterwegs

Im gesamten Nationalparkgebiet gibt es keine markierten Wanderwege. Im Randbereich des Parks sind einige Bäche und Flüsse mit Brücken oder Stegen überspannt, sonst kann die Überquerung der zum Teil breiten, schnellfließenden Gewässer für den Unerfahrenen schwierig oder sogar lebensgefährlich sein; dies gilt besonders im Frühsommer zur Zeit der Schneeschmelze. Der Fjell-Wanderer ist auf Karte, Kompaß, entsprechende Erfahrung und seine Zeltausrüstung angewiesen.
Von Tomasvatnet führt ein Trampelpfad über das Seterfjell an den See **Jengelvatnet**. Die dortigen, allerdings verschlossenen Hütten sind guter Ausgangspunkt für weitere Erkundungen.
Am Ende des Fahrwegs, der östlich des Sees Nedre Fiplingvatnet verläuft, beginnt ein unmarkierter, aber relativ gut sichtbarer Weg durch Kiefern- und Birkenwald zur unverschlossenen Simskarhytta. Von dort aus kann man an den größten See des Nationalparks, den **Simskarvatnet** wandern oder in südöstlicher Richtung entlang des Flusses Bisegelva laufen und dann den **Kvigtind** ② besteigen.
Die Gipfel des Fjellgebiets Stora Børgefjell erreicht man am besten von Süden, nachdem man sich mit dem Boot über den See **Stora Namsvatnet** ③ zum Samenlager (»sameleir«) hat übersetzen lassen. Von dort aus kann man auch den **Jengelelva** entlang wandern, um die prächtigen Stromschnellen und Wasserfälle zu bewundern, die in dessen Verlauf liegen.
Den See **Vestre Tiplingen** mit seinem reichen Vogelleben (s. oben) erreicht man vom Susendal aus.

Praktische Tips

Anreise

Mit dem Auto erreicht man den Nationalpark nicht direkt. Als Startpunkt für Wan-

derungen eignen sich mehrere Stellen.
1. **Susendal** im Norden: In Hattfjelldal (RV 73) biegt man auf den RV 804 ab; von dieser Straße aus gibt es an mehreren Stellen Wanderwege zu den beiden Seen Vestre und Østre Tiplingen.
2. **Fiplingdalen** im Nordwesten: 12 km östlich von Trofors biegt man vom RV 73 Richtung Børgefjellskolen ab; am Ende des östlichen Wegs entlang des Sees Fiplingvatnet liegt der Parkplatz.
3. **Tomasvatnet** im Südwesten: Von der E 6 biegt man 1 km nördlich des Bahnhofs Majavatn ① Richtung Tomasvatn ab und fährt zum gleichnamigen See; am Ende des Wegs befindet sich ein Parkplatz.
4. **Namsvassgardan** im Süden: Von Røyrvik folgt man den Wegweisern nach Namsvassgardan. Am Ende der Straße befindet sich ein Parkplatz am See Namsvatnet ③, hier legen die Boote für die Überfahrt über den See ab.

Wie viele andere Beutegreifer sieht man den Rauhfußbussard besonders in nagerreichen Jahren.

Reisezeit

Die beste Wanderzeit reicht von Mitte Juli bis in die 1. Hälfte September, denn dann kann man am ehesten mit stabilem Wetter rechnen.

Unterkunft/Information

Im Park gibt es 3 offene Hütten mit sehr bescheidener Einrichtung, die von Rentierhirten benutzt werden; sie stehen auch dem Wanderer für Übernachtungen offen. Eine davon befindet sich im Lotterdal, eine südwestlich des Sees Vestre Tiplingen am Båttjern und eine nahe des Ausflusses vom See Guikare. Am Ranserelva gibt es neben einer verschlossenen Rentierhirtenhütte eine offene Bretterhütte. Die Hütte am Ufer des Vestre Tiplingen ist im Besitz des Forstamtes von Sør-Helgeland; man kann sie nach Rücksprache mit dem Amt in Hattfjelldal mieten; auch die stets unverschlossene Hütte am Simskaret gehört der Forstverwaltung. Die verschlossenen Hütten östlich des Jengelvatnet am Kjukkel-Fluß und am Jengelvatnet sind im Besitz des Jagd- und Fischereivereins von Grane; den Schlüssel erhält man beim Bauern am See Tomasvatnet, jedoch haben die Mitglieder des Vereins Vortritt.
Vom Parkplatz am Namsvatnet in Namsvassgardan legen täglich um 9 und 17 Uhr Boote über den See zum Samenlager (»sameleir«) ab. Für Extratouren muß man das Boot telefonisch bestellen; das Telefon befindet sich auf dem Parkplatz.
Informationen zum Nationalpark erhält man beim Reisebüro Indre Helgeland Reiseliv in Mosjøen an der E 6, außerdem in Røyrvik am RV 773 und in Hattfjelldal am RV 73.
Ab Børgefjellskolen am See Nedre Fiplingvatnet werden auch geführte Wandertouren in den Nationalpark angeboten.

Karten

Wanderkarte J19 Børgefjell 1:100 000 enthält den zentralen Teil des Nationalparks, die Karten K19 Ranseren und 57B Namsvatn beinhalten die Grenzgebiete. Diese Karten sind sehr alt und daher ungenau. Wanderkarte 1:50 000, Kartenblätter 1924 1, 1925 1,2,3,4, 2025 3,4.

Der Mornellregenpfeifer

Es gibt nur wenige Vögel der entlegenen Fjell- und Tundra-Landschaften, denen so viel Aufmerksamkeit zuteil wurde wie dem Mornellregenpfeifer. Bengt Berg, der bekannte schwedische Tierschriftsteller, hat ihm ein ganzes Buch gewidmet. In der Tat ist dieser Regenpfeifer eine besondere Vogelpersönlichkeit, denn er ist zur Brutzeit ungewöhnlich vertraut.
Auf den Mornell wird man meist erst durch seine Stimme aufmerksam; typisch ist ein weiches, rollendes »brrüt-brrüt-brrüt« oder »brrrü«. Ein schmales weißes Brustband und lange Überaugenstreifen, die sich im Nacken treffen, sind besonders charakteristische Merkmale des 20–22 cm großen Watvogels.

Das Hauptverbreitungsgebiet des Mornellregenpfeifers sind die Fjells und Tundren Skandinaviens und Finnlands. Der Lebensraum ist steinig und weist nur sehr niedrigen Bewuchs auf, der möglichst nicht flächendeckend ausgebildet ist; oft sind es weite Bergplateaus, die an flache Bergrücken grenzen. In den Alpen und anderen Gebirgen Mitteleuropas gibt es kleine Vorkommen.
Die Vögel treffen in ihren Brutgebieten ein, wenn diese teilweise noch verschneit sind; bereits wenig später beginnen sie in kleinen Gruppen von 4–8 Vögeln mit der Balz. Dabei sind die Rollen der Geschlechter vertauscht (Rollenumkehr): Die kontrastreicher gefärbten Weibchen sind viel aktiver, unternehmen Singflüge und versuchen, einzelne Männchen an sich zu binden; dabei kommt es zu Raufereien mit anderen Weibchen, denn jedes Weibchen muß sein Männchen gegen Konkurrentinnen verteidigen. Das Männchen bebrütet die Eier alleine, auch die Jungen werden nur vom Vater betreut. Erst wenn diese selbständig sind, ziehen die Männchen südwärts. Die Weibchen schließen sich nach der Eiablage zu kleinen Trupps zusammen und streifen umher. Während der Brut sitzen die Männchen so fest auf dem Nest, daß sie es sogar bei Berührung nicht verlassen. Offensichtlich stammt das Verhaltensinventar dieser Vogelart noch aus Zeiten, in denen es keine oder dem Vogel nur friedlich gesinnte Menschen gab.
Die Vögel leben vor allem von Insekten. Das Revier des Mornell ist nahrungsarm, daher muß der Vogel jede Gelegenheit nutzen, um Beute zu machen; er fängt oft Mücken, die seinen Kopfbereich zum Stechen anfliegen. Während der Brutzeit kann sich das Männchen zeitweise ausschließlich von den anfliegenden Mücken ernähren.

3 Nationalpark Saltfjellet-Svartisen

Großes, ursprüngliches Berggebiet mit üppigen grünen Tälern und dem atemberaubenden Gletscher Svartisen; Grotten und Höhlen; artenreiche Pflanzenwelt; nördlichster natürlicher Fichtenwald.

Der 1840 km² große Nationalpark Saltfjellet-Svartisen schützt einen der größten Gebirgszüge Norwegens, der von technischen Eingriffen so gut wie verschont ist. Er wurde 1989 gegründet, um die typische Pflanzen- und Tierwelt der Fjellgebiete sowie die einmaligen Gletscher und andere Relikte aus der Eiszeit für die Nachwelt zu erhalten. Der Nationalpark befindet sich auf den Gemeindegebieten Saltdal, Rana, Beiarn, Skjerstad, Meløy und Rødøy.

Der Nationalpark ist in seiner Gesamtheit zweigeteilt: Im Westen befindet sich das Gletschergebiet **Svartisen**, im Osten ragt das **Saltfjell-Massiv** auf. Der Gletscher Svartisen wiederum wird durch das Tal des Flusses Glomåga in zwei Hälften geteilt, Vestisen und Østisen. Neben dem Svartisen gibt es noch weitere 301 Gletscher im Nationalparkgebiet.

Der Svartisen-Gletscher, ein typischer Plateaugletscher, ist der größte in Nordskandinavien; er wird in seiner Fläche nur noch vom Jostedalsbreen (486 km²) in Südnorwegen übertroffen. Svartisen hatte

Überblick über den südlichen Teil des Saltfjellet; durch den Nationalpark verläuft der Polarkreis.

Den weißblühenden Gletscherhahnenfuß findet man von Juli bis August; er ist an extremste Bedingungen angepaßt.

wahrscheinlich um 1750 seine maximale Ausdehnung; damals hingen die beiden Teile noch zusammen. Anfang des 20. Jh. betrug die Gletscherfläche noch knapp 500 km², heute ist sie auf rund 370 km² geschrumpft. Die gewaltige Eiskappe des 140 km² großen **Østisen** erstreckt sich über dem Fjellgebiet zwischen Blakkådalen und Vesterdalen und erreicht ein maximales Niveau von 1467 m; der eisfreie Gipfel **Istind** überragt die höchste Stelle des Gletschers noch um 110 m. Eine Gletscherzunge des Østisen-Gletschers, Østerdalsisen, hat sich wegen seiner Höhlen und Gletscherspalten und der relativ bequemen Erreichbarkeit inzwischen zu einem vielbesuchten Ausflugsziel entwickelt.
Der größere, westlich gelegene Teil von Svartisen, der knapp 230 km² große **Vestisen**, erreicht an seinem höchsten Punkt 1454 m; östlich davon liegt mit 1594 m der höchste Gipfel dieses Gletscherteiles, der **Snøtind**. Auch der Vestisen bildet mehrere Gletscherzungen aus, die sich in nahegelegene Täler und Fjorde herabbewegen. Eine dieser Zungen ist Engabreen am Ende des Holandsfjorden.
Von 1905 bis 1970 schmolzen die Gletscher stark zurück. In dieser Periode entstanden 4 neue Gewässer: Bogvatnet, Bjørnfossvatnet, Engabrevatnet und Østerdalsvatnet. Seit 1980 haben die Gletscher in der Dicke wieder zugenommen, da zur Zeit im Sommer weniger Schnee abschmilzt, als im Winter fällt. Der Gletscher Engabreen endet heute nur 20 m über Meereshöhe und ist damit der niedrigste Gletscherarm Festland-Norwegens.
Der kalkhaltige Untergrund bedingt auch verschiedene geologische Formationen. Unter hohem Druck und hoher Temperatur entsteht aus Kalk Marmor; dies ist vor allem im Glomdalen im Bereich des »marmorslottet« (Marmorschloß) zu sehen. Eine weitere Einwirkung auf den Kalk geht von dem im Regenwasser gelösten Kohlendioxid aus, das Kalk langsam auflöst. Dies hat im Laufe der Jahrtausende zu ober- und unterirdischen Auswaschungen geführt. Die unterirdischen Wasserwege können mit der Zeit riesige Dimensionen annehmen und weitverzweigte **Höhlensysteme** bilden. Im Saltfjellet-Svartisen-Nationalpark liegen ungefähr 70 % aller Höhlen Norwegens. Da die meisten Grotten heute trockengefallen sind, kann man sie betreten. Durch genaue Meßmethoden konnte man das Alter einiger Höhlen auf über 350 000 Jahre bestimmen, das heißt, sie entstanden lange vor der letzten Eiszeit. In ihrem Inneren sind sie unberührt von Gletschereis und bilden deshalb wertvolle voreiszeitliche geologische Naturdokumente. Dies sollte man bedenken, wenn man diese Höhlen betritt.
Im östlichen Teil des Nationalparks bestimmen weiche Linien und weite Tallandschaften das Bild. Von Süden schneiden

Die vor allem in Fichtenwald lebende Tannenmeise erreicht im Nationalpark ihre Nordgrenze in Norwegen.

sich 4 Täler ein: Blakkådalen, das die östliche Grenze des Gletschers Svartisen bildet und eines der wildesten und beeindruckendsten Täler des Parks ist, sowie Stormdalen, Tespadalen und Bjøllådalen, die in das Dunderlandsdalen münden. Zwischen Blakkådalen und Bjøllådalen erstrecken sich im Süden markante Fjellrücken mit zahlreichen kleinen Gletschern, im Norden eine gewellte Hochfläche. Der Bereich zwischen dem Bjøllådalen und dem Dunderlandsdalen ist geprägt von nackten, glatten Felsabhängen. Die Landschaft im Nordosten ist flacher, hier liegt der größte See des Parks, der Nordre Bjøllåvatnet.

Pflanzen und Tiere

Die Pflanzenwelt im Nationalpark ist vor allem wegen der wechselnden Gesteine sehr artenreich; in den westlichen Fjordgebieten und östlich von Bjøllådalen dominieren saure, nährstoffarme Gesteine, die nur wenigen genügsamen Pflanzenarten ein Überleben ermöglichen. In den zentralen Teilen von Saltfjellet dagegen gibt es über kalkreichem Untergrund eine artenreiche Vegetation mit vielen anspruchsvollen Arten; hier breiten sich große Silberwurzheiden (S. 193) aus.
In den weiten Talgebieten gedeiht unterwuchsreicher, üppiger Fjällbirkenwald mit Nördlichem Eisenhut, Alpen-Milchlattich und Trollblume. Mit zunehmender Höhe geht er in sehr artenarme, flechten- und heidekrautreiche Fjällbirkenbestände über, die im Kahlfjell über 650 m von der typischen Fjellvegetation abgelöst werden. Das Pflanzenleben in den Hochlagen hängt nicht nur von der mittleren Jahrestemperatur ab, sondern vor allem auch von der Schneelage. Auf schneeärmerem Grund trifft man neben Silberwurz und Alpenazalee auch die Lappland-Alpenrose (S. 143) an. Diese Art hat eine interessante Verbreitung in Norwegen, denn sie kommt einmal in Südnorwegen im Bereich Jotunheimen–Dovre–Trollheimen vor, dann wieder vom Saltfjellet bis an den Porsanger-Fjord. Wahrscheinlich hat diese Fjellpflanze die Eiszeit an der Küste überdauert; nach dem Abschmelzen der Gletscher fand sie nur in diesen beiden Bereichen gute Lebensbedingungen.
Die schneereichen Leeseiten der Berge werden häufig von der Heidelbeere besiedelt. Unterhalb der Heidelbeerzone wachsen Pflanzenarten, die an eine sehr kurze Vegetationszeit und zeitweilige Überschwemmung mit Schmelzwasser angepaßt sind. Typische Arten dieser Extremstandorte sind neben einigen Gräsern die Moosähnliche Cassiope (S. 198) und die Krautige Weide (S. 202).
Das Saltfjellet-Svartisen-Gebiet ist pflanzengeographisch auch deswegen bemerkenswert, weil hier die Verbreitungsgrenze für eine Reihe von Pflanzenarten erreicht ist. Im Nationalpark verläuft die Nordgrenze für natürlichen Fichtenwald und die Südgrenze für eine Reihe nordischer Arten wie Vierkantige Cassiope, Brand- und Rauhhaariges Läusekraut sowie die Segge *Carex nardina*. Das Nationalparkgebiet beherbergt den einzigen be-

Die gewaltige Eiskappe des Gletschers Østisen ist 140 km² groß. Im Bild die Gletscherzunge Østerdalsisen.

kannten Standort für den Svartis-Mohn, eine Unterart des Arktischen Mohns. Im Saltfjellet-Gebiet treffen auch typische Vertreter der Küstenflora wie Beinbrech oder Wald-Rippenfarn auf östliche, kontinentale Arten wie Arktische Brombeere (S. 62) und Karlszepter (S. 108).

Die großräumigen Täler mit hoher Pflanzenproduktion sind die Grundlage für das reiche Tierleben im Nationalpark. Einige Pflanzenfresserarten wie Elch, Schneehase und Schneehuhn haben hier ihre wichtigsten Lebensräume. Sie sind wiederum die Lebensgrundlage für die meisten Beutegreifer und Aasfresser des Gebietes wie den Vielfraß, der in fjellnahen Wäldern und im Fjell selbst lebt; der sonst stark bedrohte große Marder hat im Nationalpark einen gesicherten Bestand, auch wenn er mit den Ren- und Schafhaltern öfter in Konflikt gerät. Eisfuchs (S. 113) und Luchs (S. 126) haben im Nationalpark einen festen Bestand, der Braunbär tritt jedoch heute nur noch als gelegentlicher Gast auf. Der Steinadler (S. 79) ist ein ausgesprochener Nutznießer von Beutezügen der Großraubtiere, fängt aber auch selbst Säugetiere und Vögel. Die seltene Schnee-Eule (S. 74) brütet in guten Kleinsäugerjahren im Nationalpark. Der Birkenwald ist vor allem ornithologisch sehr interessant. Stormdalen, Storlia und Gråttådalen weisen für Vögel besonders reiche Waldbiotope auf. Bemerkenswert ist das nördlichste Vorkommen der Tannenmeise, das durch die Nordgrenze der Fichte definiert ist.

Im Gebiet unterwegs

Den Nationalpark durchzieht ein Netz von Wanderwegen, in deren Verlauf auch mehrere Übernachtungshütten liegen. Durch die Vielfalt der Landschaftsformen ist für jeden Geschmack etwas gegeben. Gletscherfreunde und geologisch Interessierte kommen vor allem im westlichen Teil des Parks auf ihre Kosten. Das Tal der **Glomåga** (Glomdal und Vesterdal ③) bietet heutzutage ein anschauliches Beispiel dafür, wie die Kräfte des Gletschereises die Landschaft geformt haben.

Nach dem Rückzug des Gletschers ist in diesem Tal der See **Bjørnfossvatnet** neu entstanden. Sehenswert ist der Gletscher **Flatisen**, der in diesen See kalbt. Das Tal der Glomåga und den Gletscher Flatisen

erreicht man, indem man in Røssvoll von der E 6 Richtung Svartisen abbiegt und bis Granlund am See Langvatnet entlangfährt. Dort beginnt ein Wanderweg.
Lohnenswert ist auch ein Besuch der Gletscherzunge **Østerdalsisen** ①. Mit einem Boot überquert man den eisgrünen See **Svartisvatnet** (Fahrzeit 20 Min.), daran schließen sich 3 km Fußmarsch zum See Østerdalsvatnet und zur Gletscherzunge Østerdalsisen an, die mit ihrer zerschrundeten Eiskante in den See ragt; ab und zu brechen Eisbrocken ab. Auf dem Wasser schwimmen die typisch türkisgrün gefärbten Gletscherbrocken. Auf dem Weg zum kalbenden Gletscher kommt man durch Landschaften, in denen sich der Gletscher erst vor wenigen Jahrzehnten zurückgezogen hat. Hier kann man die allmähliche Besiedlung durch interessante Pioniergesellschaften studieren. Das Boot fährt in der Zeit vom 20.6. bis Ende August täglich zwischen 10 und 16 Uhr.
Der **Vestisen-Gletscher** reicht in mehreren Zungen bis in die Täler und Fjorde. Den besten Zugang zu einer Tour über den Gletscher hat man von Glomfjord aus, denn dort führt eine Seilbahn hinauf. Gletschertouren sollte aber nur derjenige unternehmen, der über Erfahrung und eine gute Ausrüstung verfügt, denn der Gletscher ist von vielen Spalten durchzogen; andernfalls sollte man sich einem Führer anschließen. Den **Engabreen** ② kann man am besten vom Boot aus bewundern. Zum Gletscher fahren regelmäßig Touristenboote von **Ørnes** aus in den Holandsfjord. Ørnes erreicht man mit den Schiffen der norwegischen Küstenlinie. Mit dem Bus gelangt man von dort nach Glomfjord.
Für botanisch und zoologisch Interessierte bietet sich das Saltfjellet-Gebiet des Nationalparks an. Im unteren Bereich des Tales **Stormdalen** ⑥ liegt die Nordgrenze des natürlichen zusammenhängenden Fichtenwaldes, einen besonders schönen Waldabschnitt findet man in Granneset. In den Fichten- und den üppigen, hochstaudenreichen Fjällbirkenwäldern herrscht ein reiches Kleinvogelleben. Zum Besuch dieses Tales startet man am besten vom Parkplatz bei Storvollen an der E 6.
Am gleichen Parkplatz beginnt ein Wanderweg, der durch das **Tespadalen** ⑦ an den Bjøllåga führt und weiter durch das **Bjøllådalen** ⑧ bis an den Nordre Bjøllåvatnet. In seinem Verlauf liegen viele Moore, in denen zahlreiche Wat- und Entenvögel brüten; Kleinstgewässer sind z. B. der Lebensraum des zierlichen Odinshühnchens. Auch das Feuchtgebiet **Riebivagge** ⑨ im oberen Tollådalen ist ein guter Ort zur Vogelbeobachtung.
An der Grenze zwischen Nationalpark und dem Naturreservat Gåsvatnan im Norden liegt der See **Kvitbergvatnet** ⑩, der

Die Vierkantige Cassiope hat im Saltfjellet-Svartisen-Gebiet ihre Südgrenze.

Wie viele andere Fjellpflanzen hat das Rauhhaarige Läusekraut eine dichte Behaarung als Klimaschutz.

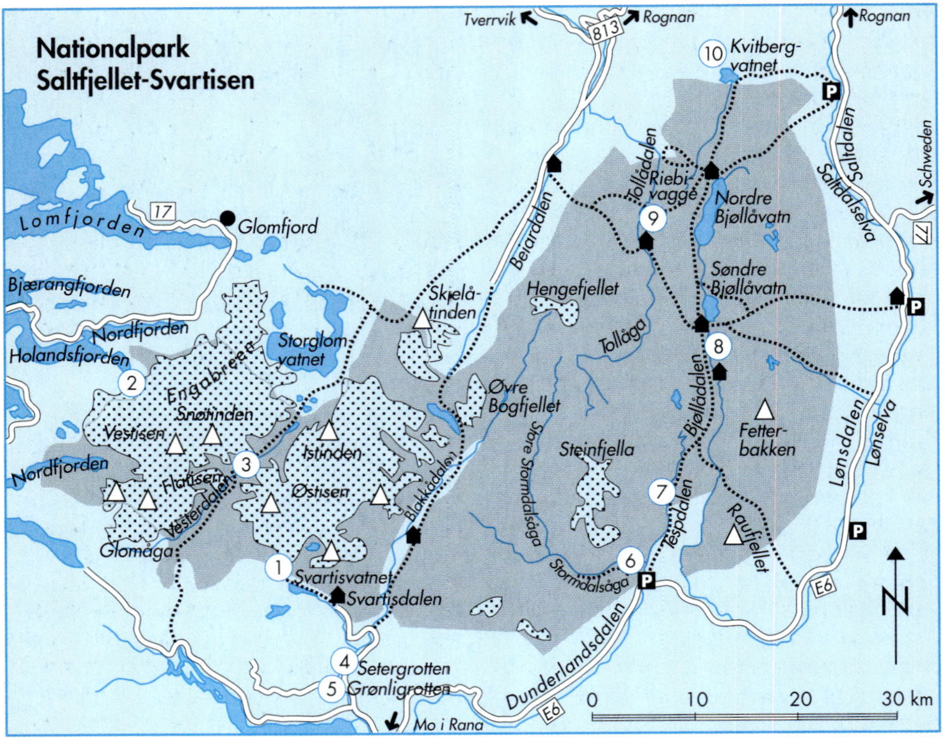

sich ebenfalls gut für die Beobachtung von Enten und Watvögeln eignet. Zu diesem See führt ein Wanderweg durch das Jordbrudalen, der am Parkplatz Stolpen beginnt; dazu biegt man von der E 6 in Russånes ab.

Praktische Tips

Anreise

Der Nationalpark ist von vielen Straßen umgeben. Im Osten und Süden führt die E 6 entlang; von verschiedenen Parkplätzen starten Wanderwege in den Park. Anreise zu den verschiedenen angebotenen Touren: s. »Im Gebiet unterwegs«.

Klima/Reisezeit

Von West nach Ost wechselt im Nationalpark das typische Küsten- zu ausgeprägtem Kontinentalklima. Das bedeutet, daß es an der Küste häufig regnet, hier fallen im Jahr etwa 4000 mm Niederschlag, während im Landesinneren nur etwa 800 mm erreicht werden. An der Küste ist der Sommer bei mittleren Julitemperaturen von 11–12°C eher kühl, weiter im Inneren des Nationalparks klettert die Quecksilbersäule im Juli auf durchschnittliche 15 °C. Dafür ist der Winter an der Küste milder als im Landesinneren.
Beste Zeit für Pflanzen- und Tierbeobachtungen in niedrigeren Lagen ist ab Mitte Juni, dann liegt aber auf dem Fjell noch Schnee.
Durch das Angebot der vielen Hütten sind auch Skitouren möglich.
Gletscher- und Höhlenbesucher müssen sich nach den vorgegebenen Öffnungszeiten der Touristikunternehmen richten.

Unterkunft/Information
Im Nationalpark gibt es zahlreiche Hütten mit Selbstversorgung, die man mieten kann. Den Schlüssel dazu bekommt man am Bahnhof im Lønsdal oder im Touristenbüro in Fauske.
Informationen für die Gletschertouren oder Höhlenbesuche erhält man in Mo i Rana. Vom Fremdenverkehrsamt starten auch Busse zu den Kalkhöhlen Grønligrotte und Setergrotte (s. »Blick in die Umgebung«). Entlang der E 6 stehen an verschiedenen Parkplätzen Informationstafeln mit einer Karte und dem Wanderwegenetz des Nationalparks.
Zahlreiche Übernachtungsmöglichkeiten gibt es entlang der E 6.

Karten
Saltfjellkartet 1:100 000; auf dieser Karte stehen neben vielerlei Informationen über das Schutzgebiet auch die Adressen der Touristenvereinigungen, die die Hütten im Nationalpark vermieten.
Für einzelne Teile des Nationalparks gibt es auch topografische Karten; es sind die Kartenblättern 1927 3 Mo i Rana, 1928 1 Glomfjord, 1928 2 Svartisen, 2027 4 Storforshei, 2028 1 Beiarndalen, 2028 2 Bjøllådalen, 2028 3 Blakkådalen.

Blick in die Umgebung

Zur gleichen Zeit wie der Nationalpark wurden 4 weitere Gebiete unter Schutz gestellt: Das 580 km² große Landschaftsschutzgebiet **Saltfjellet**, das Landschaftsschutzgebiet **Gåsvatnan** mit einer Fläche von 120 km² sowie das 13 km² große Naturreservat **Semska-Stødi**. Schutzgrund aller 3 Gebiete sind die typische Tier- und Pflanzenwelt sowie geologische Formationen. Zwischen den unteren Bereichen der Flüsse Tespa und Bjøllåga befindet sich das 24 km² große Naturreservat **Storlia**. Zusammen mit dem angrenzenden Stormdalen beherbergt es den nördlichsten natürlichen Fichtenwald der Welt.

Nördlich des Junkerdalen erstreckt sich mit 1440 km² das riesige Pflanzenschutzgebiet **Junkerdal-Balvatnet**. Man hat hier ungefähr 400 Pflanzenarten gefunden mit einer seltenen Mischung von Fjellpflanzen und südlichen wärmeliebenden Pflanzenarten. Große Bereiche sind bedeckt von Silberwurzheiden oder Heiden mit Vierkantiger Cassiope. Zu den seltensten Fjellpflanzen gehören eine Verwandte des Straußsteinbrechs, *Saxifraga paniculata*, und die Grönlandsegge *Carex scirpoidea*, die nur hier und in Ballangen vorkommt.
Nördlich von Mo i Rana liegen 2 Grotten, zu denen man von der E 6 in Røssvoll Richtung Svartisen abbiegt. Die **Grønligrotte** ⑤ und **Setergrotte** ④ sind natürliche Kalksteingrotten mit gigantischen Hohlräumen, großen Gletschermühlen, unterirdischen Flüssen und schneeweißen Marmorwänden. Die Führungen durch die elektrisch beleuchtete Grønligrotte dauern 20 Minuten; sie finden täglich vom 15.6.–31.8. zu jeder vollen Stunde statt. Führungen durch die Setergrotte (11.30 und 15.00 Uhr während der Saison) verlangen mehr sportliche Leistung. Helm, Lampe und Schutzkleidung werden gestellt.

Die Netzweide ist gebietsweise häufig; sie wächst auf feuchtem, kalkhaltigen Untergrund.

4 Nationalpark Rago

Grandiose Fjell-Landschaft mit steilen Gipfeln, tiefen Schluchten und vielen Wasserfällen; Teil des größten Nationalparkblocks Europas.

Der Nationalpark Rago wurde 1971 eingerichtet, um eine unberührte, zerklüftete Fjell-Landschaft mit vielen Wasserfällen zu schützen. Er hat eine Größe von gut 167 km^2 und liegt auf dem Gebiet der Gemeinde Sørfold. Der Rago schließt direkt an eine riesige Wildnis an, die durch die schwedischen Nationalparke Padjelanta, Sarek und Stora Sjöfallet gebildet wird. Prägendes Element des Schutzgebiets sind die Gebirgszüge. Im Süden erstreckt sich ein großer Fjellrücken (Lappfjellet und Flatkjølen ⑤) bis nach Schweden hinein, dessen höchste Gipfel gut 1200 m in den Himmel ragen. Im Osten an der schwedischen Grenze dominiert das Rago-Massiv, dessen höchster Gipfel mit 1300 m auch der höchste Punkt des Parks ist. Auf allen Gipfeln, die höher als 1100 m aufragen, liegen Gletscher, denn oberhalb dieser Grenze bleibt der Schnee das ganze Jahr über liegen.

Im Nationalpark gibt es neben einigen kleineren auch 2 große Seen. Nördlich des Lappfjellet liegt in einem Trogtal mit steilabfallenden Wänden der **Litle Værivatnet** ③. Am Westende sind die Ufer näher zusammengerückt, und die Wassermassen stürzen sich als über 100 m hoher Wasserfall hinunter, bevor sie in den Fluß Storskogelva münden.

Im nördlichen Teil des Parks liegt der langgestreckte See **Storskogvatnet**. In den See

Blick auf den träge mäandrierenden Fluß Storskogelva.

Der kalkliebende Gegenblättrige Steinbrech bildet niedrige, dichtrasige Polster aus; er blüht von Mai bis Juni.

ergießen sich zahlreiche Flüßchen und Bäche, die von den blanken Fjells herunterkommen. Am Nordostende des Sees schließt sich das **Trolldalen** ② an. Im Westen tritt aus dem See der Storskogelva aus, hier beginnt das **Storskogdalen**. Anfangs ist es ziemlich breit mit recht flachen Hängen, auf denen spärlicher, mit Birken durchmischter Kiefernwald stockt. Weiter unten hat sich der Fluß tief in das Tal hineingearbeitet – es ist jetzt eng und hat steile Abhänge. In mehreren Fallstufen ergießt sich der Fluß in den größeren Fluß Laksåga, dabei stürzt er sich an steilen Abschnitten in atemberaubenden Wasserfällen hinunter; einer davon ist der **Trollfossen** ④.
Der Untergrund des Nationalparks besteht größtenteils aus schwer verwitterbarem Granit. Die wenige Erde, die sich durch die Einwirkung von Wasser und Frost dennoch gebildet hat, wird meist umgehend von den oft starken Regenfällen weggewaschen. Nur im Südwesten gibt es Schiefer und andere weichere Gesteinsarten.
Durch die Eiszeit, während der das gesamte Gebiet unter einer dicken Eisschicht begraben lag, wurde die Oberfläche des Nationalparkgebietes nachhaltig geformt. Die Gletscher schoben Moränenkies zusammen. Als sie abschmolzen, strömten große Wassermassen zu Tale und formten breite Schmelzwasserrinnen, die man noch heute sehen kann, etwa im Gebiet zwischen dem See **Litle Værivatnet** und dem **Snøtoppen** ⑥. Das Wasser transportierte alles Lockermaterial ab, auch den Schlamm aus feinzermahlenem Gestein am Grund der Gletscher. Diese feineren Partikel setzten sich erst weiter unten im Storskogdalen als große Sandmoränen ab. Dies deutet darauf hin, daß sich hier einmal ein größeres Stillgewässer befunden haben muß. An die Eiszeit erinnern heute nur noch einige Gletscher im Süden und Osten sowie die Findlinge, die in allen Größen und Formen über die Fjells verstreut liegen.
Im Storskogdalen dominiert spärlicher Kiefernwald mit kleinen, breitkronigen Bäumen. Nur direkt am Fluß und am See gibt es größere Waldgebiete; dort wurde früher einmal Holz geschlagen. Die Waldgrenze liegt ungefähr bei 400 m, sie wird von kargem Fjällbirken-Heidewald gebildet. Üppige, kräuterreiche Wälder findet man kaum im Nationalpark, am ehesten noch am Nordende des Storskogvatnet. Mehr als die Wälder dominieren die Moore in den tieferliegenden Gebieten. Der hohe Niederschlag und die kühlen Sommer begünstigen ihre Entwicklung nicht nur in ebenem Gelände, sondern auch an den Hängen.

Pflanzen und Tiere

Granit als Untergrund bietet den Pflanzen wenig Nährstoffe, deshalb ist die Vegetation im Nationalpark artenarm, das gilt auch für die Moore. Die Charakterpflanze dort ist die Wenigblütige Segge, in Bereichen mit weniger nassem Torfuntergrund kommt der Beinbrech dazu. Dieses hübsche kleine Liliengewächs sowie eine Reihe weiterer Pflanzen, wie Schwedischer Hartriegel (S. 110), Rasige Haarsimse und

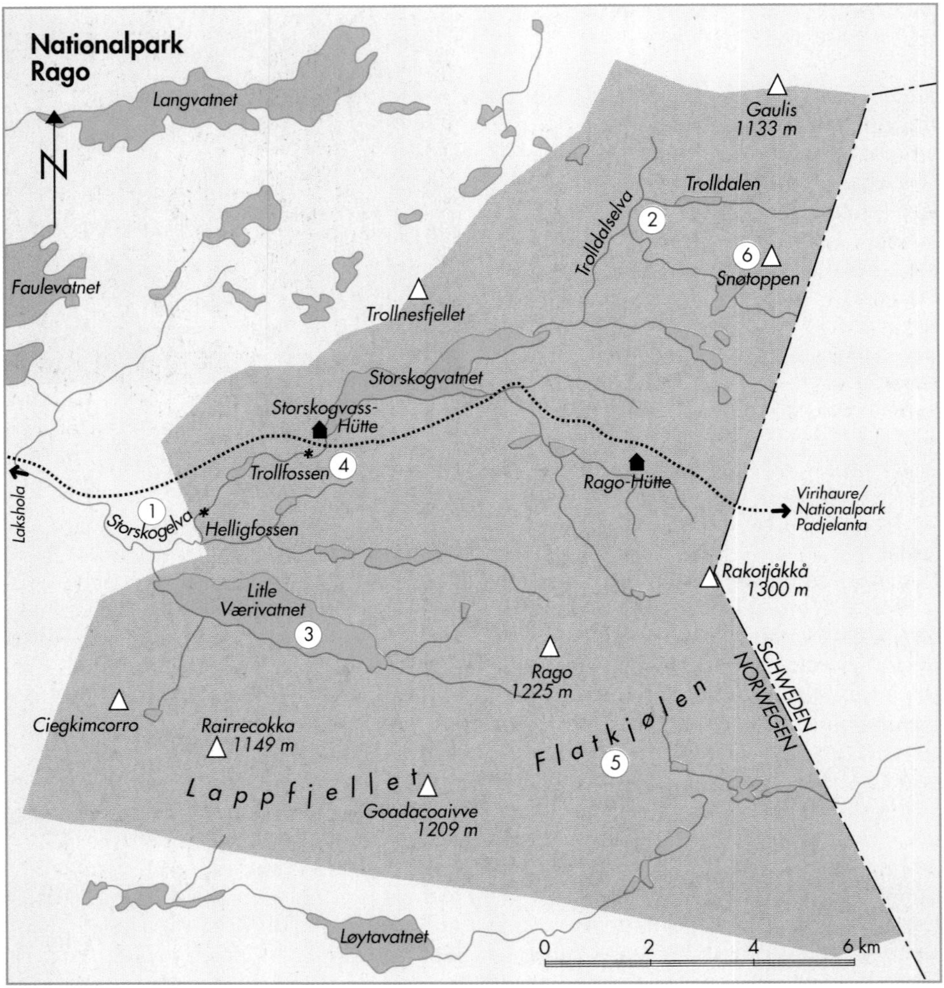

Pfeifengras, sind sehr frostempfindlich und zeigen durch ihr Auftreten an, daß im Rago feuchtes Meeresklima herrscht. Sie können hier nur deshalb gedeihen, weil im Winter stets eine geschlossene Schneedecke herrscht und Kahlfrost über längere Zeit selten ist.

Ein Indiz für die kalten Sommer sind die vielen Fjellpflanzen, die unten entlang der Flüsse wachsen. So kann man im Birkenwald entlang des Storskogelva neben den üblichen Arten Trollblume, Waldstorchschnabel, Nördlicher Eisenhut, Gelbes Veilchen und Siebenstern auch typische Fjellpflanzen finden. Dazu gehören Rosenwurz, Alpenfrauenmantel, Gegenblättriger Steinbrech, Alpenhelm oder das Stengellose Leimkraut. Im Hochgebirge findet man nur die üblichen Arten: über trockenerem Untergrund Alpenazalee, Diapensie, Krähenbeere und Starre Segge, an Stellen mit längerer Schneebedeckung Alpenfrauenmantel, Gelbling, Krauser Rollfarn oder Krautige Weide.

Der Kolkrabe, der größte Singvogel der Welt, ist in Skandinavien vor allem ein Vogel der Bergregionen.

Wie die Pflanzenwelt ist auch die Tierwelt artenarm. Der Elch ist noch nicht so lange hier heimisch, heute hat er aber einen guten Bestand im Storskogdalen. Von den großen Raubtieren ist der Vielfraß (S. 80) der einzige, der im Park »ständigen Wohnsitz« hat. Bär und Wolf wurden im Rago zuletzt kurz nach dem Krieg nachgewiesen. Doch da die Bärenpopulation in den angrenzenden schwedischen Nationalparks zunimmt, kann man hoffen, daß einige Tiere auf die norwegische Seite des riesigen Wildnisgebiets auswandern werden. Von den kleineren Raubtieren sind Rotfuchs und Hermelin häufig, Baummarder und Eisfuchs dagegen selten. An den Gewässern tummeln sich auch Fischotter (S. 196) und Minke (S. 77).
Im Bevervatnet im Storskogdalen wurden 1968 einige Biber (S. 90) ausgesetzt, die sich inzwischen zu einer stattlichen Population entwickelt haben. Die vielen gefällten Stämme am Flußufer sowie die Biberburgen am Ufer des Sees zeugen von der Anwesenheit der großen Nager.
Auch die Vogelwelt ist artenarm, besonders die höherliegenden Fjellgebiete wirken teilweise vogelleer. Auf dem Kahlfjell sind Steinschmätzer (S. 193), Wiesenpieper und Schneeammer (S. 200) recht häufig, in guten Kleinnagerjahren besuchen auch Greifvögel die Hochflächen. Für ornithologisch Interessierte sind das Nordende des Storskogvatnet, der untere Teil des Trolldalselva sowie der Fluß Ragoelva lohnende Exkursionsziele; dort trifft man auf einige Kleinvogelarten wie Sing-, Wacholder- und Rotdrossel, Fitis (S. 161), Gartengrasmücke, Bergfink sowie verschiedene Meisenarten. Im Weidengestrüpp entlang des Flusses singen viele Blaukehlchen (S. 128), auf den Steinen im Fluß sieht man mit etwas Glück eine Wasseramsel, die im Unterschied zu den mitteleuropäischen Artgenossen einen schwarzbraunen Bauch hat. Das Ufer des Storskogelva ist das Reich des Flußuferläufers, er ist der einzige Vogel, der hier in nennenswerter Anzahl brütet.

Im Gebiet unterwegs

Vom Parkplatz in Lakshåla aus führt ein markierter Wanderpfad durch den Nationalpark bis nach Schweden. Früher wurde

Das Gelbe oder Zweiblütige Veilchen ist typisch für den feuchten Fjällbirkenwald.

In den Tälern entlang der Bäche und Flüsse gedeiht üppiger Fjällbirkenwald mit Farnen und Hochstauden.

er vor allem von schwedischen Samen benutzt, die auf diesem Weg ihre Rentiere zur Sommerweide auf die norwegische Seite trieben; im feuchteren norwegischen Teil sind die Weiden viel üppiger als im mehr kontinental-trockenen Schweden. Der Weg verläuft anfangs entlang des Flusses **Laksåga** durch üppigen Birken-Farn-Wald; danach geht es steil bergauf über glattgeschliffenen Fels; nach kurzem Verschnaufen kann man oben die tolle Aussicht genießen. Im weiteren Verlauf wandert man auf Bohlen über ein kleines Moor, vorbei an riesigen Felsbrocken, bis man am Rand einer riesigen Senke steht. Hier schweift der Blick über Seen, kleine Wasserfälle und kiefernbestandene Felsplatten. Von dort führt der Weg weiter durch das **Storskogdalen** ① bis zum Ausfluß aus dem See Storskogvatnet, wo nahe bei dem Wasserfall Storskogvassfossen eine offene Übernachtungshütte der norwegischen Forstverwaltung liegt. Der Weg setzt sich danach in östlicher Richtung fort, verläuft nördlich am Rago-Massiv vorbei und endet schließlich am See **Virihaure** im schwedischen Nationalpark Padjelanta. Wegen der steilen Auf- und Abstiege ist der Weg recht anstrengend.
Bei Megården an der E 6 beginnt ein weiterer Wanderweg; er verläuft am Nordende des **Andkilvatnet**, überwindet das **Lappfjellet** und führt dann am Nordrand des Gebirgsrückens entlang ebenfalls an den See **Virihaure**; im Gegensatz zum ersten Weg ist dieser nur stellenweise markiert.

Die unterirdischen Teile der Rosenwurz, eines Dickblattgewächses, verströmen Rosenduft.

Praktische Tips

Anreise

Den Nationalpark erreicht man mit dem Auto von der E 6 aus; bereits an der Europastraße ist der Nationalpark ausgeschildert. Man biegt am Nordende des Tennfloget-Tunnels ab Richtung Nordfjord und Lakshåla. Am Ende der Straße in Lakshåla befindet sich ein kleiner Parkplatz mit Informationstafel.

Klima/Reisezeit

Wegen der feuchten Luft aus Westen herrscht im Nationalpark ein ausgeprägtes Meeresklima mit ziemlich milden, niederschlagsreichen Wintern und kühlen, feuchten Sommern. Der Park liegt jedoch so weit nördlich und die meisten Teile des Parks sind so hoch, daß die Temperaturen während vieler Monate des Winterhalbjahres kaum die 0 °C-Marke erreichen. Die beste Wanderzeit liegt in den Monaten Juni bis September, davor und danach muß man mit Schneefällen rechnen.

Unterkunft/Information

Informationen zum Nationalpark erhält man in Fauske, das an der E 6 liegt.
Entlang des Wanderwegs gibt es 2 Hütten. Die erste liegt am Ausfluß des Storskogvatnet. Sie ist offen, hat 4 Betten und eine einfache Ausstattung. Die zweite (Ragohytta) liegt unterhalb des Rago-Massivs in der Nähe der schwedischen Grenze.
In Nordfjord gibt es einen einfachen Campingplatz, auf dem man auch Hütten mieten kann.
TIP: Bei einer Wanderung von Lakshåla aus sollte man den Wegmarkierungen vertrauen, damit man die erste Hütte erreicht; das Kartenmaterial ist teilweise veraltet, die Lage der Hütte oft falsch eingezeichnet!

Karten

Wanderkarte 1:50 000, Kartenblätter 2129 1 und 2130 2.
Sørfoldkarte 1:100 000.

Blick in die Umgebung

Am RV 826, einer Nebenstraße der E 6, liegt der See **Kvitblikvatnet**; das umgebende Sumpfgebiet ist als Vogelreservat unter Schutz gestellt.

Der Bergfink ist Charaktervogel der Fjällbirkenwälder; sein monotoner Gesang erinnert an eine Kreissäge.

5 Lofoten und Vesterålen

Wildgezackte Felsformationen, die sich direkt aus dem Meer erheben; dicht besetzte Vogelberge mit Dreizehenmöwen und verschiedenen Alkenvögeln; gute Beobachtungsmöglichkeiten von Walen; einzigartige Mischung von Strand-, Wiesen- und Fjellpflanzen.

Die Lofoten sind eine 190 km lange Kette von Inseln, nördlich des Vestfjorden zwischen dem 67. und 68. Breitengrad gelegen; sie gehören zur nordnorwegischen Provinz Nordlands Fylke. Daran schließt sich im Norden die Inselgruppe Vesterålen an, die aber auf dem Gebiet der Provinz Troms Fylke liegen.
Die größten Gezeitenunterschiede an der norwegischen Atlantikküste wurden im Bereich der Lofoten–Vesterålen festgestellt; so beträgt der Tidenhub zwischen einer normalen Ebbe und Flut auf den Vesterålen und den äußeren Inseln der Lofoten mehr als 3 m. In den schmalen Sunden zwischen benachbarten Inseln oder zwischen Inseln und Festland kommt es daher zu starken Gezeitenströmungen, deren bekannteste der Moskenesstrømmen zwischen Lofotodden und der Insel Værøy ist.

Lofoten

Die rund 80 Inseln der Lofoten bedecken zusammen eine Fläche von 1227 km². Die wichtigsten Inseln des Archipels sind Austvågøy, Gimsøya, Vestvågøy, Flakstadøya, Værøy und Røst. Der Higravtind auf der Insel Austvågøy ist mit 1161 m der höchste Gipfel des Gebiets. Wenn man vom Festland aus über den Vestfjorden nach Nordwesten blickt, sieht man bei schönem Wetter die Lofoten als eine riesige zerklüftete Wand, die sich aus dem Meer erhebt (»Lofotenmauer«).

Die schwarz-weißen Trottellummen sind ausgeprägte Hochseevögel, die nur zum Brüten an die Klippen kommen.

Die Eiderente (im Bild ein Paar mit Jungen) ist an den Küsten Fennoskandiens die häufigste Entenart.

Die Inselgruppe ist auch geologisch bemerkenswert wegen ihrer metamorphen Gesteine – das sind Mineralienverbindungen, die durch Druck und Temperatur mehr oder weniger stark umgestaltet wurden. Die Gesteine wurden vor rund 3 Mrd. Jahren gebildet und gehören somit weltweit zu den ältesten.
Auf den Lofoten hat der Fischfang seit jeher eine entscheidende Rolle für die Nahrungsversorgung der Menschen gespielt; früher war die im Winter betriebene Jagd auf Dorsch (Kabeljau) Haupterwerbszweig. Sogar der Walfang hat seinen Ursprung auf den Lofoten. Die Landwirtschaft wurde schon sehr früh als Ergänzung zum Fischfang betrieben; das gilt auch heute noch, allerdings in eingeschränkter Form. Entlang der Küste liegen Häuser und landwirtschaftliche Nutzflächen auf den tiefliegenden, flachen Strandebenen, die direkt an das Meer anschließen.
Bereits vor 6000 Jahren gab es auf den Lofoten steinzeitliche Siedlungen. Damals wuchsen hier Wälder aus Birke und Kiefer, in denen Hirsche, Wildrentiere, Biber, Bären und Luchse lebten.

Vesterålen

Zur Inselgruppe Vesterålen gehören unter anderem die Inseln Andøya, Langøya, Hadseløya und Teile von Hinnøya, insgesamt bedecken sie 2368 km². Die höchste Erhebung der Vesterålen ist mit 1262 m der auf der Insel Hinnøya gelegene Berg Møysalen.
Der Åsanfjorden im Gemeindegebiet Bø überdeckt ein Gabbrogestein, das mit 3,5 Mrd. Jahren noch älter als das der Lofoten ist. Das Dorf Ramså auf der Insel Andøya im Norden der Inselgruppe ist geologisch interessant, denn dort befindet sich das einzige nicht meerbedeckte Vorkommen von jüngeren Gesteinen aus der Trias- und Jurazeit Norwegens mit Kohleflözen und fossiltragenden Sandsteinen.
Das Landschaftsbild von **Andøya** unterscheidet sich etwas von dem der Lofoten. In der Mitte der rund 60 km langen Insel erheben sich aus einem flachen Tiefland abgerundete Berge bis auf 300–700 m Höhe. Das Tiefland wird vor allem von Mooren geprägt, was auf sehr feuchtes Klima hindeutet. Es gibt sowohl nährstoffarme als auch nährstoffreiche Moortypen. Die Torfablagerungen in den Mooren an der Nordspitze der Insel wurden vor 18 000 Jahren gebildet. Der Fund eines Hermelinschädels brachte die Forscher zu der Erkenntnis, daß dieses Gebiet damals eisfrei gewesen sein mußte und vielen Arten der damaligen Pflanzen- und Tierwelt als Refugium diente, während das übrige Skandinavien unter einer dicken Gletscherschicht verborgen lag. Die anschließende Wiederbesiedlung Skandinaviens könnte demnach auch von hier ausgegangen sein.

Pflanzen und Tiere

Im Bereich der Straßen und Siedlungen gibt es nur wenige Pflanzen, die erwähnenswert sind. Die weißen Felder, die vielerorts ins Auge fallen, sind Staudenbestände des Wiesenkerbels, die gelben be-

Die häufigsten Färbungen des Nordlichtes sind grüne Nuancen, seltener sind rötliche Erscheinungen.

stehen aus Scharfem Hahnenfuß und die violetten aus Waldstorchschnabel. Diese Felder wurden früher regelmäßig für die Futtergrasgewinnung gemäht und erst vor relativ kurzer Zeit aufgegeben.

Im Gegensatz zu diesen Kulturflächen ist die Wildflora des Gebiets artenreich und vielfältig. Auf Meereshöhe gedeihen Strandpflanzen, Wiesenpflanzen und reine Fjellpflanzen in einer ungewöhnlichen und einzigartigen Mischung nebeneinander. Voraussetzung für das Vorkommen der Fjellpflanzen auf Meeresniveau sind die kühlen Sommer und die hellen, offenen Standortbedingungen. So findet man hier Silberwurz und Stengelloses Leimkraut, also echte Fjellgewächse, zusammen mit typischen Wiesenblumen wie Gewöhnlichem Hornklee und Vogelwicke sowie Strandpflanzen wie Mertensie (Pferdezunge), Meersenf und Strandroggen.

Die kleine, bogenförmig gekrümmte Bogensegge ist schwach kalkliebend und gedeiht im losen Sand neben der Silberwurz. Auf Andøya befinden sich die Sonderbare Segge und der Teufelsabbiß an ihren nördlichsten Standorten.

Die weitgehende Abwesenheit von Wald auf den Inseln ist das Werk des Menschen und seiner Haustiere. Auf Værøy verschwanden die Wälder bereits vor 3000 Jahren. Gruppen von Bäumen, die man für Wald ansehen könnte, gibt es an manchen Stellen – meist in Form von kleinwüchsigen Birken, Ebereschen und Weiden. An verschiedenen Stellen wurden Nadelwälder angepflanzt.

Wildlebende Landsäugetiere sind selten, doch sehr erfreulich ist der anwachsende Otterbestand; die Wassermarder müssen ihre angestammten Jagdgründe allerdings

Die aparten Gryllteisten besetzen meist die unteren Etagen der Vogelberge, oft zusammen mit Krähenscharben.

Das rätselhafte Nordlicht

Das Nordlicht, Polarlicht oder die Aurora borealis ist ein Phänomen, das schon viele Menschen in seinen Bann gezogen hat. Um diese Lichterscheinung zu erleben, sollte man an einem klaren Spätherbst- oder Winterabend den Himmel Lapplands beobachten; mit etwas Glück entdeckt man die Lichtbänder, die den Himmel von Ost nach West überspannen. Weniger als 1 % der Menschheit (darunter alle Nordskandinavier und Finnen) bewohnen Gebiete, in denen das Polarlicht zu sehen ist. Auch in Südskandinavien tritt das Ereignis des Polarlichts in rund 20 Nächten im Jahr auf. Da das Lichtermeer der großen Städte die Wahrnehmbarkeit des Polarlichts beeinträchtigt, erlebt man es am besten im Norden Skandinaviens oder Finnlands; zudem tritt es dort mit 10mal größerer Wahrscheinlichkeit auf als in Südskandinavien. Nordlicht, Lappland und strenger Frost gehören also gewöhnlich zusammen.

Die »Lichtshow« beginnt am frühen Abend und dauert in der 1. Phase etwa 1–2 Stunden. Zunächst sind am nördlichen Horizont ein oder mehrere grünlichgelbe Bögen sichtbar, die in Ost-West-Richtung von Horizont zu Horizont verlaufen; ihre Breite beträgt rund 1 km. Die Bögen sind entweder stationär oder ziehen langsam nach Süden, Helligkeit und Farbe ändern sich dabei nicht.

Nach dieser ersten Phase, die häufig die einzige beobachtbare Phase bleibt, hellt sich der Bogen des Polarlichts auf, oberhalb des grünen Teils des Bogens entsteht ein tiefroter Streifen; danach löst sich die Lichterscheinung in senkrecht verlaufende Strahlen auf, oft entstehen im Bogen auch Faltungen. Die Lichterscheinung bewegt sich dabei rasch in südliche Richtung. Diese 2. Phase dauert rund 1/2 Stunde.

Die 10-minütige 3. Phase ist kurz, aber sehr eindrucksvoll: Die Lichtbögen haben sich in breite Schleier und Bänder verwandelt und bewegen sich mit großer Geschwindigkeit nord- und südwärts; dabei drehen sie sich ähnlich einer Rauchfahne. Jetzt ziehen über den Himmel rasante, wellige Lichterscheinungen mit einer Geschwindigkeit von über 100 km in der Sekunde. Dabei wechselt die Lichtstärke sehr schnell, rote, blaue und violette Farben kommen hinzu. Die letzte Phase, in der sich die Helligkeit abschwächt und die Geschwindigkeit der Lichtbewegungen verlangsamt, dauert rund 1 Stunde. Das ganze Schauspiel des Nordlichts kann sich in einer Nacht bis zu 5mal wiederholen.

Naturwissenschaftlich läßt sich das Phänomen folgendermaßen erklären: Die von der Sonne kommenden Protonen (positiv geladen) und Elektronen (negativ geladen) bewegen sich in rasender Geschwindigkeit von der Sonne weg (Sonnenwind). Diese Teilchenstrahlung prallt auf die Sauerstoff- oder Stickstoffatome der oberen Erdatmosphäre und regt diese zum Leuchten an. Die Farben des Nordlichts hängen von den getroffenen Atomen ab; Stickstoff leuchtet in Höhen von 100 km grün, Sauerstoff, der sich in über 250 km Höhe befindet, erzeugt rotes Licht.

In der Nähe der Pole wird die Strahlung durch das erdmagnetische Feld auf die Pole hin abgelenkt; daher tritt das Polarlicht fast nur in polnahen Gebieten im Bereich einer 100 km breiten Zone auf.

Aussicht vom Mostadsfjellet auf der Insel Værøy; der Berg ▷ ist berühmt für seine Vogelfelsen.

◁ An den Straßen blühen üppige Wiesen, vor allem mit gelbem Scharfen Hahnenfuß und violettem Waldstorchschnabel.

mit eingebürgerten Minken teilen. Der Rotfuchs hat die vielen neugebauten Brükken dazu genutzt, seine Verbreitung im Gebiet kräftig auszudehnen. Größtes nagendes Tier der Inselgruppen ist der Schneehase (S. 57), aber auch mehrere Wühlmausarten wie der Berglemming (S. 107) sind hier heimisch.

Im Meer ist die Säugetierfauna viel artenreicher. Von den Robbenarten kann man vor allem Kegelrobbe und Seehund öfter vor den Küsten schwimmen sehen, während Sattelrobben und Eismeer-Ringelrobben besonders im Winter im Küstenbereich auftauchen. Die Zahnwale sind vor allem mit dem Kleintümmler (Schweinswal) vertreten, der riesige Schwertwal hält sich im Sommer eher von den Küsten fern. Unter den Bartenwalen ist der Zwergwal am häufigsten; leider wurde auf ihn nach Jahren der Schonung wieder die Jagd eröffnet. Finnwal, Buckelwal und Seiwal werden gelegentlich beobachtet; weit regelmäßigere Gäste sind Pottwale, die immer wieder vor der Insel Andøya auftauchen.

Die Vogelbestände im Gebiet der Lofoten und Vesterålen gehören zu den bedeutendsten in ganz Fennoskandien. Hier treffen typische Vögel der verschiedensten Lebensräume aufeinander. Die größte Attraktion für ornithologisch interessierte Besucher bilden zweifellos die Vogelberge mit Tausenden von brütenden Seevögeln. In den untersten Etagen sitzen die schwarzen Krähenscharben, häufig mit zum Trocknen ausgebreiteten Flügeln. Ihre direkten Nachbarn sind die hübschen, schwarzweißen Gryllteisten. Höher oben in den steilen Felswänden brüten die Dreizehenmöwen (S. 72) zusammen mit Trottellummen und Tordalken. Der Baßtölpel (S. 71) hat sich inzwischen in mehreren Kolonien etabliert, unter anderem vor Andøya. Eissturmvögel nisten im Gebiet ebenfalls erst seit kurzem. Hoch oben auf den grasbewachsenen Hängen graben die Papageitaucher ihre Bruthöhlen. Der Fortpflanzungserfolg dieser liebenswürdigen Alken war lange Jahre sehr schlecht, doch inzwischen werden wieder mehr Jungvögel groß. Vor der Insel Røst liegen einige Brutplätze von Sturmschwalben und Wellenläufern; diese Röhrennasen nisten erst spät im Sommer, wenn die Nächte bereits wieder dunkel werden. Der Seeadlerbestand (S. 128) der Lofoten und Vesterålen gehört weltweit zu den dichtesten.

Der häufigste Entenvogel des Gebiets ist die Eiderente, im Sommer trifft man gewöhnlich in Strandnähe Weibchen mit Jungen an, die hier nach Nahrung tauchen. Im Winter kann der Anblick von Hunderten von Prachteiderenten, die sich in einem der Häfen versammeln, zu einem unvergeßlichen Erlebnis werden.

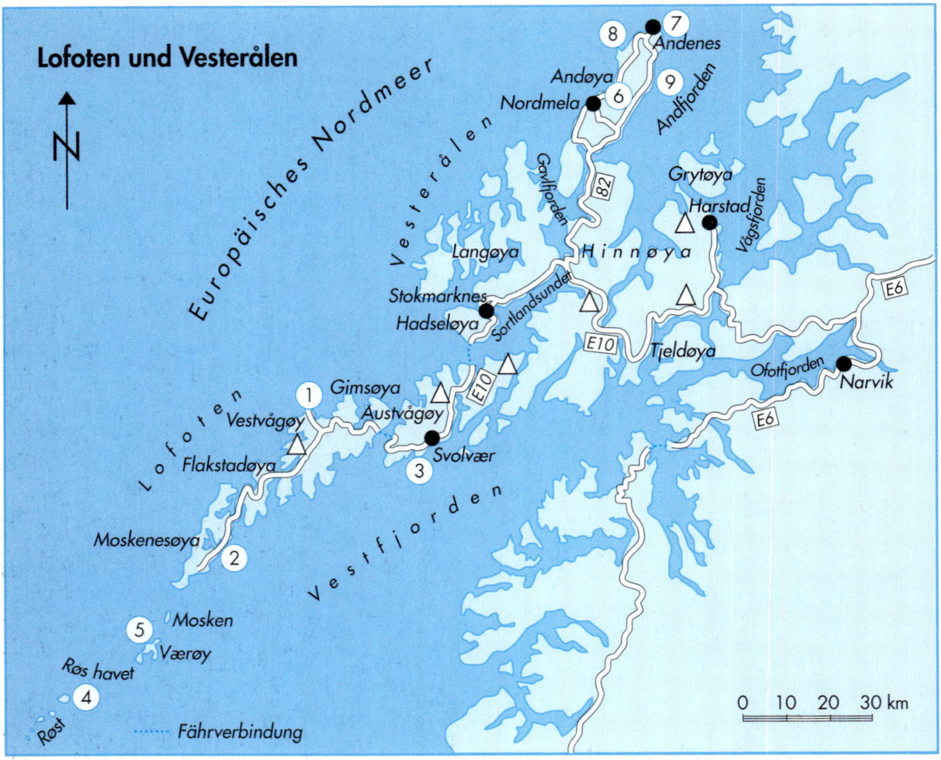

Im Gebiet unterwegs

Vestvågøy

An der Nordküste liegt unterhalb der steilen Klippen das kleine Fischerdorf **Eggum** ①. Ein schmaler Schotterweg führt am Dorf vorbei zum wohl schönsten Kiesstrand Norwegens; das Geröll wurde einst von einem eiszeitlichen Fluß aufgeschüttet und später vom Meer glattgeschliffen. Vor der Küste sieht man gelegentlich Robben schwimmen, mit einem Fernrohr kann man weit draußen Baßtölpel entdecken. Mehrere Enten- und Watvogelarten brüten am Strand. Auf den Strandwiesen suchen zwischen den weidenden Schafen manchmal Ringdrosseln Nahrung, Steinschmätzer gehören zum gewohnten Bild. Eine Wanderung von Eggum um die reizvolle Halbinsel herum bis zum südwestlich gelegenen Dorf Unstad bietet sich an.

Moskenesøya

Beim malerischen Fischerdorf **Hamnøy** ② führt die Straße E 10 direkt durch eine Brutkolonie von Dreizehenmöwen. Die Möwen fliegen ständig hin und her, aber sie kümmern sich kaum um die neugierigen Besucher, die oft auf den Felswänden in direkter Nähe der Nester stehen.

Austvågøy

Direkt westlich von **Kabelvåg** ③ liegt das Lofotenmuseum und Lofotenaquarium; hier werden neben vielen Salzwasserfischen auch einige wirbellose Meerestiere gezeigt. Besonderes Vergnügen kann die

Der rosa bis violett blühende Meersenf bezieht den nötigen Stickstoff häufig aus verrotteten Tangen.

Beobachtung von Seehunden unter Wasser bereiten, vor allem natürlich während der Fütterungszeiten.

Røst

Weit draußen vor der Küste liegt das **Røst-Archipel** ④ mit einigen 100 Inseln. Rund um die niedrige und flache Hauptinsel Røstlandet – sie erhebt sich nur ganze 11 m über das Meer – gruppieren sich viele Inseln, die wie Fjells hoch emporragen. Die größten sind Vedøya, Storfjellet, Trenyken und Hernyken. Sie sind wichtige Vogelinseln, auf denen Hunderttausende von Papageitauchern zusammen mit Krähenscharben, Tordalken, Trottellummen und Dreizehenmöwen brüten. Hier liegen auch die Brutplätze von Wellenläufer und Sturmschwalbe. **Vedøya** ist die abwechslungsreichste Insel, sie beherbergt auch nistende Eissturmvögel. Ein beinahe alltäglicher Anblick im Røst-Archipel ist der Seeadler (S. 128). Von Røstlandet aus werden Bootsfahrten zu den Vogelinseln organisiert.

Værøy

An der Südseite liegt **Mostadsfjellet** ⑤ mit berühmten Vogelfelsen. Am leichtesten kommt man dorthin per Bootsüberfahrt, die man im Fischerdorf organisieren kann. Es ist auch möglich, die Vogelfelsen zu Fuß zu erreichen, jedoch ist größte Vorsicht geboten, besonders bei nasser Witterung – es gab schon mehrere Tote!

Andøya

Auf der Westseite dieser Insel liegt am RV 822 das 5,5 km² große Naturreservat **Skogvoll** ⑥ mit den schützenswertesten Moortypen Norwegens. Das Gebiet gliedert sich in einen westlichen marinen Teil mit Inseln und Schären und einen Fest-

Die kleine, bogenförmig wachsende Bogensegge blüht unscheinbar bräunlich von Juni bis Juli.

landteil mit verschiedenen Moortypen und kleinen Seen. Brutvögel im Bereich vor der Küste sind mehrere Enten- und Watvogelarten. Draußen auf **Skarvklakken** liegt einer der wenigen Baßtölpel-Brutplätze Norwegens; dort nisten auch Kormorane, worauf bereits der Name der Insel (»skarv« = Kormoran) hindeutet. Während des Zuges ist die Insel wichtiger Rastplatz für Kurzschnabelgänse, die ihre Brutgebiete auf Spitzbergen haben. Im Bereich der kleinen Inseln bringen Seehunde ihre Jungen zur Welt. Auf den kleinen Seen und in den Mooren brüten Pracht- und Sterntaucher sowie Ohrentaucher; weiterhin trifft man hier Kampfläufer, Odinshühnchen und Großen Brachvogel an. Über den Mooren fliegen oft Sumpfohreulen, aber auch Schmarotzerraubmöwen zusammen mit verschiedenen Möwen- und Seeschwalbenarten.

Um Andøya zu erreichen, biegt man von der E 10 vor der Brücke über den Sortland-Sund auf den RV 82 ab, der bis Andenes geht.

In **Andenes** ⑦ an der Nordspitze kann man vom Walzentrum aus in der Zeit vom 28.5. bis 15.9. an einer Walsafari teilnehmen, um die großen Meeressäuger vor der Küste fast hautnah zu erleben. Vor Andenes fällt der Meeresgrund vom Kontinentalsockel plötzlich stark ab auf eine Tiefe von 1500 m. Hierher kommen die Männchen der Pottwale von den Azoren, um norwegische Tintenfische zu fangen. Außer Pottwalen sieht man auf den Walsafaris regelmäßig auch Schwert-, Schweins- und Zwergwale sowie Delphine. Im Walzentrum ist außerdem eine informative Ausstellung über Wale und Walfang zu besichtigen mit Videofilmen und Diavorführungen zum Thema. Es gibt auch Führungen in deutscher und englischer Sprache. Man sollte hier einige Reservetage einplanen, denn das Wetter kann sehr launisch sein, und mehrere stürmische Tage hintereinander machen ein Auslaufen der Walkutter unmöglich.

Vor dem Fischerdorf **Bleik** am RV 822 liegt die Vogelinsel **Bleiksøya** ⑧, die an einen Zuckerhut erinnert. Um die Vogelberge zu erleben, kann man einen Bootsausflug dorthin unternehmen. Während der Brutzeit darf die Insel nicht betreten werden.

Papageitaucher sind die »Clowns« der Vogelfelsen; sie dürften kaum mit anderen Vogelarten verwechselt werden.

Aussicht vom Vogelberg Vedøya zur Insel Røstlandet.

Auf den Walsafaris kann man mehrere Walarten, häufig auch den Pottwal, beobachten.

Die Kegelrobbe unterscheidet sich vom Seehund durch ihr langes Kopfprofil.

Die Sumpfohreule jagt über den ökologisch wertvollen Moorgebieten von Andøya kleine Säugetiere.

Neben 40 000 Papageitauchern brüten hier auch Kormorane, Krähenscharben und Gryllteisten. Über der Insel kreisen oft Seeadler. Mit einem Fernglas oder – besser – mit einem Fernrohr kann man auch vom Strand aus die an- und abfliegenden Vögel vor der Felswand beobachten.
Auf der Ostseite liegt bei **Ramså**, dicht am RV 82, das geologische Grabungsfeld **Ramså-Feld** ⑨. Die sehr fossilienreichen Sandsteine entstanden in der Jura- und Kreidezeit. Unter anderem wurden Reste fossiler Fischsaurier entdeckt. Die Fundstelle ist auch reich an Kohleresten vergangener Wälder. Die Sanddünen im Gebiet entstanden bereits vor mehreren tausend Jahren.

Praktische Tips

Anreise

Die Lofoten und Vesterålen sind verkehrsmäßig gut erreichbar. Außer einer Reihe von Flugverbindungen bestehen viele Möglichkeiten, sein Ziel per Auto, Bus oder Boot zu erreichen. Die schnellen Postschiffe der »Hurtigruten» laufen Svolvær, Stokmarknes, Sortland und Risøyhamn jeden Tag an.
Die **Vesterålen** sind mit dem Auto am besten über die E 10 zu erreichen, die bei Bjerkvik nördlich von Narvik von der E 6 abzweigt. Per Bus erreicht man die Vesterålen von Narvik und Bodø aus.
Die **Lofoten** wird man im allgemeinen per Fähre anfahren. Fähren gehen ab in Skutvik nach Svolvær an der E 10 auf Austvågøy; Skutvik liegt am Ende des RV 81. Eine weitere Fährverbindung hat man von der E 6 aus am Tysfjorden (an der gleichen Ablegestelle gehen die Fähren weiter nach Narvik) nach Lødingen auf Hinnøya.
Von Bodø oder von Moskenes aus werden Fahrten direkt nach Røst und Værøy angeboten, jedoch verkehren die Schiffe nicht jeden Tag.

Klima/Reisezeit

An der norwegischen Küste verursachen der Golfstrom (s.S.12) und die Nähe zum Meer milde Winter und kühle Sommer. Am kältesten sind Januar und Februar mit einer Durchschnittstemperatur von –1 °C, am wärmsten Juli und August mit durchschnittlichen 12 °C. Der trockenste Monat ist der Juli.
Das Gebiet der Lofoten–Vesterålen bietet zu jeder Jahreszeit einmalige Erlebnisse, vor allem, was die Lichtverhältnisse betrifft. Im Winter lockt das Nordlicht zahlreiche Besucher an, im Sommer die von Mitternachtsonne hellerleuchtete Nacht.

Unterkunft/Information

In allen größeren Ortschaften findet man Touristeninformationen. Das Gebiet Lofoten–Vesterålen ist gut auf Übernachtungsgäste eingestellt; in den meisten Fischerdörfern, auch auf Røstlandet, gibt es Häuschen oder Fischerhütten (»rorbuer«) zu mieten, oft das ganze Jahr über. In größeren Dörfern findet man Hotels und Pensionen verschiedenen Standards sowie Jugendherbergen.

6 Nationalpark Reisa

Eines der schönsten Täler Norwegens mit prächtigen Wasserfällen; Norwegens einzige natürlich entstandene Granitbrücke; bemerkenswerte Pflanzenwelt; Rückzugsgebiet für bedrohte Großraubtiere.

In der Provinz Troms wurde 1986 der 803 km² große Nationalpark Reisa auf dem Gemeindegebiet von Nordreisa gegründet; er grenzt im Süden an die Provinz Finnmark, im Südwesten an Finnland. Schutzziel ist es, eines der schönsten Flußtäler Norwegens sowie deren typische Tier- und Pflanzenwelt zu erhalten. Da das umgebende Land bereits seit langer Zeit von den Samen als Weidegebiet genutzt wird, gehört östlich des Tals nur ein schmaler Streifen zum Nationalpark, der größte Teil der umgebenden Hochebene (Vidda) ist ausgespart. Im Westen sind allerdings weite Bereiche der Vidda-Landschaft bis an die finnische Grenze in das Schutzgebiet einbezogen.
Der Hauptnerv des Nationalparks ist das obere **Reisadalen**. Der Fluß Reisaelva windet sich in weiten Schlingen durch sein kiesiges Bett, das er in eine ziemlich flache, wellige Vidda-Landschaft gegraben hat. Bis zum Wasserfall Nedrefossen fließt er relativ ruhig dahin, nur an einigen Stellen gibt es in seinem Verlauf auch kleinere Stromschnellen. Die Ufer sind gesäumt von Wäldern, wobei weißstämmiger Birkenwald mit einem dichten Hochstaudenunterwuchs dominiert. Bis zum Wasserfall Imofossen erheben sich zu beiden Seiten des Tals steilwandige Fjells, an denen Wasserfälle als lange weiße Streifen zu Tal stürzen.
Hinter dem Imofossen steigt die Landschaft allmählich an, um in eine wellige Hochebene überzugehen. Sie ist wenig abwechslungsreich und besteht aus langen Bergrücken und großen Moorflächen. Entlang der westlichen Grenze erheben sich hohe Berge.
Das Parkgebiet ist reich an Gewässern. Der größte Fluß ist der Reisaelva selbst, in dessen Verlauf einige Wasserfälle liegen wie der Nedrefossen. Oberhalb dieses Wasserfalls geht eine Granitschwelle schräg durch das Tal. Hier hat sich der

Der Gerfalke ist der größte Falke der Erde – er erreicht die Größe eines Habicht-Weibchens.

Der Schneehase (hier im Übergangskleid Winter – Sommer) ist in den Fjällbirkenwäldern von Reisa häufig.

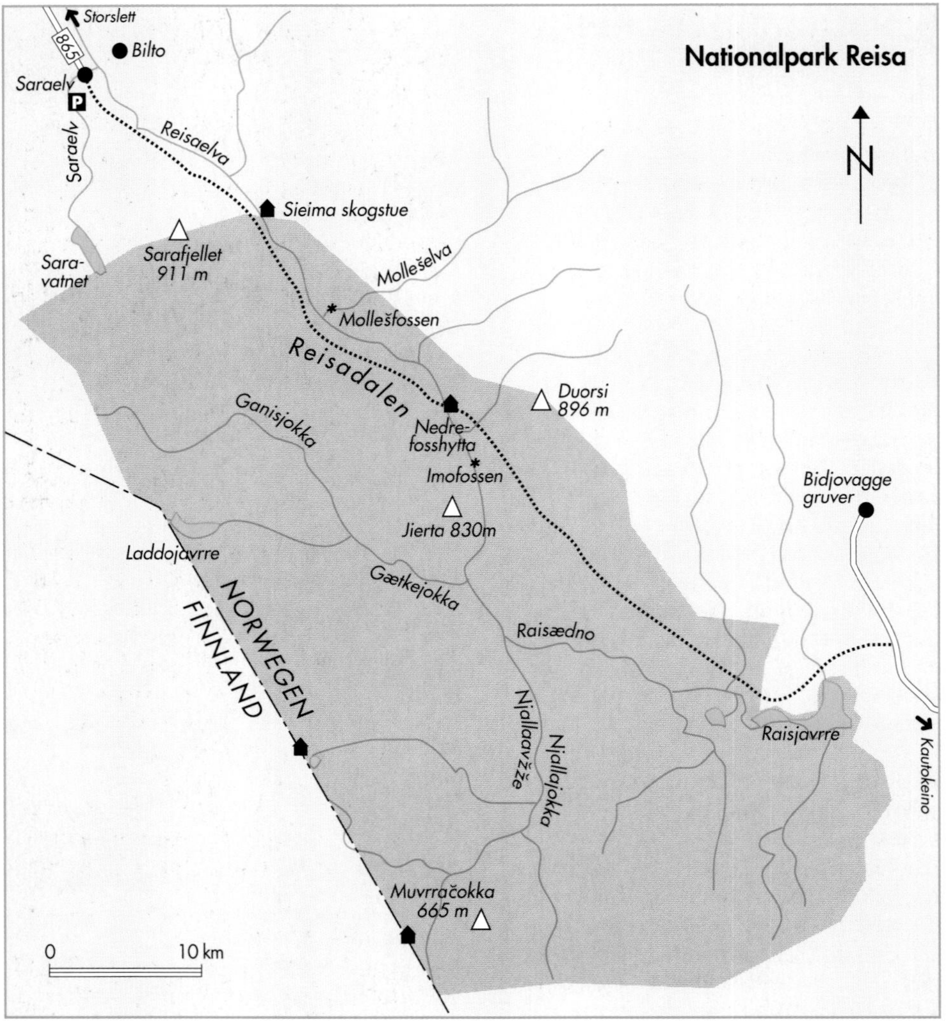

Fluß tief eingeschnitten und bildet die markanteste Formation im Park, die **Imo-Schlucht** (Imojuvet) mit 50–75 m hohen Steilwänden. Die ungefähr 1 km lange Schlucht schließt mit einem riesigen Kolk ab, in den sich der **Imofossen**, der größte Wasserfall im Flußlauf des Reisaelva, über eine senkrechte Granitwand stürzt. Die zahlreichen riesigen Kolke und engen Klüfte im Fluß, die kein Wasser führen, sind ein Zeichen dafür, daß der Fluß früher häufig sein Bett gewechselt hat. In einem dieser alten Flußläufe befindet sich in der Nähe des Imofossen die einzige natürlich entstandene Granitbrücke Norwegens. Die Nebenflüsse des Reisaelva haben sich tief V-förmig in die übrige, eher flache Landschaft eingeschnitten. Der größte Nebenfluß, der **Mollisjokka** (Molleševa), bildet im Mündungsbereich den größten und

In den Birkenwäldern, die den Fluß Reisaelva begleiten, kommt es im Frühjahr häufig zu Überschwemmungen.

prächtigsten Wasserfall im Nationalpark, den **Mollisfossen**, mit einer Gesamthöhe von 269 m; in seinem unteren Teil fällt er 140 m tief ohne Unterbrechung.
Der Nebenfluß **Njállaavzi** (Njallajokka), der im Süden des Parks quasi eine Fortsetzung des Reisadalen bildet, bietet einige sehenswerte, wenn auch kleinere Schluchten, die zeigen, daß der Fluß während der postglazialen Abschmelzphase mehr Wasser führte.
Im Südosten des Nationalparks liegt der einzige große See, der **Raisjav'ri** (Raisjavrre) mit einer Fläche von 5,1 km²; er gehört jedoch nur teilweise zum Park.

Pflanzen und Tiere

Das Tal des Reisaelva ist wegen der warmen Sommer und seiner stark wechselnden Gesteinsarten – stellenweise kommt auch Kalkuntergrund vor – das botanisch interessanteste Gebiet von Nordnorwegen. Von den 230 in Skandinavien bekannten Fjellpflanzen kommen hier allein 193 Arten vor. Neben Gewächsen, die auch im übrigen Norwegen heimisch sind, kann man hier auch Einwanderer aus dem Osten finden. Ein Beispiel ist der blaublühende Sibirische Lattich, der in den üppigen Hochstaudenfluren im Tal, vor allem im Bereich des Mollisfossen, meterhohe Bestände bildet. Zur selben Gruppe gehört auch die Arktische Brombeere, die in Nordnorwegen jedoch kaum Früchte ausbildet.
Entlang des Reisadalen erstreckt sich ein recht hochstämmiger Birkenwald, der bis weit in die Täler der Nebenflüsse hineinreicht; an nährstoffreichen Stellen wuchert üppiges Dickicht aus Schwarzweide. Die häufigen Salweiden und die stellenweise hochgewachsenen Vogelkirschen und Ebereschen zeigen an, daß das Klima im Tal relativ mild ist. Der üppige Hochstaudenunterwuchs des Birkenwaldes besteht vor allem aus Deutschem Straußfarn sowie Trollblume (S. 114), Nordischer Johannisbeere, Goldrute (S. 113), Wiesenschachtelhalm und Waldstorchschnabel. Die Sandbänke sind Lebensraum der Deutschen Tamariske (Rispelstrauch). Überschwemmungen und Eisdruck scheinen diesem blaugrünen Busch nichts anzuhaben. Auf den Moränen und auf dem

Der Sibirische Lattich, ein Einwanderer aus dem Osten, bereichert die Hochstaudenfluren der Täler.

Die »Großen Vier«

Die »Großen Vier« – Bär, Wolf, Luchs und Vielfraß – waren früher als Konkurrenten allgemein verhaßt und wurden daher intensiv verfolgt und in vielen Gebieten gänzlich ausgerottet. Heute haben sie wesentlich mehr Sympathie bei der Bevölkerung; die einzigen, die immer noch ihre Ausrottung fordern, sind einige Rentier- und Schafhalter. Alljährlich bekommen die Betroffenen jedoch hohe Entschädigungssummen vom Staat für ihre von den Raubtieren getöteten Tiere bezahlt.
Um die 4 Großraubtiere vor der Ausrottung zu schützen, wurden entsprechende Forschungs- und Schutzprogramme ins Leben gerufen. Der Forschungsbericht von 1993 zeigt, daß die Bestände aller 4 Arten im Norden Nordeuropas insgesamt abnehmen. Illegale Jagd spielt dabei eine zentrale Rolle.

Noch streifen Wölfe durch das Reisa-Gebiet.

Der Bestand des **Braunbären** (S. 132) wird gegenwärtig in Schweden auf rund 800 Tiere geschätzt. Der Bär scheint in Schweden sogar leicht zuzunehmen und Gebiete, aus denen er vor Jahrzehnten bereits verschwunden war, wieder unter die Tatzen zu nehmen. Im Gegensatz zu den anderen 3 Großraubtieren sind die Bären am meisten an den Wald gebunden. Sie verlassen den Wald vor allem im zeitigen Frühjahr oder im Herbst, wenn sie die Kahlfjell-Gebiete und Moore auf der Suche nach reifen Beeren durchstreifen. Trotz seiner imponierenden Kraft ist der Braunbär vorwiegend Pflanzenfresser. Im Frühjahr gräbt er mit Vorliebe Ameisenhaufen auf; zu dieser Zeit macht er jedoch auch Jagd auf Elche und Rentiere.
Biologie und Fortpflanzungsverhalten des **Luchses** (S. 126) sind leider noch unzureichend bekannt. Die Kartierungsergebnisse des Jahres 1993 gehen von einer Bestandsgröße von mindestens 200 Tieren im Norden der 3 Länder aus. Er ist der scheueste und am schwersten zu beobachtende unter den »Großen Vier«, denn er ist ausgeprägt nachtaktiv und hält sich meist in hügeligem, schwer zugänglichem Gelände auf. Hasen sind wichtige Beutetiere, jedoch nimmt der Luchs als sehr anpassungsfähiger Jäger,

nackten Fels hat sich die Kiefer angesiedelt, die diese trockenen Standorte am besten aushält. Ein besonders schöner, urwaldartiger Kiefernwald steht in der Nähe des Imofossen.
Auf den Mooren der Viddafläche sind Moltebeeren und Seggen dominierend, in den weiten Moor- und Sumpfgebieten südlich des Raisjav'ri gibt es Bereiche mit Palsamooren, in denen unter anderem die hochnordische Wollgrasart *Eriophorum russeolum* sowie der Goldblumige Steinbrech vorkommen. Palsamoore kommen nur in Gebieten mit Dauerfrostboden vor.

was sich ihm bietet, und das sind im Süden vor allem Rehe, im Norden vielfach Rentiere.
Ein großer Streckenwanderer in seinem riesigen Revier, den man kaum einmal zu Gesicht bekommt, ist der **Vielfraß** (S.80). Seine Lebensweise ist ähnlich der des Luchses nur unzureichend bekannt; sein Bestand im Norden Fennoskandiens entspricht ungefähr dem der Pinselohrkatze. Es hat sich gezeigt, daß die Bestandszahlen in Schweden deutlich rückläufig sind, in Nordnorwegen jedoch eher anwachsen. Im Gegensatz zum Luchs lebt der Vielfraß in Skandinavien vor allem in der Nähe von Renzuchtgebieten. Besonders im Winter ist der große Marder auf Rentiere angewiesen, die er selbst tötet oder deren Reste er findet. Die Sommernahrung ist weniger gut bekannt.
Der **Wolf** ist von den 4 großen Raubtieren diejenige Art, die am gnadenlosesten verfolgt wurde. Seit 1978 wurde keine Jungenaufzucht im Norden Fennoskandiens mehr nachgewiesen. Dagegen wurden in allen 3 Ländern umherstreifende Tiere gesichtet, besonders in den letzten Jahren. Seit Beginn der 80er Jahre gab es in mehreren Jahren Nachwuchs bei den westschwedischen Wölfen Värmlands. Die Jungwölfe aus Värmland haben sich auf der Suche nach geeigneten Jagdgebieten bis nach Nordskandinavien vorgewagt. Nach Finnland gelangen ständig russische Wölfe aus Gebieten mit mehr oder weniger stabilen Beständen.

Typisch sind Torfhügel (Palsa, Plural Palsen), die durch eine Eislinse in ihrem Inneren aufgewölbt wurden.
Reisa ist Rückzugsgebiet der »Großen Vier«: Bär, Wolf, Luchs und Vielfraß – alle leben sie im Nationalpark, wenn auch in unterschiedlicher Häufigkeit.

In den Steilwänden entlang des Reisaelva brüten mehrere Greifvogelarten. In den großen Moor- und Feuchtgebieten Richtung finnischer Grenze gibt es zahlreiche Wat- und Entenvögel, wie Regenbrachvogel (S.167), Dunkler Wasserläufer, Odinshühnchen (S.192), Gold- und Sandregenpfeifer, Eis- (S.29) und Bergente. Hier brüten in manchen Jahren auch Singschwäne (S.129) und die hochbedrohte Zwerggans. Auf dem Fjell suchen in guten Nagerjahren Falken- und Schmarotzerraubmöwe sowie Rauhfußbussard (S.31) und Kornweihe nach kleinen Beutetieren; dort trifft man auch Goldregenpfeifer und Steinschmätzer an.

Im Gebiet unterwegs

Durch den Nationalpark führt ein zirka 45 km langer, markierter Sommer-Wanderpfad. Er beginnt am Parkplatz hinter **Saraelv** und führt durch einen üppigen Birkenwald entlang des Flusses Reisaelva. In seinem Verlauf kommt man am **Nedrefossen** vorbei und durch die imponierende, enge **Imo-Schlucht** mit schwindelerregend hohen, vom Wasser glattgeschliffenen Wänden. Am Ende der Schlucht stürzt sich der Imofossen in einen riesigen Kolk. Wenn der Fluß viel Wasser führt, gleichen der Kolk und die Schlucht einem wahren Hexenkessel. Ab der Schlucht wandert man über die Hochebene bis zum See **Raisjav'ri**. Den Weg kann man natürlich auch in der umgekehrten Richtung gehen. Entlang des Weges gibt es mehrere Hütten, in denen man übernachten kann. Offene Hütten sind in Sieima, Vuomatakka in der Nähe des Mollisfossen, am Nedrefossen, am Luovdivuoma und bei Imo. Die verschlossenen Hütten bei Sieima und am Nedrefossen kann man mieten, den Schlüssel dafür erhält man bei der Staatsforstverwaltung in Storslett. Entlang der Parkgrenze zu Finnland sowie am Ganesjokka gibt es 3 offene Hütten.

Die Arktische Brombeere bildet in Nordnorwegen nicht jedes Jahr Früchte aus.

Praktische Tips

Anreise

Um den Nationalpark von Nord nach Süd zu erwandern, fährt man mit dem Auto oder Bus auf dem RV 865 (in Storslett von der E 6 abbiegen) bis zum Ende der Straße in Saraelv, dort befindet sich ein Parkplatz. Für eine Wanderung in entgegengesetzter Richtung biegt man in Kautokeino vom RV 93 ab auf den RV 896 Richtung Biedjovaggi (Bergwerk). Kurz davor steht in Höhe eines Renscheidungsgatters ein unauffälliges Schild am östlichen Straßenrand mit der Aufschrift »Nedrefossen«. Der Weg, der westlich der Straße beginnt, ist auf Steinen rot markiert.

Klima/Reisezeit

Im Nationalpark herrscht kontinentales Klima mit großen Temperaturunterschieden zwischen Sommer und Winter. Die trockensten Monate sind März und April; sie bieten sich für Skiwanderungen an. Der niederschlagsreichste Monat ist der August, dann muß man auch mit Gewittern rechnen. Für Sommerwanderungen sind die Monate Juli bis September gut geeignet. Vorher kann – nach einem schneereichen Winter – der Weg entlang des Flusses unter Wasser stehen.
Der Weg zum Raisjav'ri von Kautokeino aus ist besonders im Juni nach der Schneeschmelze schwer begehbar, da die Flüsse dann Hochwasser führen und wegen fehlender Brücken schwer zu überqueren sind.

Unterkunft/Information

Im Nationalpark gibt es mehrere Hütten (s. »Im Gebiet unterwegs«), die zum Teil offen, zum Teil verschlossen sind. In allen Hütten muß man sich selbst verpflegen. Außerhalb des Nationalparks gibt es vielerlei Unterkunftsmöglichkeiten im Reisadalen sowie in Storslett an der E 6.
In Bilto am RV 865 kann man ein Boot mieten und sich auf dem Reisaelva bis zum Nedrefossen fahren lassen – normaler Wasserstand vorausgesetzt.
Informationen und Kartenmaterial zum Nationalpark erhält man im Informationszentrum in Storslett an der E 6.

Karten

Für das gesamte Gebiet des Nationalparks benötigt man 5 Kartenblätter (Maßstab 1:50 000): 1733 1 Mållesjåkka, 1733 2 Cier'te, 1733 4 Raisduottarhaldi, 1833 3 Raisjav'ri und 1833 4 Mållejus. Die letzten beiden sind die neuesten Karten.
Man darf sich nicht verunsichern lassen, wenn man einige Namen in den Karten nicht genau so findet, wie sie auf der Straßenkarte oder im Buch angegeben sind; das liegt daran, daß es sich um samische Namen handelt und diese mehrere Schreibweisen haben.

Blick in die Umgebung

Westlich des Nationalparks liegt das 80 km² große Landschaftsschutzgebiet **Raisduottarhaldi**, benannt nach dem gleichnamigen Berg, der mit 1365 m die höchste Erhebung des Gebiets ist. Das Schutzgebiet wurde zusammen mit dem Nationalpark 1986 gegründet, um spezielle, von den Gletschern der letzten Eiszeit geformte Landschaftsformationen zu schützen. Man erreicht es über einen zirka 40 km langen Weg von Saraelv aus.

7 Nationalpark Stabbursdalen

Nördlichster Kiefernwald der Erde mit bis zu 500-jährigen Bäumen; markantes Schluchttal des Stabburselva; viele Tier- und Pflanzenarten an ihrer nördlichen Verbreitungsgrenze; viele Baumhöhlenbrüter.

1970 wurde in der Provinz Finnmark auf dem Gebiet der Gemeinde Porsanger der 98 km² große Nationalpark Stabbursdalen gegründet. Damit sollte der nördlichste Kiefernwald der Erde sowie ein Teil der typischen hochnordischen Landschaft der Finnmarksvidda erhalten werden. Der Schutz des Waldes ist deshalb besonders wichtig, da so hoch im Norden (70° 10′ nördliche Breite) das Baumwachstum nur noch sehr langsam vor sich geht.
Das Herzstück des Nationalparks bildet das Tal des Flusses **Stabburselva**, der in den Porsanger-Fjord mündet. In seinem Unterlauf ist das Tal weit und flach; es weist recht große Kies- und Sandterrassen auf, die während und nach der Eiszeit vom Fluß hier abgelagert wurden. Der damalige Fluß mündete in Form eines großen Deltas in das Meer, dessen Küste sich zu dieser Zeit noch weiter im Landesinneren befand. Nach dem Abschmelzen der Gletscher hob sich das Land, der Fluß suchte sich an der Nordseite des Tales einen neuen Lauf und grub sich dort das Bett, das heute noch besteht.
Im Zentrum des ehemaligen Deltas befindet sich ein kleines Seensystem, in dem sich der Flußlauf aufspaltet und drei unregelmäßig geformte Seen bildet, die mit schmalen Flußläufen untereinander verbunden sind: Vuolleluobbal, Bagjeluobbal, Gumpeluobbal. Im Volksmund wird dieses Gebiet »Lombolaen« genannt; das Wort geht auf das samische Wort »luobbal« zurück (s.S. 225). Mehrere kleine Terrassen deuten darauf hin, daß das Schmel-

Im Nationalpark Stabbursdalen wächst der nördlichste Kiefernwald der Erde – ein Relikt aus wärmeren Zeiten.

Gänsesäger, die man häufig auf den Flüssen sieht, brüten in den vielen Höhlen der uralten Kiefern.

zen der Gletscher in mehreren Schritten erfolgte.
Ein paar Kilometer stromaufwärts hinter dem Seensystem verengt sich das Tal des Stabburselva und bildet einen zirka 4 km langen, mächtigen Cañon mit steilabfallenden Wänden und großen Geröllfeldern. Durch diese Schlucht, die so eng ist, daß nur der Fluß Platz hat, tosen die Wassermassen hindurch, wobei Stromschnellen, kleinere Wasserfälle und durch Steinschlag aufgestaute Stillwasserbereiche einander abwechseln. Hinter der Schlucht verbreitert sich das Tal wieder, es bildet jetzt einen großen Bogen, der in südlicher Richtung verläuft. Danach steigt es allmählich an, um in die wellige Hochebene der Finnmarksvidda überzugehen.
Der größte Nebenfluß des Stabburselva ist der Njakkajokka. Er bildet ungefähr 1 km vor der Einmündung in den Stabburselva den Wasserfall **Njakkafossen** ③.
Der Untergrund besteht fast im ganzen Gebiet aus ziemlich hartem Sandstein, im wesentlichen Quarz und etwas Glimmer, dessen Verwitterungsmaterial nur mageres Pflanzenwachstum erlaubt. Charakteristische Absprengungsformen des Sandsteins sind neben scharfen, brettähnlichen Absätzen fast viereckig geformte Blöcke.

Pflanzen und Tiere

Die Besonderheit von Stabbursdalen ist der nördlichste Kiefernwald der Erde, der sich auf rund 10 km^2 im Bereich des Seensystems »Lombolaen«, zu beiden Seiten des Stabburselva und an den Hängen des Fjells Hal'di ausbreitet. Er blieb von menschlichen Eingriffen so gut wie ganz verschont und ist daher ein echter Urwald. Die Kiefer konnte sich vor etwa 4500 Jahren während einer nacheiszeitlichen Wärmeperiode bis in den hohen Norden ausbreiten – die ganze Finnmarksvidda war damals mit Kiefern bestanden. Die Temperaturen lagen im Jahresdurchschnitt ungefähr 3 °C über den heutigen Verhältnissen. Als die Temperaturen wieder sanken, verschwand die Kiefer aus großen Teilen der Finnmarksvidda, nur in den geschützten Bereichen des Stabbursdalen konnte sie sich bis heute behaupten. Allerdings fehlt der Baumnachwuchs. Kiefern benötigen für die Samenreifung 2 warme Sommer, was jedoch bis Mitte dieses Jahrhunderts kaum eintrat. Erst in den letzten Jahren kamen wärmere Sommer, so daß die Samen ausreifen konnten und heute wieder junge Bäumchen im Park zu finden sind. Eine Bedrohung stellen die Mitte der 50er Jahre eingewanderten Elche dar, da sie sich im Winter vorwiegend von den jungen Trieben der Kiefern ernähren. Dies ist besonders besorgniserregend, weil die Kiefern hier sehr langsam wachsen, pro Jahr sind es nur 3 cm. Das Alter der größten und schönsten Kiefern, die an den Hängen des **Hal'di** ① stehen, schätzt man auf 500 Jahre; die Stämme sind so mächtig, daß 2 Männer sie in Brusthöhe gerade umfassen können.
Birkenwald findet man vor allem entlang des Flusses Stabburselva und im Bereich des Seensystems »Lombolaen«. Dort gedeiht auch eine üppige Hochstaudenflur mit Erzengelwurz (S. 77), Trollblume (S. 114), Echtem Mädesüß und dem hochnordischen Glockigen Sperrkraut.

Der größte Feind der Birken ist der Fjällbirkenspanner, dessen Raupen sich von den Blättern ernähren (s. S. 144).
Die Vegetation in den Gewässern der »Lombolaen« ist artenreich mit großen Beständen an Schwimmendem Laichkraut, Tausendblatt und Tannenwedel. Stellenweise bildet der Wasserhahnenfuß weißblühende Teppiche. Die Seen sind von dichtem Weidengestrüpp – vor allem der Schwarzweide – und kleinen Seggenmooren umgeben.
Die in Ost-West-Richtung verlaufenden Flußschluchten weisen einen auffallenden Unterschied in der Flora zwischen der süd- und der nordexponierten Uferseite auf. Auf der sonnenbeschienenen Nordseite wachsen Pflanzenarten, die trockenen Boden bevorzugen, wie die Nordische Johannisbeere. Auf der schattigen Südseite bleibt der Schnee dagegen länger liegen; diese Bedingungen vertragen z. B. Bergranunkel und Zwergruhrkraut.
Neben der Kiefer erreichen auch andere Pflanzenarten ihre Verbreitungsgrenze im Nationalpark. Beispiele sind etwa Straußsteinbrech (nördliche und östliche), Einblütiges Wintergrün (nördliche) oder Glockiges Sperrkraut (nördliche und westliche Verbreitungsgrenze).
Die unterschiedlichen Lebensräume fördern auch eine vielfältige Tierwelt. Artenreiche Vogelbestände findet man in den Wäldern der Tallagen, vor allem im Bereich der »Lombolaen«. Die vielen hohlen Bäume sind ein Dorado für Höhlenbrüter wie Gartenrotschwanz (S. 135) oder Grauschnäpper, aber auch Gänsesäger und Schellente benützen sie zur Eiablage.
Im dichten Weidengestrüpp in dieser Wasserwildnis brüten vor allem Pfeif- (S. 97), Spieß- (S. 97) und Reiherenten sowie Mittelsäger (S. 202); dort kann man auch häufig auf Flußuferläufer, Grünschenkel (S. 164) und Rohrammer treffen. Der seltenste Kleinvogel hier ist die Zwergammer, die im Nationalpark ihr nördlichstes Vorkommen hat.

Im Gegensatz zum Einblütigen Wintergrün (Foto) haben die anderen Wintergrünarten mehrere Blüten.

Da der Kiefernwald so weit nördlich liegt, haben auch viele Waldvogelarten ihre Nordgrenze hier. Dazu gehören Auerhuhn, Dreizehen- und Kleinspecht, Waldschnepfe, Unglückshäher, Seidenschwanz, Lapplandmeise, Singdrossel und Hakengimpel. Während der Rauhfußbussard nur in Nagerjahren häufig auftritt, sind Fischadler und Merlin als Fisch- beziehungsweise Vogeljäger nicht von den Massen-

Die Bergranunkel ist eine häufige Fjellpflanze auf den Matten der alpinen Zone.

Der weißblühende Straußsteinbrech wächst an feuchten Stellen im Fjell, selbst in direkter Nähe eines Wasserfalls.

wechseln der Wühlmäuse abhängig und daher durchgehend nicht selten.
Der Fluß Stabburselva ist bekannt für seine Lachse – Einzeltiere mit einem Gewicht bis 20 kg wurden bereits gefangen. Daneben gibt es noch Saiblinge und Forellen. Vor der Anlage einer Lachstreppe, die in der Nähe des Stabbursfossen, zirka 3 km hinter den »Lombolaen« in das Flußbett gesprengt wurde, konnten die Lachse nur bis zum Stabbursfossen wandern.

Im Gebiet unterwegs

Am Parkplatz am Ende der Schotterstraße beginnt ein Weg, der zum Fluß Stabburselva und in den Nationalpark führt. Von dort kann man östlich der »Lombolaen« über eine Hängebrücke den **Dilljajokka** überqueren, um den südlichen und westlichen Teil des Nationalparks zu durchstreifen.
Will man den Norden des Parks erkunden, muß man den Stabburselva durchwaten; die beste Stelle liegt etwa 200 m flußaufwärts hinter dem **Vuolleluobbal** ②.
Die Durchquerung kann vor allem zur Schneeschmelze, wenn der Fluß Hochwasser führt, problematisch sein.
Da es im Nationalpark keine markierten Wanderwege gibt, ist man auf seine eigene Ausrüstung angewiesen. Wegen der oft schnellen Wetteränderungen ist es ratsam, sich vor Beginn der Wanderung über die Aussichten zu informieren.
TIP: Das Durchwaten der Fließgewässer kann selbst bei einfach erscheinenden Bächen gefährlich werden, weil man Untiefen nicht sofort erkennt. Hier leistet ein Stock gute Dienste. Bäche und Flüsse durchquert man am besten diagonal gegen die Strömung.

Praktische Tips

Anreise
Mit dem Auto biegt man von der E 6 Lakselv – Kistrand in Höhe von Stabbursnes, ungefähr 2 km südlich der Brücke über den Fluß Stabburselva, ab und gelangt über einen unbefestigten Weg zu einem kleinen Parkplatz. Von dort führt ein Weg an den Fluß Stabburselva.

Klima/Reisezeit
Obwohl der Nationalpark in der Nähe des Porsanger-Fjords liegt, ist der Einfluß des Meeres auf das Klima nicht so groß. Das liegt daran, daß der Fjord selbst zirka 100 km lang ist und an seinem Ende bereits Binnenklima mit kalten Wintern und ziemlich warmen Sommern herrscht. Die mittleren Temperaturen liegen im Januar/Februar bei –10 °C, im Juli bei 13 °C. Mit 350 mm ist der durchschnittliche Jahresniederschlag niedriger als in Oslo.

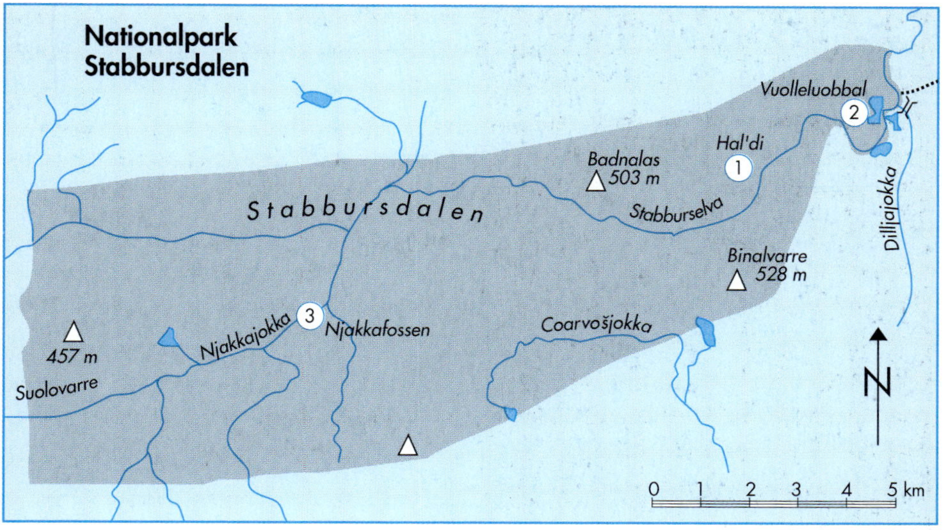

Die besten Wandermonate sind August und September, bis Juli kann der Boden noch recht durchweicht sein, ab Mitte September muß man mit den ersten Schneeschauern rechnen. Mücken gibt es bis in den August.

Unterkunft/Information
Im Nationalpark gibt es keine Hütten, man ist auf seine eigene Ausrüstung angewiesen. In der Nähe der Telegrafenleitung, die westlich des Fjells Badnalas vorbeiführt, liegt eine offene Hütte des Telegrafenwerks; eine weitere offene Hütte liegt westlich des Flusses Læktoelva – beide Hütten befinden sich aber außerhalb des Nationalparks.
Die nächsten Unterkunftsmöglichkeiten liegen in Stabbursnes an der E 6. Dort gibt es einen Campingplatz, an dem man auch Hütten mieten kann. In Lakselv an der E 6 gibt es Hotels, Pensionen, eine Jugendherberge und Campingplätze.

Karten
Mit den beiden Wanderkarten (1:50 000) Lakselv: 2035 3 und Stabbursdalen: 1935 2 ist das gesamte Nationalparkgebiet abgedeckt. Auch die Gradteigskart V 4 Stabbursdalen (1:100 000) leistet gute Dienste.

Blick in die Umgebung

In **Stabbursnes** an der E 6 befindet sich das Naturhus og Museum; es ist ein Informationszentrum über die Natur und Kultur der Finnmark. Diavorführungen, Dioramen und Ausstellungen vermitteln Einblicke in verschiedene Lebensräume wie Fjorde, Küste, Flußlandschaften oder Fjell mit der jeweils typischen Tier- und Pflanzenwelt. Am Informationszentrum beginnen Wanderwege zum **Stabbursnes** Naturreservat, einem großen Moor- und Sumpfgebiet mit artenreicher und interessanter Flora und Vogelfauna.
Bei der Stadt **Alta** mündet der drittlängste Fluß Norwegens, der Altaelva, in das Meer. Er fließt die letzten 6 km vor der Mündung durch die 300–400 m tiefe Schlucht **Sautso**. Die Aussicht vom oberhalb gelegenen Plateau über den Cañon ist einmalig. In den Schluchtwänden brüten ungestört seltene Greifvögel. Man erreicht die Schlucht auf einem markierten Wanderweg, der in Bæskades beginnt.

8 Halbinsel Varanger

Treffpunkt vieler Vogelarten vom nördlich-arktischen und östlichen Verbreitungstyp; große Trupps von überwinternden Prachteiderenten und Scheckenten; zweitnördlichstes Brutvorkommen des Baßtölpels.

Varanger ist eine Halbinsel im äußersten Norden Norwegens, die nach Osten zeigt. Sie gehört zur größten Provinz Norwegens, der Finnmark. Hier ist die Möglichkeit gegeben, echte arktische Natur zu erleben. Wald fehlt so gut wie vollständig, nur in wenigen geschützten Tälern, wie Jakobselvdalen und Syltefjordsdalen, gibt es Fjällbirkenwald.
Der Untergrund besteht großenteils aus 600 Mio. Jahre alten Sedimentgesteinen, vor allem Sandsteinen. Entlang einer Verwerfungslinie, die von Gulgofjord im Tanafjorden bis nach Komagnes auf Varanger verläuft, wurden die Gesteine von der Nordseite mehrere 100 km weit von ihrem Ursprungsgebiet aus verfrachtet. Südlich von Hamningberg bei Sandfjord liegen malerische Sanddünen. Hier sieht man sogenannte Bogendünen, eine Dünenform mit steilen Lee- und flachen Luvhängen. Entlang vieler Strände kann man Treibholz finden, das aus weitentfernten sibirischen Wäldern stammt. In Moorgebieten wirkt der gebildete Torf isolierend und kann die Ursache für Permafrost (Dauerfrostboden) sein. In diesen Bereichen wölbt sich der Torfboden zu kleinen, Palsen genannten Hügeln (s. S. 60) auf. Diese Bildungen sind auf der Nordseite der Straße bei Varangerbotn auffällig.

Die arktische, tundraartige Landschaft auf Varanger ist im Sommer ein Dorado für seltene Vögel.

Den Vogelfelsen auf der Insel Ekkerøya mit seinen unzähligen Dreizehenmöwen kann man fast »hautnah« erleben.

Pflanzen und Tiere

Die extreme Randlage als »Außenposten« Nordeuropas ist sowohl für die generelle Pflanzenarmut als auch für das Auftreten vieler Pflanzenarten mit nordisch-arktischer sowie östlicher Verbreitung verantwortlich. Hier findet man beispielsweise den Mohn *Papaver dahlianum*, das Polarsandkraut, die Prachtnelke und die Unterart *sordida* des Alpenspitzkiels.

Bis auf die Vögel ist auch die Tierwelt nicht sehr artenreich vertreten. Neben mehreren großen Vogelbergen, die sowohl Seevögel als auch Vogelfreunde magisch anziehen, ist es vor allem die ungewöhnliche Mischung aus Fjell- und Küstenvögeln, die Varanger so bekannt machen. Entlang der Küste kann man auf der einen Seite See- und Watvögel beobachten, während auf der anderen Seite Fjellarten wie Schneehühner, Ohrenlerchen (S.190), Falkenraubmöwen (S.201) oder Schnee-Eulen vorkommen. Auch das gemeinsame Vorkommen von nördlichen neben einigen östlichen Arten, wie Zwergstrandläufer, Dunkler Wasserläufer, Pfuhlschnepfe, Scheckente und Gelbschnabeltaucher, ist bemerkenswert.

Ein Besuch der Hafenbereiche von Vadsø und Vardø bietet unvergeßliche Beobachtungen von überwinternden arktischen Wasservögeln. Besonders augenfällig sind die großen Schwärme von Prachteiderenten zusammen mit gewöhnlichen Eiderenten sowie große Trupps der Scheckente. Die Prachteiderente brütet auf Spitzbergen, die Brutplätze der Scheckente liegen

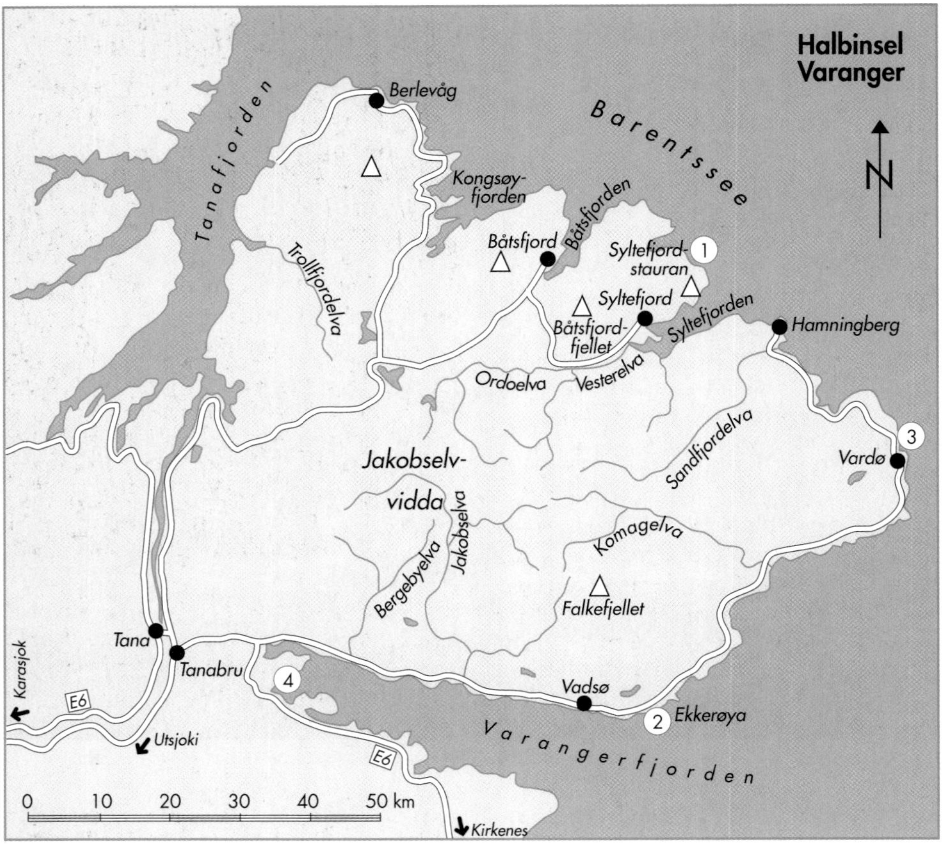

in Sibirien; sie kommt wie die Prachteiderente auch zu anderen Jahreszeiten auf Varanger vor, jedoch nur gelegentlich und in geringer Zahl. Der große Gelbschnabeltaucher, ein Brutvogel des hocharktischen Sibiriens, ist an der Varanger-Küste regelmäßiger, aber seltener Wintergast. Große Trupps von Meerstrandläufern suchen im Winter an der Wasserlinie felsiger Küsten oder in Hafenanlagen nach Nahrung, hier halten sich gelegentlich auch Eismöwen und – viel seltener – Elfenbeinmöwen auf. Der Seeadler (S. 128) ist auf Varanger in erfreulich guten Beständen vertreten.

Ein sehr seltener Brutvogel im Fjell ist der Gerfalke (S. 57). Er macht dort vor allem Jagd auf die Schneehühner. Weitere Bewohner der Fjellregion sind Rotkehlpieper, Schnee- und Spornammer, Polarbirkenzeisig und Mornellregenpfeifer (s. S. 32). Das häufigste Säugetier im Gebiet ist natürlich das halbdomestizierte Ren; Rotfüchse und Schneehasen (S. 57) sind ebenfalls nicht selten. Im küstennahen Meer liegen die bevorzugten Fischgründe der Fischotter (S. 196), die eigentlich Süßwasserjäger sind. Mehrere Robbenarten kann man regelmäßig vor den Küsten antreffen, vor allem aber Kegelrobbe (S. 55) und Seehund. Im Winter besuchen auch Sattelrobben und gelegentlich sogar einzelne Walrosse das Varanger-Gebiet. Der Schwertwal ist in diesen Gewässern ebenfalls seltener, aber regelmäßiger Gast.

Die eleganten Baßtölpel sind überaus geschickte Fischjäger, die ihre Beute im Sturzflug ansteuern.

Im Gebiet unterwegs

Naturreservat Makkaurhalvøya mit Syltefjordstauran ①: Der Bereich zwischen Båtsfjorden im Westen und Syltefjorden im Osten heißt Makkaurhalvøya; hier wurden 113 km^2 als Naturreservat unter Schutz gestellt. Das sanft gewellte Fjell-Plateau auf 300 m Höhe fällt jäh und steil zum Meer ab. Nur an wenigen Stellen befinden sich schmale, flache Strandabschnitte. In Küstennähe sind durch die Verwitterung steile Schluchten entstanden, an manchen Stellen wurden hohe Bergspitzen »freigestellt«, die man hier »staurer« nennt und die von vielen Vögeln besiedelt werden. Den Spitzenplatz dieser Vogelberge nehmen die Baßtölpel ein, die hier ihren weltweit zweitnördlichsten Brutplatz haben. An den Hangkanten brüten Tordalken, Trottellummen und Dickschnabellummen in großen Beständen. Am eindrucksvollsten ist der **Syltefjordstauran** mit 4 km Länge und 200 m Höhe. Dieser Berg ist Brutplatz für eine Dreizehenmöwenkolonie, die mit rund 150 000 Paaren die größte Skandinaviens ist. Der Kot der unzähligen Seevögel düngt ständig den Boden unter den Vogelbergen und fördert das Wachstum von stickstoffliebenden Pflanzenarten wie Wiesenkerbel, Wiesensauerampfer, Rosenwurz (S. 45) und Echtem Löffelkraut. Im Gebiet befindet sich auch eine Kolonie Seehunde. Nach Syltefjordstauran kommt man mit dem Boot von Syltefjord aus, die Überfahrt muß man selbst organisieren.

Naturreservat Ekkerøya ② : Auf der Südspitze der Insel Store Ekkerøya, rund 14 km östlich von Vadsø, liegt der am leichtesten zugängliche Vogelberg der Provinz Finnmark. Inzwischen gibt es eine Landverbindung in Form einer schmalen Brücke, auf der man mit dem Auto zur Insel gelangt. Brutvögel dieses vielbesuchten Vogelbergs sind fast ausschließlich Dreizehenmöwen, abgesehen von einigen Tordalken. Auf Ekkerøya nisten außerdem noch

Der Meerstrandläufer brütet auf kargem, steinigen Grund in den höchstgelegenen Fjellbereichen.

rund 30 andere Vogelarten, unter anderem Eiderente (S. 47), Gryllteiste (S. 48), Küstenseeschwalbe (S. 176) und verschiedene Möwenarten. Bei der Erkundung des Gebiets sollte man äußerst vorsichtig sein, denn der Untergrund ist vielfach durch Verwitterung angegriffen und entsprechend locker.

Naturreservate Reinøya und Hornøya ③: Im Bereich von Vardø liegen vor der Küste zwei vogelreiche Inseln nahe beieinander, Reinøya und Hornøya, die beide als Na-

Bei Hamnøy kann man direkt von der Straße aus Dreizehenmöwen beobachten.

◁ Die Halbinsel Varanger bietet auch im Winter vielfältige Beobachtungsmöglichkeiten.

▽ Männchen und Weibchen der Scheckente am Varangerfjord; Brutgebiet ist die Tundra Nordsibiriens.

Prachteiderenten erscheinen im Winterhalbjahr in großen Trupps; man sieht sie vor allem in den Häfen.

turreservat ausgewiesen sind. Hornøya, die kleinere der beiden Inseln, ist gleichzeitig Norwegens östlichster Punkt. Die steilen Abhänge an den West- und Nordwestseiten dienen Seevögeln als Brutstätten. Am häufigsten ist die Dreizehenmöwe, in ihrer Nachbarschaft brüten Papageitaucher, Trottellummen, Dickschnabellummen, Tordalken und Krähenscharben. Auf den flacheren Inselbereichen dehnen sich Möwenkolonien aus, die zu den am dichtesten besetzten in

Der hochnordische Rotkehlpieper brütet auf den offenen, tundraartigen Flächen.

Im Jahr nach einer starken Vermehrung der Lemminge und anderer Nager ist auch die Schnee-Eule öfter zu sehen.

Europa zählen. Silber-, Mantel- und Sturmmöwen (S. 16) bringen es auf 50 000 Brutpaare. Zwischen dem 1.5. und 15.8. darf man die Inseln nicht betreten.
Naturdenkmal Bigganjarga ④: An der Küste nördlich von Karlebotn liegt eine versteinerte Moräne (Tillit), die während einer 600 Mio. Jahre zurückliegenden Eiszeit entstanden ist. Sie ist eine geologisch besonders interessante Formation, denn normalerweise werden Spuren von so lange zurückliegenden Glazialperioden während jüngerer Eiszeiten vernichtet. Reste von jüngeren Tillits im gleichen Küstenabschnitt zeigen, daß während früherer Eiszeiten mehrere Kälteperioden mit Wärmeperioden abwechselten.

Praktische Tips

Anreise

Mit dem Auto erreicht man die Süd- und Ostküste von Varanger bis Hamningberg auf dem RV 98 (Küstenstraße), der in Varangerbotn von der E 6 abzweigt. Um Båtsfjord und Syltefjord an der Nordküste zu erreichen, biegt man von der E 6 in Tanabru auf den RV 890 ab und in Gednjehøgda auf den RV 891. Berlevåg, Båtsfjord, Vardø, Vadsø und Kirkenes werden täglich von den Schiffen der Hurtigruten angefahren. Zwischen den meisten Orten gibt es Busverbindungen.

Reisezeit

Vogelfreunde, die arktische Vogelarten erleben möchten, sollten kommen, wenn diese entlang der nordnorwegischen Küste überwintern. Im März/April trifft man große Trupps von Prachteiderenten und Scheckenten in den meisten Häfen der Varanger-Halbinsel an.

Unterkunft/Information

Das Übernachtungsangebot auf Varanger ist nicht sehr reichhaltig, trotzdem findet man während der Sommermonate in Hotels, Pensionen, Gasthäusern und auf Campingplätzen Quartiere unterschiedlicher Preisklasse und Qualität. Bootausflüge zu Vogelbergen kann man in fast allen entsprechend nahe gelegenen Dörfern organisieren.

Blick in die Umgebung

Die Insel **Magerøya** mit dem Nordkap ist nicht nur wegen des nördlichsten Punktes Europas interessant, der alljährlich Heerscharen von Touristen anlockt, sie hat auch für den Naturfreund etwas zu bieten: Sie ist Standort für einige hocharktische Pflanzen wie den bereits für Varanger erwähnten Mohn *Papaver dahlianum.* Auf dem Berg Duken ist der einzige Standort des Purpurbreitschötchens außerhalb von Novaja Semlja und Spitzbergen; dort wächst auch das vor allem in Grönland und Nordamerika beheimatete Niederliegende Sandkraut. Mehrere beeindruckende Vogelberge gibt es auf Magerøya und in der direkten Umgebung. Westlich der Insel liegt das Naturschutzgebiet Gjessværstappan mit der nördlichsten Baßtölpelkolonie überhaupt; außerdem kommen hier Papageitaucher (S. 54) und Seeadler (S. 128) vor.

9 Naturreservat Vålådalen

Abwechslungsreiches Fjäll- und Waldgebiet; interessante geologische Formationen als Erbe der Eiszeit; »Blumenberg« Gåsen; wichtiges Rückzugsgebiet für den Vielfraß.

Als die schwedische Forstverwaltung (Domänverket) Ende der 70er Jahre mit der Abholzung in den früher unberührten Wäldern nahe der Waldgrenze begann, stieg das Interesse der Naturschützer, im Gebiet des Vålådalen ein Refugium für Tiere und Pflanzen einzurichten. 1988 wurden 1175 km^2 unter Schutz gestellt. Das Naturreservat Vålådalen bietet dem Naturfreund viele verschiedene Landschaftstypen, von fjällnahen Nadelwäldern über Moore, Seen und Fließgewässer bis zu Fjällbirkenwäldern und den unterschiedlichen Stufen des Kahlfjälls. Das Reservat liegt im westlichen Jämtland im größten zusammenhängenden Fjällgebiet der südlichen Fjällregion. Hier entspringen die Quellflüsse des gewaltigen Flusses Indalsälven.
Mit 1626 m bildet der Berg **Härjångsstöten** im Südwesten des Naturreservates die höchste Erhebung. Die napfförmige Vålådal-Senke verzweigt sich in schmalere Ausläufer; im Tal des Rekån, der zum Ånnsjön entwässert, wachsen wertvolle Nadelurwälder. Noch ältere fjällnahe Urwaldflächen, in denen einzelne Kiefern ein Alter um 400 Jahre erreicht haben, liegen im Rulldalen im Osten des Schutzgebiets. Im Norden ragt das Ottfjället bis 1265 m auf und stellt einen markanten Blickfang dar. Der See Ottsjön an der Nordgrenze des Reservates entwässert nach Osten in den Håckren, der heute durch ein Kraftwerk aufgestaut ist.
Mehrere größere Flüsse entwässern das Gebiet. Nach Norden fließen Stensån und Lunndörrsån, Nebenflüsse des Vålån, im Südwesten strebt der Handölan nordwärts zum Ånnsjön.
Vålådalen ist eine typische Glaziallandschaft; unter der dicken Eisdecke wurden Spalten ausgeschürft, im Laufe der Jahrmillionen entstanden typische U-Täler. Ein anschauliches Beispiel für diesen Vorgang zeigt das Tal Lunndörren im Süden. Für die Samen mit ihren Rentieren war Lunndörren lange Zeit ein wichtiger Verbindungsweg. Als vor rund 10 000 Jahren die letzte Eiszeit zu Ende ging, bildete sich im Lunndörrsdalen ein aus Sand und Schotter bestehendes Delta, das sich auf dem Boden unter einem Eis-See absetzte. Das Eis lag in Härjedalen im Süden und staute so die Wassermassen auf, die damals nach Norden abflossen.
Nördlich Lunndörren sieht man im Gröndalen und Issjödalen weitere Spuren der ehemaligen Eisabschmelzung; sie gehören zum bekanntesten und deutlichsten Eisflußkomplex dieser Fjäll-Landschaft. Das Wasser spülte unter der Eisschicht ein riesiges Delta von Schotter und Sand auf.

Der braunrote Halsfleck im Prachtkleid unterscheidet den Sterntaucher vom etwas größeren Prachttaucher.

◁ Das U-förmig ins Fjäll eingeschnittene Tal Lunndörren ist von Gletschern geschaffen.

Die Erzengelwurz ist eine Charakterpflanze der Wiesenflora an Bachtälern bis in die Fjällregion. ▷

Der Front des Deltas entsprechen heute die Wände in diesen beiden Tälern. Über die Deltafläche sind viele Toteislöcher verteilt (s. S. 28), die im Lauf der Zeit verfüllt wurden. Am Ausgang des Gröndalen sind als Erosionsreste der Deltaoberfläche zwei »Pyramiden« übriggeblieben, die durch die Einwirkungen des Flusses Grönan entstanden.

Pflanzen und Tiere

In den üppigen Fjällwäldern des Vålådalen gedeihen 2 m hohe Stauden des Nördlichen Eisenhuts zusammen mit dem ebenfalls violettblühenden Alpen-Milchlattich und der ähnlich hochgewachsenen Erzengelwurz. Entlang der Waldbäche und auf der Hochfläche des Fjälls wächst neben dem intensiv gelbgefärbten Gelben Veilchen (S. 43) häufig auch der Alpen-Frauenmantel. Auf tiefer gelegenen, feuchteren Flächen findet man Alpenhelm und das Gewöhnliche Fettkraut.
Bis auf einige Ausnahmen trifft man nur die häufigere Fjällflora an. In dieser Zone dominieren im Naturreservat die Zwergsträucher: Blauheide und Heidelbeere bevorzugen geschütztere Bereiche; beide wagen sich jedoch auch bis in die mittlere alpine Stufe vor. Noch höher hinauf geht die Alpenazalee, die mit ihrem kriechenden Wuchs und den harten, dicken Blättern an extreme Bedingungen hervorragend angepaßt ist. An Stellen, wo im Winter der Schnee oft fortgeblasen wird und dadurch die Pflanzen extremer Kälte und Trockenheit ausgesetzt sind, findet man auch die Alpenbärentraube, die weiß-

Der nordamerikanische Mink (im Foto mit Jungem) ist in vielen Fjällgebieten bereits häufiger als der Fischotter. ▷

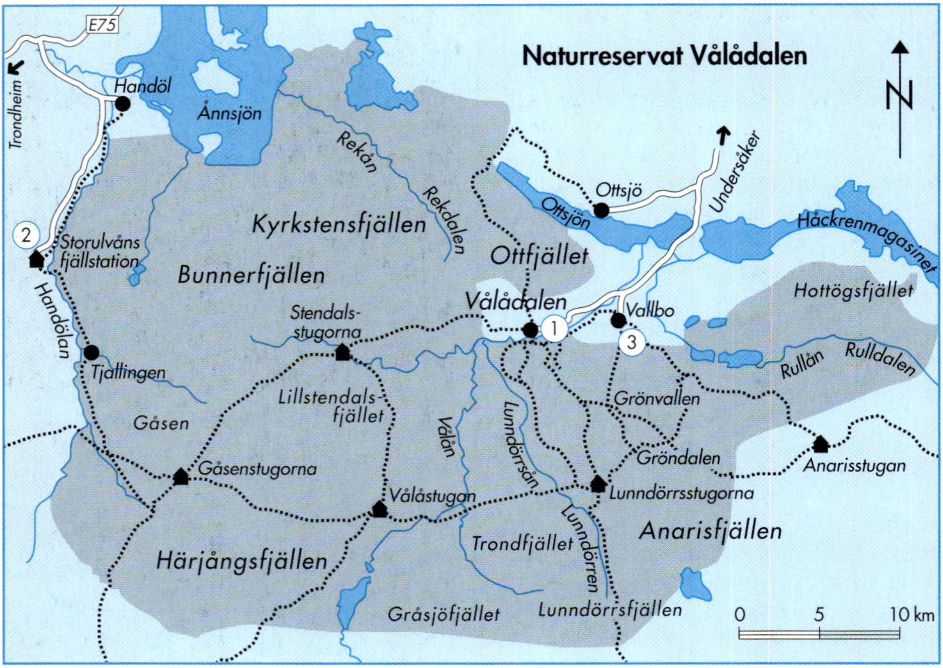

blütige Diapensie (S. 182) sowie den Alpenbärlapp. Den Höhenrekord der Blütenpflanzen hält der Gletscherhahnenfuß (S. 34), seine Wurzeln halten selbst ständige Berieselung mit schmelzendem Schnee aus.

Am Berg Gåsen (»die Gans«) im Südwesten des Reservates treten kalkreichere Gesteinsarten zutage. Hier gibt es artenreiche Heiden mit der Silberwurz als Charakterpflanze. Der Rote Steinbrech mit seinen purpurfarbenen, ungestielten Blüten ist für die ersten Farbtupfer im Frühjahr verantwortlich. Das Stengellose Leimkraut bildet bodennahe Kissen mit hellroten Blüten. Hier gedeiht auch die vergleichsweise winzige Zwergorchis. Auf etwas feuchterem Untergrund wächst das Bunte Läusekraut, das eigentlich für die südlichen Fjällgebiete typisch ist.

Auch der Bergrücken Vålåsen ist durch die kalkreichen Gesteine ein besonders pflanzenreiches Gebiet. Auf den nährstoffreichen Hangmooren teilen sich mehrere Orchideenarten, wie Fleischrotes und Lappländisches Knabenkraut (S. 15), ihren Lebensraum mit der Jämtland-Segge sowie mit der Landesblume von Jämtland, dem Schwarzen Kohlröschen.

An den extremsten Standorten können nur einige Flechtenarten überleben. Dazu gehört die Blutaugenflechte, eine Krustenflechte, die auf Steinblöcken siedelt und es sogar erträgt, daß sie vom Wintersturm schneefrei geblasen wird und so ihren Kälte- und Austrocknungsschutz verliert. Auf nacktem Boden kommt die safranfarbene Ziegelrote Sackflechte vor, die zu den Blattflechten gehört. Auf Birkenstämmen oberhalb einer bestimmten Bodenhöhe markiert die olivgrüne Schüsselflechtenart *Parmelia olivacea* mit ihrer unteren Wachstumsgrenze die winterliche Schneehöhe (s. S. 144).

Mehrere bedrohte Tierarten haben ihre letzten Zufluchtsorte in der Weite und Ab-

Adulte Steinadler bleiben ganzjährig im Brutgebiet.

geschiedenheit des Fjälls. Im Vålådalen-Gebiet hat der Vielfraß seit langem ein sicheres Rückzugsgebiet. Ein weiteres gefährdetes Großraubtier, der Luchs (S. 126), bevorzugt im Naturreservat die bewaldeten Bergkuppen. Jedoch jagen beide Arten auch auf dem Kahlfjäll. Regelmäßig kommt auch der Bär im Naturreservat vor, jedoch handelt es sich nur um durchwandernde Tiere. Auf den Hochflächen des Fjälls hat der Eisfuchs seine Baue. Wie der Rotfuchs, der eher die Tallagen bewohnt, ist der »fjällräv« stark auf die Häufigkeit der Kleinnager angewiesen (s. S. 107). Der nordamerikanische Mink, der bereits große Teile Skandinaviens erobert hat, ist jetzt schon häufiger im Bereich der Gewässer des Naturreservates anzutreffen als der dort ursprünglich heimische Fischotter (S. 196).
Besonders artenreich ist die Vogelwelt von Vålådalen. Auf den kleinen Seen der Waldzone entdeckt man häufig Krickenten und mit etwas Glück auch ein brütendes Sterntaucherpaar. Für die Fischjagd müssen diese Seetaucher indes größere Seen der Umgebung anfliegen. In den meisten größeren Zwergstrauch-Mooren hört man die gellenden Triller des Regenbrachvogels (S. 167), in den feuchteren Bereichen die manchmal nervtötenden Warnrufe der Grünschenkel (S. 164). Bedeutend weniger lautstark fällt die Begegnung mit den neugierigen Unglückshähern (S. 109) der Nadelbaumurwälder aus. Weidenmeise und Wintergoldhähnchen beherrschen die Kleinstvogelszene; den Steinadler sieht man öfter auf der Suche nach Beute am Himmel kreisen. Während der Vorsommermonate sind Bergfink (S. 45) und Fitis die tonangebenden Sänger. Im Weidendickicht an der Baumgrenze trifft man Blaukehlchen und Spornammer an und, wesentlich seltener, die aus den Alpen bekannte Ringdrossel.

Im Gebiet unterwegs

Ein gut entwickeltes System von Wanderwegen ermöglicht zu allen Jahreszeiten Erkundungen der verschiedenen Landschaftstypen im Naturreservat.
In **Vålådalen** ① beginnen mehrere markierte Wege. Dem Pfad am Fluß Stensån entlang in Richtung Westsüdwest folgend, gelangt man nach rund 13 km in einen typischen Fjällbirkenwald; wo die Täler Stor Stensdalen und Lill Stensdalen zusammenlaufen, liegen die Übernachtungshütten des STF. Hat man vor, Richtung Süden weiterzulaufen, wählt man den Weg **Vålåstugan**, von wo aus man in gleicher Richtung bis Härjedalen wandern kann. Bleibt

Die Blutaugenflechte leuchtet blutrot auf kalkfreiem Gestein oberhalb der Waldgrenze.

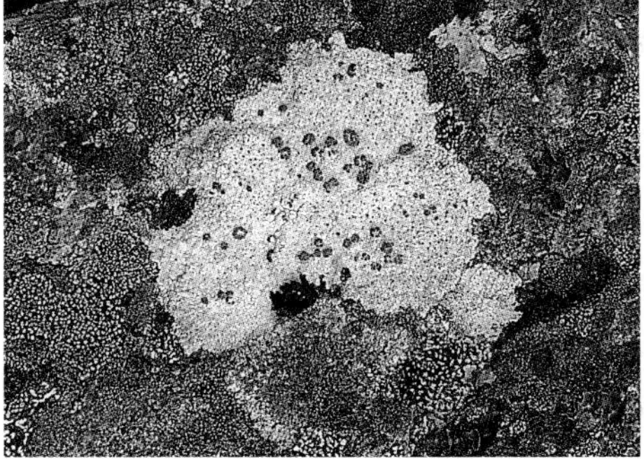

Der Vielfraß ist ein großer Marder, der in Fjällgegenden lebt und dort ein riesengroßes Jagdrevier etabliert.

man dagegen im Lill Stensdalen, führt der Weg hoch hinauf aufs Kahlfjäll bis zu den STF-Hütten auf dem Blumenberg **Gåsen**. Diese Strecke mißt rund 14 km, auf ungefähr halbem Weg, bei Stäntja, gibt es einen Unterstand.

Für Weitwanderer bietet sich an, von dort dem Lauf des Flusses **Handölan** zu folgen, an Tjallingens sameviste (Samensiedlung) vorbei zur **Storulvåns fjällstation** ②, wo es eine Busverbindung gibt.

Von **Vålåstugan** aus erreicht man in östlicher Richtung die **Lunndörrsstugorna**, ebenfalls Übernachtungshütten des STF, von denen aus ein Weg in südlicher Richtung über den Lunndörrspasset nach Tossåsen in Härjedalen führt. Die Lunndörrsstugorna sind ein guter Ausgangspunkt, um die Ablagerungen eines früheren Eisflusses im Gröndalen und Issjödalen zu besuchen. Von Lunndörrsstugan gelangt man auf verschiedenen Wegen an der alten Samenbehausung Grönvallen vorbei zur Straße bei **Vallbo** ③. Diese Wege führen durch Nadelwälder und auf Bohlen durch große Moore; sie sind also problemlos zu begehen.

Praktische Tips

Anreise

Das Naturreservat Vålådalen kann man von mehreren Richtungen her erreichen. Auf der Bahnstrecke Östersund – Trondheim steigt man an der Haltestelle Undersåker aus; von dort gibt es eine Busverbindung.

Mit dem Auto biegt man von der E 14 Östersund – Trondheim in Undersåker ab

Die Blauheide besiedelt magere Standorte vom fjällnahen Tiefland bis in große Höhen.

Das Bunte Läusekraut ist im Gegensatz zum ebenfalls gelbblühenden Brandläusekraut behaart.

und folgt einem Schotterweg in teilweise schlechtem Zustand bis Vålådalen. Es ist auch möglich, in Enafors von der E 14 abzubiegen und über Handöl zur Storulvåns fjällstation zu fahren; von dort aus erreicht man die westlichen Bereiche des Naturreservates.

Reisezeit
Beste Besuchszeit für Vogelfreunde ist die Zeit von Mitte Mai, wenn die Zugvögel zurückkehren, bis Ende Juni; man entgeht dann auch meist der Mückenplage, dafür muß man mit mehr oder weniger viel Schnee in den höheren Lagen rechnen. Für mehr botanisch interessierte Wanderer empfiehlt es sich, bis Anfang Juli zu warten. Der ganze August und September sind schöne Wandermonate für den unspezialisierten Naturfreund.

Unterkunft/Information
Im Naturreservat und der näheren Umgebung gibt es eine Reihe von Übernachtungsmöglichkeiten. In Vallbo, Östra Vålådalen sowie in und nahe bei Vålådalen gibt es verschiedene Unterkünfte von Hotelstandard bis Selbsthaushalt sowie Möglichkeiten zu speisen.
Im Naturreservat liegen 4 Übernachtungshütten des STF. Die Storulvåns fjällstation liegt knapp außerhalb des Naturreservates. In der Hütte gibt es eine Kletterwand.

Karten
Nya Fjällkartan 1: 100 000, Kartenblatt Z 6 Storlien – Vålådalen – Ljungdalen, Z 7 Åre – Bydalen – Ljungdalen.
Svenska Fjällkartan (Sommarkartan) 1: 100 000, Kartenblatt 10.

Blick in die Umgebung

Felszeichnungen von Elchen kann man bei **Landverk** nahe Ånn und am Ausfluß des **Indalsälven** besichtigen. Für die ersten Siedler im Gebiet des heutigen Naturreservates war der Elch von entscheidender Bedeutung; die Felszeichnungen zeigen Jagdmotive mit der großen Hirschart. Dort hat man etwa 50 steinzeitliche Behausungen rund um den Ånnsjön ausgegraben. An mehreren Stellen liegen auch Fanggruben, in denen die Steinzeitjäger vermutlich in erster Linie Elche erbeuteten.

Die Alpenazalee überlebt den Winter auch an schneefrei geblasenen Stellen im Fjäll.

10 Nationalpark Skuleskogen

Höchste Steilküste am Bottnischen Meerbusen; monumentale Schlucht Slåttdalskrevan; herrliche Aussicht über bewaldete Hügel und das Meer.

Der Nationalpark am Bottnischen Meerbusen weist wohl die faszinierendsten geologischen Formationen außerhalb der Fjällkette auf. In dem Küstengebiet, das als »Höga Kusten« bezeichnet wird, fallen hohe, waldbedeckte Berge atemberaubend steil zum Meer hin ab. Hier hat seit der Eiszeit die höchste Landhebung stattgefunden (s.S. 86).
Skuleskogen in der Provinz Ångermanland wurde 1984 zum Nationalpark erklärt. Schutzziel ist die Erhaltung einer vom Menschen wenig beeinflußten Waldlandschaft am höchsten und geradezu monumentalen Küstenabschnitt Schwedens; außerdem soll der dortigen Tier- und Pflanzenwelt eine ungestörte Entwicklung ermöglicht werden. Insgesamt umfaßt der Nationalpark 29,5 km^2, wovon 3 km^2 auf Wasserfläche entfallen.
Das abwechslungsreiche Berggebiet des Nationalparks wirkt wie ein steinerner Außenposten des Waldlandes am Meer. So war dieses Massiv stets eine mauerartige Barriere, die von Reisenden nur mit großen Schwierigkeiten überwunden werden konnte. In diesem Gebiet soll sogar bis zum Jahr 1000 die Nordgrenze Schwedens gegenüber dem unerforschten Norden verlaufen sein.
Im Nationalpark liegt mit über 280 m das höchste Küstenniveau Schwedens. Die höchsten Berge Skuleskogens erheben sich über 300 m Höhe – sie scheinen wie Inseln direkt aus dem Meer zu wachsen. Diese Berge nennt man »kalottberg«, da sie einen »Helm« aus dichtem Wald besitzen. Viele windzerzauste und krummholzartige Kiefern im oberen Bereich der Bergrücken haben ein Alter zwischen 500 und 600 Jahren, wie man bei Probebohrungen festgestellt hat. Weiter unten, auf den nährstoffarmen felsigen Böden, gedeiht nur schütterer Kiefernwald.
In den tief eingeschnittenen Schluchttälern zwischen den Bergrücken hat sich verwittertes Material angesammelt, das dichte, üppige Fichtenwälder mit kleinen Seen und Mooren begünstigt. Die ältesten Fichten hier sind bis 250 Jahre alt.
Zeugen menschlichen Wirkens finden

Die gelbliche Bartflechte *Usnea longissima* wächst nur an den feuchten Nordhängen des Nationalparks.

sich in Skuleskogen aus längst vergangenen Zeiten. Die ältesten Funde sind Grabsteine aus der frühen Bronzezeit (1500 bis 500 v. Chr.). Noch bis ins 20. Jh. hinein betrieb man an einigen Stellen Waldweide, jedoch wurde der größte Teil des Waldes zwischen 1860 und 1900 abgeholzt. Daher liegt das durchschnittliche Alter des Waldes heute bei rund 80–120 Jahren. Die mächtigste Formation des Nationalparks ist **Slåttdalskrevan**, eine 200 m lange, 7 m breite und 40 m tiefe Schlucht, die den Slåttdalsberget durchschneidet. Die geologische Entstehung dieses gewaltigen Einschnittes ist nicht ganz klar, möglicherweise war die Schlucht früher mit einem schnell verwitternden Gestein, dem Diabas, gefüllt, das mit den Jahrtausenden ausgewaschen wurde.

In anderen Teilen des Nationalparks dominiert ein ansprechend rotgefärbter Granit, der Rapakivi-Granit. Das Wort ist finnischen Ursprungs und bedeutet soviel wie »verrotteter Stein«, was gut in seinem Verwitterungsmuster zum Ausdruck kommt. Vom Slåttdalsberget aus ist die weite Aussicht sehr beeindruckend. Unterhalb des Berges erstreckt sich auf verschiedenen Höhen ein riesiges Geröllfeld. Die Steine wurden im Laufe der Zeit durch kraftvolle Wellen, die an die ehemalige Strandlinie heranrollten, rundgeschliffen.

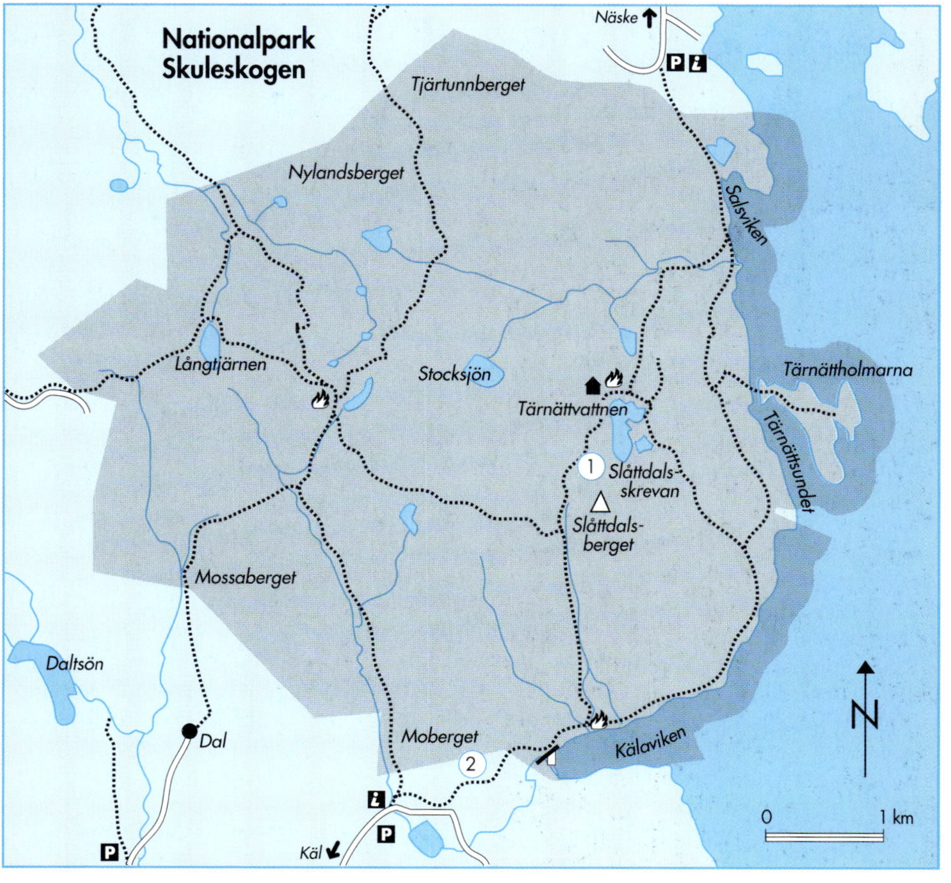

Über die Entstehung der 40 m tiefen Schlucht Slåttdalskrevan sind sich die Wissenschaftler uneinig.

Pflanzen und Tiere

Im Skuleskogen-Park haben viele Pflanzenarten ihre Verbreitungsgrenze. An den südexponierten Berghängen sind die Böden nährstoffreich und die kleinklimatischen Bedingungen günstig, so daß hier viele südliche Arten ihren nördlichsten Vorposten haben. Beispiele sind die Laubbaumarten Hasel, Linde und Spitzahorn sowie das Süßgras Waldschwingel, das heute durch die moderne Waldbewirtschaftung sehr selten geworden ist. Auch eine Gruppe nordischer Fjällpflanzen gibt es im Nationalpark: Alpen-Milchlattich, Echte Alpenscharte und Alpen-Lichtnelke sowie Dreispaltige Binse und Rippenfarn. Den größten Artenreichtum trifft man in den feuchten Bachtälern. Hier gedeihen Mauerlattich, Seidelbast, der im zeitigen Frühling vor dem Blattaustrieb blüht, und Christophskraut. Die Orchideenarten Weichwurz, Großes Zweiblatt und Fleischrotes Knabenkraut blühen in einem kleinen Moor, während das Einblatt beinahe überall in dem feuchten und dunklen Fichtenwald anzutreffen ist. Eine besondere Rarität stellt die bis zu 10 m lange Bartflechte *Usnea longissima* (S. 82) dar, die nur in altem Fichtenwald leben kann. Sie benötigt ein gleichmäßiges Kleinklima mit hoher Luftfeuchtigkeit.

Die Orchidee Weichwurz blüht von Juli bis August.

Die Tierwelt enthält typische Arten der Nadelwaldgebiete Norrlands. Die Pflanzenfressergilde ist mit Elch, Reh, Schneehase (S. 57), Eichhörnchen (S. 93) und einer Reihe kleiner Nagetiere vertreten. Man bekommt die Tiere nur selten zu Gesicht und sollte daher auf ihre Spuren und Hinterlassenschaften achten. Von Rotfuchs, Dachs, Baummarder, Hermelin und Mink findet man gelegentlich Spuren. Von den Rauhfußhühnern kommen 4 Arten hier vor. Am häufigsten sind die Waldarten Auer- (S. 94) und Haselhuhn (S. 177), aber auch das Birkhuhn (S. 25) ist vertreten und – deutlich seltener – das Moorschneehuhn. Als Repräsentanten typisch nordischer, allerdings mehr im Inland lebender Vogelarten seien Unglückshäher und Seidenschwanz genannt. Beide wurden auch zur Brutzeit festgestellt. An kleinen Waldseen lebt der Waldwasserläufer.

Skuleskogen ist vor allem ein klassischer Lebensraum für **Spechte.** Der alte, abwechslungsreich gegliederte Wald, der große Mengen stehenden und liegenden Totholzes aufweist, bietet mehreren Spechtarten Nahrung und Brutmöglichkeiten. Am häufigsten ist natürlich der Buntspecht, den man oft zu Gesicht bekommt. Schwarz- und Dreizehenspecht fallen vorwiegend durch ihre deutlichen

Den Waldwasserläufer trifft man an kleinen Waldseen an.

Die nordöstliche Unterart des Mäusebussards (»Falkenbussard«) ist deutlich kleiner als die mitteleuropäische.

»Höga Kusten« und Landhebung

Seit langem weiß man, daß früher große Teile Schwedens vom Meer bedeckt waren. Beweise dafür sind etwa Strandlinien, Strandwälle (Geröllfelder) und Auskehlungen, die deutlich höher liegen als heute. Seit Carl v. Linnés Zeiten macht man sich Gedanken über diese Phänomene; damals bezeichnete man sie einfach als »Wasserabnahme«. Die Verhältnisse sind komplex. Heute weiß man, daß die Veränderungen der Strandlinie durch eine Kombination aus Erhöhung der Erdscholle und Anstieg des Wasserniveaus zustande kamen, wobei letzteres jedoch nur einen geringeren Einfluß hatte. Die enormen Eismassen, die Nordeuropa während der letzten Eiszeit bedeckten, drückten die Erdscholle in die Tiefe. Während der Zeit der maximalen Vereisung war auch das meiste Wasser im Eis gebunden, das Meeresniveau lag rund 100 m niedriger als heute. Als sich anschließend das Eis sukzessive zurückzog, ließ der Druck nach, die Erdscholle kehrt langsam wieder in ihre frühere Lage zurück. Als Resultat hebt sich das Land noch immer. Mit dem Abschmelzen des Eises stieg natürlich auch der Wasserspiegel an, jedoch nicht in dem Maße, wie sich das Land hob. Dadurch rückte die Strandlinie nach außen.
In diesem Zusammenhang ist die »höchste Küstenlinie« (HK) von Bedeutung. Diese gibt das oberste Niveau an, bis zu dem früher das Wasser gereicht hat. Nur unterhalb dieses Niveaus liegt angeschwemmtes Sedimentmaterial wie Lehm, nur dort fanden auch große Umlagerungen statt. Am Skuleberget liegt das Niveau der HK bei rund 285 m, auf einem Berg direkt nördlich davon sind die Werte sogar noch etwas höher. In diesem Gebiet findet man also die höchsten Landhebungsvorgänge in Schweden.
Auf dem Skuleberget und den anderen Bergen, die über die HK hinausragen, werden durch die unterschiedlichen Vegetationszonen die damaligen Küstenverhältnisse anschaulich: Oben auf den Gipfeln liegt die vom Meer »unberührt« gebliebene Moräne, hier gibt es günstige Wuchsbedingungen für dichten Fichten- und Kiefernwald, während unterhalb der HK vor allem lockerer Kiefernwald mit langsamwachsenden, knorrigen Bäumen stockt.
In Ratan, rund 35 km nordöstlich von Umeå, liegt ein Naturreservat, in dem man gute Einblicke in die Vorgänge der Landhebung bekommen kann. Die erste Wasserstandsmarkierung wurde bereits im Jahre 1749 eingeritzt. Die Markierung findet man an einer Klippe, die ausgeschildert ist. Spätere Einritzungen wurden 1774 und 1846 ausgeführt. Seit 1891 wird dort der Wasserstand regelmäßig gemessen.

In Ratan kann man alte Wasserstandsmarkierungen finden, die das Absinken des Meeresspiegels in den letzten Jahrhunderten dokumentieren; die erste stammt aus dem Jahre 1749. Die Landhebung hat einen großen Einfluß auf den Küstenverlauf. Die dadurch bedingten Veränderungen sind heute an der Küste Västerbottens am größten – hier hebt sich das Land um zirka 1 m pro Jahrhundert.

Spuren auf, die sie bei der Nahrungssuche hinterlassen. Große, senkrechte Löcher oder Spalten meißelt der Schwarzspecht im unteren Baumbereich aus, um an die Nester der Roßameisen, seiner Hauptnahrung, zu gelangen. Spiralförmig um ältere Fichten verlaufende Löcherlinien deuten auf nahrungssuchende Dreizehenspechte hin, die es auf den Baumsaft abgesehen haben. Einen sonst in Skandinavien sehr seltenen Specht, den Grauspecht, trifft man ebenfalls in Skuleskogen an; er ist jedoch meist still und vorsichtig und daher schwer zu beobachten. Schließlich sei noch der nur sperlingsgroße Kleinspecht erwähnt, der in Skuleskogen geeignete Lebensräume findet.

Im Gebiet unterwegs

Neben einem Netz von Wanderwegen, das das Nationalparkgebiet durchquert, verläuft auch eine Etappe (die 9.) eines Langwanderwegs durch Skuleskogen: Der »**Höga Kustleden**« ② beginnt in Veda an der Mündung des Ångermanälven und zieht sich über 130 km nordwärts bis Örnsköldsvik. Die etwa 9 km lange Etappe durch den Nationalpark ist teilweise recht anstrengend. Sie beginnt am Parkplatz am kleinen See **Kälstjärnen**.

Auf einem Waldweg gelangt man abwärts bis nach **Kälaviken**, wo ein am Strand gelegener Windschutz gut als Übernachtungsquartier geeignet ist. Am Strand findet man typische maritime Pflanzenarten wie Strandroggen, Strandplatterbse und Salzmiere.

Von Kälaviken aus verläuft der Weg aufwärts in Richtung der Schlucht **Slåttdalskrevan** ①. Dabei muß man ein Geröllfeld überqueren und kommt an dem linkerhand gelegenen Moor **Slåttdalsmyran** (Standort von Langblättrigem Sonnentau) vorbei. In der atemberaubenden Schlucht ist zwischen den steilen Wänden ein riesiger Felsblock eingeklemmt. Im Bereich der steilen, südexponierten Felsen wachsen Hasel und Spitzahorn. Von der Anhöhe aus hat man nicht nur einen fantastischen Weitblick, sondern auch einen 40 m tiefen Einblick in das Schluchttal. Nach einem etwas gefährlichen Abstieg, bei dem man gut aufpassen sollte, erreicht man den See **Tärnättvattnen** mit Rasthütte; von hier aus kann man oft Prachttaucher beobachten. Der Höga Kustleden führt danach nord- und abwärts zum Meer, bevor man den Parkplatz erreicht.

Von der Rasthütte aus kann man auch in südöstlicher Richtung ans Meer wandern und dann am Strand entlang wieder zurück zum Ausgangsparkplatz.

Praktische Tips

Anreise

Der Nationalpark liegt östlich der E 4, ungefähr 40 km südlich von Örnsköldsvik und grenzt im Osten direkt an den Bottnischen Meerbusen. Der nichtmotorisierte Tourist kann in Örnsköldsvik oder Härnösand in den Bus steigen und bis zur Haltestelle Skule Naturum fahren. Um die Grenze des Nationalparks von dort aus zu erreichen, ist jedoch ein rund 9 km langer Fußmarsch auf einer kleineren Straße notwendig.

Mit dem Auto biegt man von der E 4 Richtung Näske ab, um zum nördlichen Parkplatz zu kommen; den südlichen Parkplatz bei Kälaviken erreicht man, indem man von der E 4 Richtung Sund abbiegt und dann weiter Richtung Käl fährt.

Reisezeit

Für Pflanzenfreunde beginnt die Saison ab der dritten Maiwoche und endet im September. Um allerdings die faszinierenden Landschaftsformationen zu erleben, ist jede Jahreszeit geeignet.

Unterkunft/Information

Bester Ausgangspunkt für eine Wanderung ist Skule Naturum an der E 4. Hier gibt es

Blick von oberhalb der Schlucht Slåttdalskrevan auf ▷ Tärnättvattnen und den Bottnischen Meerbusen.

▽ Das Männchen des Schwarzspechts hat einen roten Scheitel, das Weibchen nur einen roten Nackenfleck.

△ Das Männchen des Dreizehenspechts ist der einzige Specht Europas mit gelbem Scheitel.

In feuchten Bachtälern findet man den aus Mitteleuropa ▷ bekannten Seidelbast.

ein Informationszentrum, in dem der Naturfreund und Wanderer alle notwendigen Informationen über den Nationalpark erhält. In der Nähe liegt Skulebergets Motel und Camping, wo man übernachten und speisen kann. In Köpmanholmen gibt es ein »vandrarhem« des schwedischen Touristenvereins (STF), in Härnösand und Örnsköldsvik Touristenbüros.
Innerhalb des Nationalparks gibt es nur einige Unterstände und eine kleine Übernachtungshütte, so daß man für mehrtägige Touren am besten ein Zelt mitnimmt. Allerdings sollte man beachten, daß im Nationalpark bis auf einen Streifen entlang der Küste nicht gezeltet werden darf. Der Bereich ist auf den Wanderkarten markiert.

Blick in die Umgebung

Höga Kusten, die heute 285,5 m über dem Meer verläuft, ist reich an interessanten Naturlandschaften; Informationen dazu erhält man im Skule Naturum.
Ein Besuch im nahegelegenen Naturreservat **Skuleberget** ist lohnenswert. Der Berg war über lange Zeit eine wichtige Landmarke für die Seefahrt und ist schon in den ersten Karten von Skandinavien eingezeichnet. In der 200 m hohen, steilen Ostwand liegt eine interessante Strandgrotte, die Carl v. Linné auf seiner lappländischen Reise besuchte. Am Fuß des Berges wachsen viele südliche Pflanzenarten; der nordische Rasensteinbrech, ein Relikt aus der letzten Eiszeit, kommt hier ebenfalls vor.

11 Nationalpark Björnlandet

Sehr wertvolles Urwaldgebiet in bergiger Landschaft; Fichtensumpfwald mit interessanter Bodenflora; guter Bestand an Auerhühnern; Bär und Luchs als Streifgäste.

Björnlandet wurde erst 1991 als 22. Nationalpark Schwedens eingerichtet. Das Gesamtareal mißt 11 km^2, doch trotz seiner relativ geringen Größe birgt er eines der wichtigsten Urwaldgebiete Schwedens, das in seinem natürlichen Zustand erhalten werden soll.
Björnlandet ist eine Moränenlandschaft – vielfach mit großen Felsblöcken übersät. Unterhalb des Björnberget liegen mehrere Senken, die in der Eiszeit mit riesigen Felsblöcken »verfüllt« wurden. Heute sind sie mit Flechten, Moosen und höheren Pflanzen bewachsen und sehen sehr malerisch aus. In Bereichen, in denen das oberflächennahe Grundwasser im Winter gefriert, werden oft große Blöcke im Laufe der Zeit ans Tageslicht befördert, während die kleineren Gesteinsteile in der Tiefe verbleiben.

Die Spitze des Storberget bildet mit 550 m den höchsten Punkt und liegt damit 200 m über dem Talgebiet des Flusses Flärkån. In der Nähe ragen fast senkrechte Bergwände auf, die zum Wildmarkcharakter des Gebiets beitragen. Der im Südosten gelegene See Angsjön ist zwischen diesen Bergen eingebettet.
Auf den trockenen Höhenrücken wächst hauptsächlich reiner Kiefernwald mit bis zu 450-jährigen Baumveteranen. Die meisten alten Kiefern weisen deutliche »Brandmale« auf – Narben von Feuersbrünsten, die der Baum überlebt hat (s.S.136). Besonders schwere Großbrände gab es in den Jahren 1667, 1693 und 1831.
In Hanglagen ist der Wald gemischt. Hier gesellen sich zu den Nadelbäumen Hänge- und Moorbirke sowie Aspe. An feuchten Stellen kann auch die Grauerle Fuß fassen. In den feuchteren Senken hingegen dominiert die Fichte. Ein in dieser Gegend ungewöhnlicher Waldtyp ist der Fichtensumpfwald. Hier stehen die ältesten Fichten des Parks, denn nur in diesem Lebensraum konnten die feuerempfindlichen Bäume die verheerenden Waldbrände überleben und ein Alter von 250 Jahren erreichen. Gerade diese Veteranen sind üppig mit verschiedenen Bartflechten behangen, wobei *Alectoria sarmentosa* die häufigste Art stellt.

Pflanzen und Tiere

Wegen des nährstoffarmen Untergrunds und des recht harten Inlandklimas ist die Pflanzenwelt ziemlich artenarm. Zwergsträucher wie Heidelbeere, Rauschbeere (S.159) und Preiselbeere (S.116) sind

Besonders am Fluß Flärkån trifft man auf Spuren des Bibers; mit etwas Glück kann man den Akteur selbst beobachten.

natürlich häufig. Moosbeere und Kleinfrüchtige Moosbeere (S. 185) wachsen auf den kleinen Mooren. Die Krähenbeere kommt hier wie im übrigen Nordskandinavien nur in der zwittrigen Form vor: Die Zwittrige Krähenbeere weist männliche und weibliche Blüten auf ein und derselben Pflanze auf.

Im Fichtensumpfwald in den Bachtälern, beispielsweise am markierten Weg zwischen dem See Angsjön und Björnberget ④, ist die Artenvielfalt etwas größer. Hier trifft man feuchtigkeitsliebende Pflanzen wie Waldschachtelhalm, Herzzweiblatt, Lappländisches Scharbockskraut und einige Moose an. Das Lappländische Scharbockskraut ist andernorts durch die industrielle Waldbewirtschaftung mit Trokkenlegung von Sumpfwald zum Aussterben verurteilt.

Die Tierwelt von Björnlandet entspricht der Urwaldfauna in diesen Breiten. Elch (S. 18) und Schneehase (S. 57) sind ebenso häufig wie Eichhörnchen und Baummarder. Oft findet man Spuren der durch das Gebiet wandernden Bären (S. 132), beispielsweise die Reste eines geschlagenen Elchs. Die Hinterlassenschaften der gelegentlich erscheinenden Luchse (S. 126) sind hingegen viel weniger auffällig. Im Winter weiden im Nationalpark traditionsgemäß Rentiere, die als Winternahrung vor allem die reichlich vorhandenen Bartflechten nutzen.

Die im Björnlandet-Gebiet häufigen Biber beobachtet man am besten in der Morgen- oder Abenddämmerung, im Hochsommer die ganze Nacht über, denn es wird ja nicht dunkel. Am ehesten trifft man sie am Fluß Flärkån an, der östlich des Nationalparks verläuft. Man kann Biberspuren entdecken, wenn man auf dem Weg zum Angsjön die Brücke über den Fluß passiert. Die Biber haben jedoch auch den kleinen Fluß in Besitz genommen, der aus dem Angsjön fließt ③.

Das bei uns so seltene Auerhuhn kommt im Nationalpark häufig vor; das große Waldhuhn vermag den ahnungslosen Wanderer gehörig zu erschrecken, wenn

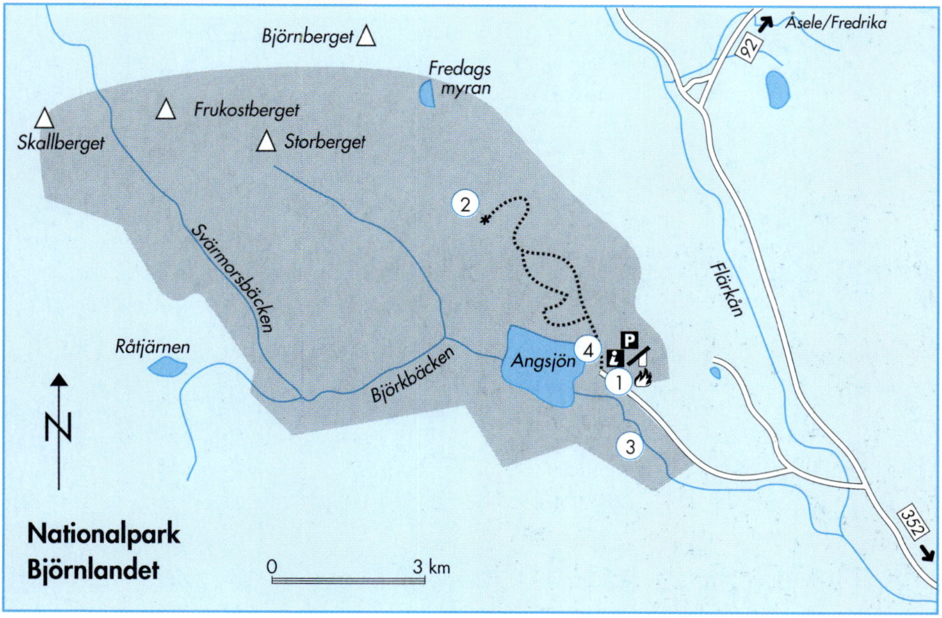

Blick vom Björnberget auf den See Angsjön und die unberührten Nadelwälder des Nationalparks.

Eine Schüsselflechte inmitten von Rentierflechten.

Das winzige Herzzweiblatt ist im Moos versteckt.

Der Fichtensumpfwald ist Lebensraum für viele seltene ▷ und stark bedrohte Pflanzenarten.

es aufgescheucht mit polternden Flügelschlägen das Weite sucht. Die Auerhahnbalz (s. S. 94) findet hier am intensivsten Ende April/Anfang Mai statt – während der »hönvecka«, was auf deutsch soviel wie Hühnerwoche bedeutet.
In den feuchteren, fichtendominierten Bereichen sind die goldhähnchenartigen Pfiffe des Haselhuhns typische Vogelstimmen. Steinadler und Rauhfußbussard besuchen den Nationalpark gelegentlich zur Beutejagd, so daß man ihre Silhouetten nicht selten über den Baumkronen entdecken kann. Die häufigsten Singvogelarten sind Berg- und Buchfink sowie Fitis und Baumpieper; Unglückshäher (S. 109) und Fichtenkreuzschnäbel kann man mit etwas Glück beobachten.
Der Urwald von Björnlandet ist ein Dorado für Spechte. Mit ihrer Zimmermannstätigkeit stellen Bunt- und Dreizehenspecht sowie der krähengroße Schwarzspecht den vielen Höhlenbrütern immer wieder neuen Brutraum zur Verfügung.

Im Gebiet unterwegs

Am Parkplatz beim See **Angsjön** ① gibt es einen Rastplatz und eine Informationstafel, die Einblicke in die Ökologie und Artenzusammensetzung des Gebiets vermittelt. Von hier aus führt ein kurzer Wanderweg, der die meisten Biotoptypen streift, zur Spitze des **Björnberget** ②. Die feuchteren Bereiche überquert man auf leicht gangbaren Bohlen. Vom Björnberget aus hat man eine weite Sicht über die bergige Landschaft; bei günstigem Wetter erkennt man auch die Kahlschläge der umgebenden Nutzwälder. Der See Angsjö liegt wie ein Spiegel unterhalb des Berges.

Eichhörnchen ernähren sich vor allem von Nadelbaum- ▷ samen, daher sind sie auf älteren Wald angewiesen.

Die Auerhahnbalz

Das Auerhuhn (*Tetrao urogallus*) ist der größte Hühnervogel Europas. Es gehört zusammen mit Birkhuhn, Haselhuhn und den Schneehühnern zur Familie der Rauhfußhühner (Tetraonidae).
Die Auerhahnbalz im Frühjahr gehört zu den eindrucksvollsten Naturschauspielen der nordischen Wälder. In Nordskandinavien und Finnland beginnt sie zeitig im April und dauert ein gutes Stück in den Mai hinein an. In der Abenddämmerung suchen die Hähne ihre Übernachtungsbäume auf, um dort auf das frühe Morgenlicht zu warten. Kurz bevor die ersten Singvögel erwachen, beginnen die Auerhähne mit der **Baumbalz**; ihre »Gesangsdarbietung« besteht aus Schnabelknappen, das sich beschleunigt, einem sektkorkenartigen Schlucklaut und anschließendem schleifenden Wetzen. Während der Balz fächert der Hahn seine Steuerfedern auf – dies ist die aus unzähligen Wirtshausstuben hinreichend bekannte Balzpose. Nach einer Weile fliegen die Hähne polternd zu Boden und setzen ihre Darbietung in der **Bodenbalz** fort, die deutlich intensiver abläuft.
Die Reviere der Hähne sind von der Form her mit Tortenstücken vergleichbar: Der äußere Bereich wird für die Nahrungssuche genutzt, in der Mitte,

Im Gegensatz zur Birkhahnbalz findet die Auerhahnbalz im Schutz von Bäumen statt. Gegen Ende der Balzzeit suchen die Hennen gezielt den stärksten Hahn auf, um sich begatten zu lassen. Die Jungenaufzucht obliegt den Weibchen.

wo die Reviere der verschiedenen Hähne zusammentreffen, liegt die Balzarena. Während der Zeit der intensivsten Balz (in Nordeuropa um die Monatswende April/Mai) besuchen die Hennen den Balzplatz. Jetzt setzen sich die Rivalen besonders »in Szene« und geraten aneinander, wobei sich die Kämpfer nicht nur Federn ausreißen, sondern gelegentlich auch blutende Wunden zufügen. Die Hennen sammeln sich meistens um den ältesten und stärksten Hahn, der auch die meisten Deckakte vornimmt.
Die Hennen etablieren jeweils ein eigenes Revier in der Umgebung, in dem sie ihr Gelege bebrüten und die Jungen führen. Die Hähne haben keinerlei Anteil an Brut und Jungenaufzucht.
Das Auerhuhn ist in ganz Skandinavien und Finnland unterhalb der Fjällbirkenzone verbreitet; gebietsweise brüten die Rauhfußhühner auch im Fjällbirkenwald. Sie sind ausgeprägte Waldvögel, die in Nordeuropa nur in alten, nadelbaumdominierten Wäldern überleben können. Beste Bedingungen finden sie in alten Kiefernbeständen, die in der Nähe eines Moores liegen, denn während der Wintermonate lebt das große Huhn ausschließlich von den Nadeln dieser Bäume. Aus Gründen, die nur den Vögeln selbst bekannt sind, werden dabei bestimmte Kiefern bevorzugt, die dann systematisch kahlgefressen werden. Im Schwedischen gibt es für diese Bäume eine eigene Bezeichnung: »tjädertallar«, Auerhuhnkiefern.
Viele Balzplätze des Auerhuhns sind inzwischen verwaist, da die intensive Forstwirtschaft vielerorts die Lebensgrundlage des stattlichen Waldhuhns zerstört hat. In den verbliebenen, noch intakten Auerhuhnwäldern sollte der Schutz der Vögel große Bedeutung haben, denn sonst bleibt dem Auerhuhn als »Lebensraum« nur noch die verrauchte Wirtshausstube.

Praktische Tips

Anreise
Vom RV 92 Fredrika – Åsele biegt man mit dem Auto etwa 10 km hinter Fredrika südwärts ab und folgt der Nationalpark-Beschilderung, um nach rund 25 km unbefestigter Straße den Parkplatz zu erreichen.

Reisezeit
Da Björnlandet zu jeder Jahreszeit seinen besonderen Reiz hat, kann keine spezielle Zeit empfohlen werden. In der Regel ist zwischen Mitte Mai und Ende September nicht mit einer geschlossenen Schneedecke zu rechnen. Wer sich besonders für Vogelstimmen oder blühende Pflanzen interessiert, sollte den Monat Juni wählen.

Unterkunft/Information
Wenn man im Park übernachten möchte, ist ein Zelt empfehlenswert, denn die wenigen Plätze im Unterstand am Rastplatz können gerade belegt sein. In Åsele gibt es ein Hotel, Hütten und Campingmöglichkeiten. Für weitergehende Auskünfte steht das Touristenbüro in Umeå zur Verfügung.

Blick in die Umgebung

Rund 15 km südwestlich von Björnlandet liegt das Naturreservat **Stockholmsgata** (oder Plural Stockholmsgatorna). Eine cañonartige Urgesteinsschlucht mit 40 m hohen, senkrechten Wänden, die an die Straßenschluchten Stockholms erinnert, durchschneidet das reizvolle Berggebiet. Der Cañon entstand am Ende der letzten Eiszeit vor rund 9000 Jahren, nachdem mehrere Male Eisseen durch das Tal ausflossen. Später strömte der Eisfluß, aus dem der Ångermanälven hervorging, durch diese Schlucht. In diesem geologisch sehr wertvollen Reservat gibt es außerdem Höhlen und Grotten. Stockholmsgata ist gleichermaßen von Norden und Süden her auf einer Waldfahrstraße erreichbar.

12 Naturreservat Gammelstadsviken

Einer der wichtigsten Vogelseen Nordschwedens; bedeutendes Brut- und Rastgebiet, besonders für Enten und Watvögel; gute Beobachtungsmöglichkeiten.

Das Naturreservat Gammelstadsviken wurde 1973 eingerichtet, um einen der besten Vogelseen Nordschwedens zu erhalten. Von der internationalen »Convention of Wetlands« bekam das Naturreservat die Anerkennung als überregional bedeutsames Feuchtgebiet für Vögel. Die Fläche des Schutzgebietes umfaßt 4,5 km². Der Abstand zur Stadt Luleå beträgt nur rund 5 km, vom Stadtkern aus liegt das Reservat im Nordwesten.
Im Jahre 1621 wurde Luleå am Ende einer Bucht bei Gammelstad um die Kirche herum angelegt, denn damals konnten noch mit Waren beladene Schiffe bis zum Ende der Bucht fahren. Wegen der relativ raschen Landhebung (s.S. 86), die zum Zurückweichen des Meeres führte, wurde aber bereits 1649 die Stadt an die heutige Stelle nahe dem Meer verlegt.
Später wurde die Bucht vollständig vom Meer abgeschnürt und entwickelte sich zu einem nährstoffreichen Flachsee mit nur metertiefem Wasser. Die Verbindung zum Bottnischen Meerbusen besteht heute nur noch in Form eines schmalen Grabens, der als Abfluß fungiert. An diesem See wurde ein Vogelturm und eine Beobachtungshütte errichtet. Vor der Beobachtungshütte liegt eine kleine Insel, Notviksgrunnan, die mit kleineren Laubbäumen bestanden ist. Die Insel, die im Sommer nicht betreten werden darf, dient als Brutplatz für eine Reihe von Vogelarten.
Durch den Westteil des Reservates führt die E 4, aus Naturschutzgründen besteht

Auf ihrem Weg in die Brutgebiete im Fjäll rasten Spießenten häufig in Gammelstadsviken.

in diesem Bereich Halteverbot. Der See ist von Mischwäldern umgeben; stellenweise reicht Nutzwald mit den entsprechenden Kahlschlagsflächen direkt an die Grenze des Naturreservates.

Pflanzen und Tiere

Die Ufer sind vor allem mit Schilf und Teichschachtelhalm bewachsen. Über die offene Wasseroberfläche sind Horste mit Gewöhnlicher Teichsimse, Schwanenblume und Breitblättrigem Rohrkolben verstreut. Fieberklee, Gewöhnlicher Froschlöffel und Pfeilkraut bilden auf der Wasserfläche richtige Matten. Mehr vereinzelt findet man Sumpfcalla und den sehr giftigen Wasserschierling. Die umliegenden Feuchtgebiete sind mit Schmalblättrigem und Scheidigem Wollgras (S. 164) bestanden. In der Umgebung des Sees wächst auch die Arktische Brombeere (S. 62), die mit ihren roten Blüten auf sich aufmerksam macht.
Der See ist Brut- oder zumindest Rastplatz für die meisten in Schweden vorkommenden Entenarten; häufig sind Pfeif- und Krickente. Die im Norden seltene Knäkente tritt alljährlich in wenigen Individuen auf. Das gilt auch für die Schnatterente, von der sich ebenfalls einige wenige Vögel im Naturreservat blicken lassen, die aus weit südlich gelegenen Brutgebieten stammen. Spießenten sieht man vor allem während des Frühjahrszuges auf dem See rastend, bevor sie ihre Brutplätze im Fjäll aufsuchen. Von den Tauchenten sind Reiher- und Schellente am häufigsten, aber

Rothalstaucher (Foto) sind kleiner und gedrungener als Haubentaucher.

◁ Die Randvegetation des Sees besteht hauptsächlich aus Teichschachtelhalm.

Die Pfeifente (im Bild ein Männchen) tritt außerhalb der ▷ Brutzeit oft in großen Scharen auf.

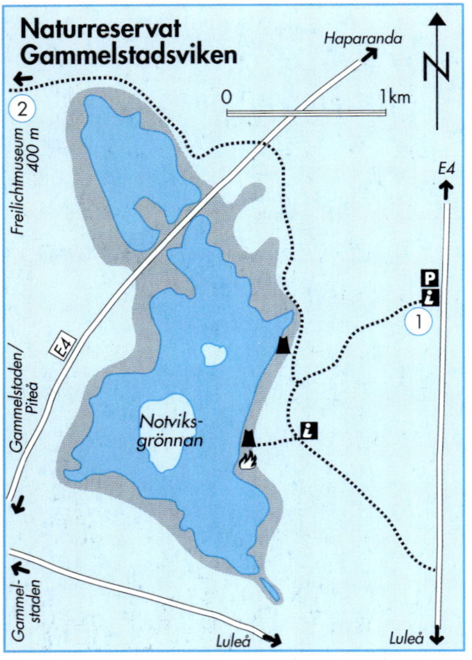

auch die Tafelente ist in Gammelstadsviken nicht selten. Sogar Zwergsäger nisten hier, sie sind jedoch im Inland deutlich zahlreicher. Die Kanadagans ist seit den 60er Jahren, als die Art in Norrbotten eingebürgert wurde, ebenfalls Brutvogel des Reservates. Hauben- und Rothalstaucher gehören zu den häufigeren Brutvögeln, ebenso das Bläßhuhn, das sonst in diesen Breitengraden eher eine Rarität ist.

Die Insel Notviksgrunnan wurde von einer Lachmöwenkolonie in Besitz genommen, deren Größe aus unbekannter Ursache in den letzten Jahren abgenommen hat. Im Schutz der kämpferischen Verwandten nisten auch einige Paare der kleineren und an ihren dunklen Flügelunterseiten kenntlichen Zwergmöwe; diese Art unterhält hier einen ihrer nördlichsten Brutplätze überhaupt.

Auf der Insel brüten auch Kampfläufer, die hier im Mai ihre stummen, Heiterkeit erregenden Balztänze aufführen. Andere Watvögel, wie die kleinen Odinshühnchen (S. 192), die man im Mai sehen kann, sind hier nur Durchzügler.

Auch die Rohrweihe, die im Naturreservat brütet, befindet sich hier an der Nordgrenze ihrer Verbreitung. Über ihr Erscheinen ist man immer bestens informiert, denn dann reagieren viele der kleineren Vögel mit aufgeregten Warnrufen. Fischadler (S. 149) kommen häufig zum Fischen in das Schutzgebiet, ihre Brutplätze liegen jedoch weit außerhalb.

Unter den Singvögeln sind Rohrammer und Schilfrohrsänger im wahrsten Sinn des Wortes tonangebend, denn ihre Stimmen hört man im Frühjahr fast ständig, aber auch der Karmingimpel, der sich gerade in Ostschweden ausbreitet, ist hier nicht selten.

Vom Leben der Säugetiere bekommt der Besucher vor allem die Spuren der aus Nordamerika stammenden Bisamratte mit. Elch (S. 18), Schneehase (S. 57) und Eichhörnchen (S. 93) sind weitere Säugetiere von Gammelstadsviken, die man gelegentlich antrifft.

Im Gebiet unterwegs

Vom Parkplatz ① auf der östlichen Seeseite läuft man bis zur Reservatsgrenze ungefähr 1 km durch Wald. Hier entscheidet man, ob man zum Vogelturm oder zur Beobachtungshütte möchte – beide Einrichtungen ergänzen einander und bieten gute Möglichkeiten, die Tierwelt des Gebiets kennenzulernen und zu fotografieren.

Die Beobachtungshütte, oben an einem Hang gelegen, bietet wie der Vogelturm einen geschlossenen Raum und eine Plattform für Beobachtung unter freiem Himmel.

Läuft man weiter auf der Ostseite rund um den See, kommt man zu dessen wasserpflanzenreichem Nordende. 400 m markierter Pfad trennen die Reservatsgrenze vom Freilichtmuseum in Gammelstad ②.

Die Bisamratte in Nordschweden

Die Bisamratte, eine große Wühlmaus, stammt ursprünglich aus Nordamerika; sie wurde Anfang des Jahrhunderts in Europa erstmals in der Nähe von Prag ausgesetzt. 1919 wurde die Art in Finnland eingebürgert, von dort hat sie selbständig Schweden erobert, indem sie Anfang der 50er Jahre den Fluß Torneälven überwand. Sie breitet sich jetzt nach Süden und Westen mit einer Geschwindigkeit von 5–10 km pro Jahr aus und wird bald ganz Schweden besiedelt haben, mit Ausnahme der Fjällkette.
Bisamratten bevorzugen flache, vegetationsreiche Seen, fühlen sich jedoch auch an ruhig fließenden Bächen und Flüssen wohl. Sie bauen aus Materialien der Umgebung, in Gammelstadsviken vor allem Seggen, Schachtelhalm, Schilf und Binsen, 1 m hohe und 1–2 m breite, kegelförmige Wohnburgen im Flachwasser. Die Burgen haben mehrere Eingänge unter Wasser.
Bisamratten sind im Frühjahr am aktivsten und folglich am leichtesten zu beobachten. Zu 90 % sind sie Pflanzenfresser; da sie die untergetauchten Teile der Schwimmblattpflanzen fressen, ist ihr Einfluß auf die Ökologie des Wohngewässers groß. Es entstehen Bereiche mit offener Wasserfläche (Lücken), in denen sich an Fließwasser angepaßte Vegetation und Unterwasserpflanzen ansiedeln können. Die Bisamratte trägt somit zur größeren Pflanzenvielfalt ihrer Wohngewässer bei und fördert dadurch indirekt auch die Gründelenten.
Neben dem Menschen, der die Bisamratte wegen ihrer Wühltätigkeit und des wertvollen Pelzes verfolgt, sind ihre wichtigsten Feinde Rotfuchs, Fischotter und Mink.

Praktische Tips

Anreise
Vom Stadtzentrum Luleå aus fährt man mit dem Bus nach Gammelstad und läuft zum Freilichtmuseum (»friluftmuseet«); von dort führt der Wanderweg Richtung Luleå am Vogelturm beziehungsweise an der Beobachtungshütte des Naturreservates vorbei. Mit dem Auto wählt man von Gammelstad aus die Richtung Rutvik. Dem Wegweiser folgend, kommt man zum Parkplatz mit Informationstafel.

Reisezeit
Interessantester Monat für die Vogelbeobachtung ist der Mai, dann sind die meisten Zugvogelarten zurück oder rasten auf der »Durchreise« zu ihren im Norden und Westen gelegenen Brutplätzen in Gammelstadsviken. Später im Jahr zieht die reichhaltige Brutvogelwelt die Besucher an. Zu dieser Zeit erweist sich die Beobachtung jedoch als schwierig, weil die Vegetation bereits recht hochgewachsen ist und die Vögel dadurch den Blicken entzogen sind.

Die Blocksteinfelder im Naturreservat Bälingeberget dokumentieren alte Strandlinien.

Unterkunft/Information

Übernachten kann man am besten in Luleå, dort gibt es eine Jugendherberge, Hüttendörfer und Pensionen verschiedener Preislage.

Der Fieberklee bildet oft große Bestände aus; in der Medizin gilt dieses Enziangewächs als fiebersenkend.

Am Parkplatz östlich des Sees besteht die Möglichkeit zum Zelten. Bei schlechtem Wetter kann man in der Beobachtungshütte Schutz suchen, in der unten eine »Wärmestube« eingerichtet ist; das obere Geschoß ist für die Vogelbeobachtung bestimmt.

Um die großen Vogelschwärme, die sich auf der Wasserfläche sammeln, eingehend studieren zu können, ist ein Fernrohr notwendig.

Blick in die Umgebung

12 km westlich von Luleå, auf der Südseite des Flusses Luleälven, liegt das Naturreservat **Bälingeberget**, das in erster Linie der Erhaltung eines Blocksteinfeldes dient.

Am Parkplatz des Schutzgebiets beginnen mehrere Wege. Das Gestein im Naturreservat besteht aus einem Konglomerat mit »Bällen« aus Haparanda-Granit. Vom 139 m hohen Gipfel des Berges aus hat man eine weite Sicht über das Tal des Luleälven. Der Berg lag in der Zeit, als sich das Gletschereis langsam zurückzog, unter der Meeresoberfläche, die höchste Küstenlinie (HK, s.S. 86) befand sich damals bei 230 m. Durch die Landhebung stieg der Bälingeberget wie eine Insel aus dem Meer empor. Die Meeresbrandung löste mit der Zeit alles feinere Material aus dem Berg und ließ die großen Blocksteine zurück, die durch die Arbeit der Wellen rundgeschliffen wurden. Heute findet man um den Bälingeberget große Strandwälle, die die Arbeit der damaligen Wellen demonstrieren.

Unter den 220 Pflanzenarten von Bälingeberget ist der kalkliebende Seidelbast erwähnenswert, denn er ist so weit nördlich selten. Charakterart der etwas feuchteren Bereiche des Berges ist der stark würzigduftende Sumpfporst, der Ende Juni blüht. Für den Orchideenfreund seien die Arten Herzzweiblatt, Weichwurz, Korallenwurz, Waldhyazinthe und Geflecktes Knabenkraut genannt.

13 Naturreservat Vindelfjällen

Eines der größten Schutzgebiete Europas; vielseitiges Fjällgebiet mit allen typischen Naturräumen; botanische Kostbarkeiten im Artfjället; gesicherte Bestände von Bär, Luchs und Vielfraß.

Vindelfjällen ist mit 5500 km² Fläche das größte Naturreservat Schwedens und sogar größer als der Nationalparkblock Padjelanta, Sarek und Stora Sjöfallet.
Das Naturreservat wurde gegründet, um ein zusammenhängendes Fjällgebiet zu erhalten, in dem sämtliche im Fjäll vorkommenden Naturtypen enthalten sind. 1988 erweiterte man das Schutzgebiet im Osten um die großen fjällnahen Nadelurwaldgebiete Giertsbäcksdalen ⑥, Kirjesålandet ⑧ und Matsorliden ⑦, wodurch sehr wertvolle Flächen dazukamen, die vor allem für Großraubtiere und Greifvögel sehr bedeutsam sind.

Der Nadelwald in den Tälern wird allmählich von Fjällbirkenwald abgelöst, der sich an den Berghängen weit hinaufzieht. Die Waldgrenze variiert zwischen 650 und 800 m Höhe. Oberhalb der Waldstufe erstrecken sich Bergheiden, die von der unteren über die mittlere bis zur oberen Alpinstufe reichen. Das Schutzgebiet ist reich an Berggipfeln, die über 1000 m hinausragen. Die höchsten Bergspitzen befinden sich in den Massiven von Norra Storfjället ②, Ammarfjället ③ und Artfjället ①. Der westlich des Sees Tärnasjön gelegene Norra Sytertoppen ist mit 1767 m der höchste Gipfel des Naturreservates. In den Kalksteingebieten, die vor allem im Artfjället-Gebiet und im Bereich des Sees Övre Ältsvattnet ⑪ liegen, sind durch Erosion Karsthöhlen entstanden. Auf dem Norra Storfjället gibt es heute noch einige Gletscher.
Ein prägendes Element des Naturreservates sind die Gewässer. Unter den verschie-

Das Artfjället, im Westen des Naturreservats gelegen – aufgenommen Ende Juni gegen 23 Uhr.

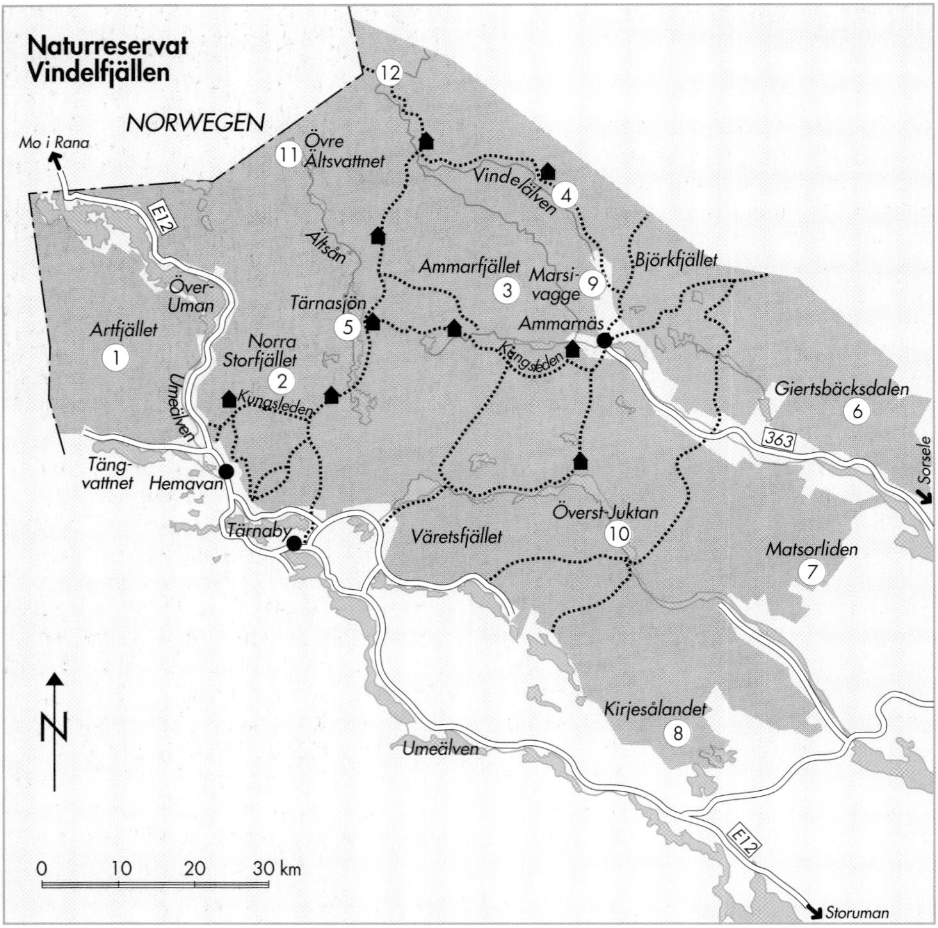

denen Flüssen ist der **Vindelälven**, der zwischen dem Ammarfjället und Björkfjället ein mächtiges Durchbruchstal bildet, die Hauptader. Im Bereich von Vindelkroken ⑫ sieht man stattliche Stromschnellen/Wasserfälle.
Mit einer Fläche von 2000 ha ist der **Överstjuktan** ⑩, ein offener Fjällsee, der größte See des Reservates. Der interessanteste See ist jedoch der **Tärnasjön**, in dessen südlichem Teil sich ein Binnenschärengebiet mit langgestreckten Moränenrücken als Inseln erstreckt.

Pflanzen und Tiere

In dem riesigen und vielfältigen Fjällgebiet des Naturreservates konnte man rund 430 Arten von höheren Pflanzen nachweisen. Die Standortfaktoren Höhe, Expositionsgrad zur Sonne, Wasserzugang und Schneeverhältnisse im Winter haben großen Einfluß auf das Artenspektrum, essentiell für den Artenreichtum der Pflanzenwelt ist jedoch die Art des Gesteins. Kalkreiche Gesteine findet man vor allem im westlichen Teil des Gebiets im Bereich

Balzende Doppelschnepfen äußern hoch zwitschernde, klickende und dumpfe Laute.

des Artfjället, in dem sich die Flora von ihrer prächtigsten Seite zeigt. So wurde auf den artenreichen Fjällheiden eine für Schweden neue Orchideenart entdeckt: *Gymnigritella runei*, eine Hybridform zwischen dem Schwarzen Kohlröschen und der Mückenhändelwurz. Die Neuentdekkung wurde nach dem Hochschullehrer Olle Rune getauft, der als maßgeblicher botanischer Bearbeiter der Vindelfjällen-Flora Berühmtheit erlangt hat. Andere Orchideen dieses Gebietes sind Mückenhändelwurz, Weißzüngel (Unterart *straminea*), Grüne Hohlzunge und Zwergorchis. An weiteren Fjällpflanzen kann man hier Silberwurz, Stengelloses Leimkraut (S. 194), Gewöhnlichen Hornklee, Alpenhelm und Herzblatt finden.
In der vielfältigen Fjäll-Landschaft des Vindelfjällen hat die Tierwelt eine große Auswahl an verschiedenen Biotoptypen. Die Vögel sind mit knapp 230 Arten sehr formenreich vertreten, mindestens 100 Arten davon brüten regelmäßig im Schutzgebiet. Die artenreichsten Feuchtgebiete liegen im Tal Marsivagge ⑨ und um den See Tärnasjön ⑤. Im Marsivagge herrscht Betretungsverbot zwischen dem 15.5. und 1.8. Die besten Vogelgebiete rund um den Tärnasjön sind naturgemäß schwer für den Wanderer erreichbar, was dem Schutz der Vögel zugutekommt. Dort dominieren Enten- und Watvögel: Pfeifente, Bergente, Eisente, Trauer- und Samtente, Mittel- und Gänsesäger kann man auf den Seen antreffen. An den Strandbereichen und auf den Mooren leben Grünschenkel, Bruchwasserläufer, Rotschenkel, Flußuferläufer, Alpen- und Temminckstrandläufer, Kampfläufer, Regenbrachvogel und Bekassine.

Laufende Rentiere erkennt man bereits aus der Ferne an den knackenden Geräuschen der Hufe.

◁ Im Lauf des Vindelälven wechseln Stromschnellen und Stillwasserbereiche miteinander ab.

Stromschnellenstrecke im Tjulån nahe der Straße. ▷

An wenigen Plätzen kommt auch die Doppelschnepfe vor, die heute in Schweden zu den ausgesprochenen Raritäten gehört. Die hochgelegenen Fjällplateaus sind die Heimat von Mornell- und Goldregenpfeifer, aber auch vom Meerstrandläufer. Auf kleinen Fjällseen kreiseln die hübschen Odinshühnchen (S. 192) – sie wirbeln das Wasser auf, um Freßbares zur Oberfläche zu strudeln.
Der Steinadler ist in allen Teilen des Naturreservats mit etwas Glück anzutreffen, einen jagenden Gerfalken (S. 57) zu Gesicht zu bekommen, gehört zu den »highlights«. Während Rauhfußbussard und Turmfalke nur in guten Nagerjahren häufig sind, tritt der Vogeljäger Merlin viel regelmäßiger auf. In Lemmingjahren sind Falkenraubmöwen häufig; dann kann man auch das Glück haben, in den hochliegenden Reservatsteilen eine Schnee-Eule (S. 74) zu Gesicht zu bekommen.
Mehrere Forschungsprojekte, die im Naturreservat durchgeführt wurden, brachten interessante Ergebnisse. So beginnen viele Vogelarten bereits mit der Brut, wenn noch Schnee auf dem Kahlfjäll liegt beziehungsweise Eis den Brutsee bedeckt, beispielsweise Spornammer, Goldregenpfeifer, Schell- und Trauerente.
Auch die Säugetierfauna von Vindelfjällen ist artenreich vertreten. Die 3 großen Raubtiere Bär, Vielfraß und Luchs haben im Naturreservat gesicherte Bestände. Rotfüchse halten sich vor allem in den tiefergelegenen Gebieten auf und überlassen das Hochfjäll ihren kleinen Verwandten, den Eisfüchsen (S. 113).

Die Samtente (Foto) unterscheidet sich von der Trauerente im Flug durch den weißen Flügelspiegel. ▷

In den westlichen Teilen von Vindelfjällen trifft man im Sommer viele Rentiere an; um der Hitze und den Heerscharen von lästigen Insekten zu entgehen, suchen sie häufig die hochgelegenen Schneefelder auf. Den Berglemming bekommt man meist nur in Jahren der Massenvermehrung zu Gesicht, wenn auch andere Kleinnager häufig sind.

Im Gebiet unterwegs

Da Vindelfjällen riesig ist und alle Arten von Fjäll-Lebensräumen abdeckt, kann man sich je nach Interessenslage ein bestimmtes Wandergebiet aussuchen. Wandern ist einfach, denn über die Flüsse entlang der markierten Wege führen Brücken, in den Mooren sind Bohlenwege angelegt. Im zentralen Teil des Naturreservates liegt das Fjälldorf **Ammarnäs fjällby** mit dem Informationszentrum des Regierungsbezirks: »Ammarnäs naturum«. Das Personal des Naturums erteilt Auskünfte und macht Touren-Vorschläge.

Um Ammarnäs herum kann man mehrere kurze Ausflüge unternehmen, die sich als Tagestouren mit leichtem Gepäck anbieten. In Ammarnäs ist der mitten im Dorf gelegene Potatisbacken (»Kartoffelhang«) am bekanntesten. Eine kleine Straße führt hinauf; von oben hat man eine schöne Sicht über das Delta und den See Gautsträsk. Südlich von Söravan am See befindet sich ein Vogelturm.

Von Ammarnäs führt eine Straße weiter westwärts zum **Stora Tjulträsket**; einige 100 m vor dem Parkplatz am See führt ein Weg hinauf zum 1011 m hohen Berg **Gaisatj**. Die Wanderung beginnt in einem sehr kräuterreichen Birkenwald. Weiter oben durchquert man Hangmoore mit vielen interessanten Pflanzen und besonders artenreicher Moosflora. Oben ist die Aussicht grandios.

Ammarnäs ist auch eine Station auf dem **Kungsleden** (s.S. 115), der aus nördlicher Richtung vom Nationalpark Pieljekaise her kommt. Für eine Wanderung zwischen Ammarnäs und Hemavan sollte man eine Woche Zeit einplanen. Von Ammarnäs zur Touristenhütte Aigertstugan, die direkt auf dem Kahlfjäll liegt, sind es 8 km und 400 m Höhenunterschied, also eine angemessene Anfangsetappe. Von dort zur Servestugan müssen weitere 19 km überwunden werden, die den Wanderer wieder in den Birkenwald führen. 2 km vor der Servestugan überquert der Weg auf einer Hängebrücke den Fluß Vuomejukke, der an dieser Stelle einen schönen Wasserfall bildet.

Die nächste Etappe mit 14 km von der Servestugan zur Tärnasjöstugan führt über Kahlfjäll, ist jedoch leicht zurückzulegen. Der Weg setzt sich dann am Ostufer des Tärnasjön in südlicher Richtung fort. Nach 14 km erreicht man die Syterstugan. Bevor man als nächste Hütte an die Viterskalsstugan kommt, durchquert man ein steiles, tiefes, 12 km langes U-Tal, das besonders dann zu einem unvergeßlichen Erlebnis wird, wenn einem der starke Wind die Kräfte der Natur »hautnah« spüren läßt. Die letzte Etappe abwärts nach **Hemavan** ist 10 km lang und führt meist durch Birkenwald.

In Ammarnäs kann man auch zu einer landschaftlich schönen Rundtour starten, die anfangs entlang des **Vindelälven** ④ flußaufwärts verläuft. Bei der Dalavardostugan verläßt man den Vindelälven, um nach 14 km die Skidbäcksstugan zu erreichen. Das letzte Stück zum Kungsleden und zur Tärnasjöstugan beträgt 13 km. Der Wanderweg verläuft durch den Birkenwald im Tal des Vindelälven. Am Berg **Dalavardo** besteht die Möglichkeit, die besonders großwüchsigen Elche des Naturreservates zu sehen beziehungsweise zu fotografieren. Der Birkenwald im Bereich der Skidbäcksstugan hat an manchen Stellen Urwaldcharakter. Bei **Laiva** befinden sich die südlichsten Palsen (s.S. 60) der skandinavischen Fjällkette.

Das Jahr der Lemminge

Früher hielt man das Massenauftreten von Kleinnagern in der Regel für eine Strafe Gottes. Der Gelehrte Olaus Magnus schrieb 1555 in seiner »Geschichte über die nordischen Völker«, daß in bestimmten Jahren Lemminge in unfaßbaren Mengen vom Himmel regnen. Erst Carl von Linné hat diesem weitverbreiteten Irrglauben ein Ende gesetzt.
In den sogenannten »Lemmingjahren« findet eine Massenwanderung der Berglemminge statt, dabei können Lemminge an allen möglichen Plätzen, auch innerhalb von Häusern auftauchen. Lemmingzüge treten normalerweise alle 3–4 Jahre auf, jedoch ist der übliche Turnus seit einigen Jahren gestört: Seit 1982 hat es in der skandinavischen Fjällkette keine überregionalen Massenwanderungen mehr gegeben.
Möglicherweise hängt die Lemmingwanderung damit zusammen, daß die Nager auch sonst in gewissem Umfang wandern, z. B. bei den regelmäßigen Ortswechseln im Frühjahr und Herbst.
Obwohl bei den Massenwanderungen Berglemminge den Großteil der Kleinnager stellen, können auch andere Wühlmausarten, wie die Graurötelmaus, in den »Lemmingjahren« sehr häufig werden.
In der Zeit zwischen den Massenwanderungen wachsen die Populationen beständig an, denn ein Lemmingweibchen kann während der Paarungszeit von Mai bis September mehrere Würfe produzieren, außerdem können die Jungen des 1. Wurfs noch im gleichen Jahr selbst Junge bekommen. Während des 4. Sommers werden die Wohn- und Nahrungsverhältnisse gewöhnlich so knapp, daß es zu großen und deutlich sichtbaren Wanderbewegungen kommt. Im Herbst und Winter sorgt die Sterblichkeit der wandernden Tiere für ein deutliches Schrumpfen der Bestände.

Auf ihren Wanderungen legen die Berglemminge oft große Strecken zurück. Dann zeigen sie ein großes Maß an Aggressivität und drohen, auf den Hinterbeinen sitzend, sogar Menschen an.
In den »Lemmingjahren« leben ihre Freßfeinde im Überfluß. Sie reagieren auf das günstige Nahrungsangebot mit größeren Nachwuchszahlen. Der Bestandszyklus der Beutegreifer ist folglich gegenüber dem der Nager verzögert.
Der Eisfuchs ist von der Häufigkeit der Kleinnager besonders stark abhängig. Bei gutem Nagerangebot können bis zu 15 Junge geboren werden, während in schlechten Jahren kein einziges Junges das Licht der Welt erblickt.
Viele Vogelarten sind ebenfalls von der Häufigkeit der kleinen Nagetiere stark abhängig. Falkenraubmöwe, Rauhfußbussard und Sperbereule profitieren in hohem Maße von den Lemmingen. Völlig abhängig vom Berglemming als Beutetier ist die Schnee-Eule, die in Skandinavien nur in guten Lemmingjahren zur Brut schreitet.
Ein Sekundäreffekt der Lemmingjahre kommt den Vögeln zugute: Da die Beutegreifer alle mit dem Fangen von Lemmingen beschäftigt sind, können Kleinvögel und Schneehühner in Ruhe brüten und ihre Bestände stärken.

Karlszepter, das stattlichste aller Läusekräuter, ist im Vindelfjällen-Gebiet häufig.

Die unauffällige Grüne Hohlzunge findet man auf kalkreichem Boden; man übersieht sie sehr leicht.

Tärnasjön ⑤ kann man von mehreren Richtungen aus erreichen. Die kürzeste Wanderung dorthin beginnt in **Norra Fjällnäs** nordöstlich von Tärnaby. Zwischen dem Fluß Tärnaån und der Syterstugan streift man ornithologisch interessante Moorgebiete, die an das Südende des Tärnasjön anschließen. Von der Syterhütte aus kann man auf dem Kungsleden ostwärts und abwärts zum Tärnasjön wandern. Ein System von Brücken überwindet dort einen Archipel von kleinen Inseln. Von hier blickt man über die vogelreichen Seegebiete.

Für Botaniker bietet sich vor allem das Bergmassiv **Artfjället** ① an. Es liegt westlich des Umeälven und südlich des Sees Över-Uman und ist daher nicht so leicht erreichbar; es gibt jedoch einige Stellen, die relativ einfach zugänglich sind. Direkt oberhalb von Hemavan geht eine Straße in das Tal Tängvattendalen hinein und weiter bis Rönäs. Hier liegt der Berg **Rödingnäset**, an dessen Südwestseite, direkt oberhalb der Baumgrenze, sich ungewöhnlich artenreiche Fjällheiden erstrecken.

Das **Tärnafjällen**, um den See Över-Uman gelegen, ist wegen seiner vielen Karsthöhlen bekannt. Die Höhle **Sotbäcksgrottan**, südlich von Över-Uman, erreicht man am einfachsten über die Brücken bei Strimasund. Der Pfad hinauf zur Höhle ist 6 km lang und oft sehr naß. Den Besucher erwartet eine der größten Karstgrotten Schwedens. Für die Erkundung der Höhle sind vollständige Höhlenausrüstung und entsprechende Erfahrung vonnöten.

Im südlichsten Teil des Naturreservates, im Gebiet **Kirjesålandet** ⑧, nördlich von Slussfors, steht ein nahezu unberührter Nadelurwald. Es gibt hier riesige Baumveteranen zu bestaunen – Fichten bis 300 Jahre und Kiefern bis 600 Jahre alt. Ein 4 km langer Wanderweg mit Information über den Urwald führt hinauf zum Berg **Sakkats**. Ausgangspunkt für die Erkundung des Urwaldes ist der Parkplatz am südöstlichsten Ausläufer des Sees Nedre Boksjön.

Praktische Tips

Anreise

Das Naturreservat erreicht man über 2 Straßen. In die nördlichen und zentralen Teile gelangt man am besten auf dem RV 363. Dazu biegt man in Sorsele vom RV 343 Richtung Ammarnäs ab; hier endet die Straße. Auf dieser Strecke verkehren auch täglich Busse.

Der Nördliche Eisenhut ist eine Charakterpflanze der üppigen Fjällbirkenwälder.

In den Nadelurwaldgebieten des Naturreservats ist der Unglückshäher nicht selten.

Für Erkundungen im südlichen Teil des Schutzgebietes bietet sich die E 12 (»Blå Vägen«) an. Zwischen Umeå und Tärnaby oder Hemavan gibt es ebenfalls tägliche Busverbindungen.

Reisezeit
Da am Kungsleden Übernachtungshütten (STF) in passendem Abstand liegen, kann man eigentlich zu allen Jahreszeiten dort wandern. Die Wandersaison beginnt im Juni, allerdings sollte man sich über die Schneeverhältnisse des ausklingenden Winters informieren. An den Nordseiten kann bis in den Hochsommer Schnee liegen. Die Wandersaison reicht bis Ende September. Dieser Monat ist sehr angenehm, denn er bietet alle Herbstfarben, klare Luft und erspart juckende Stiche.

Unterkunft/Information
In Ammarnäs, Tärnaby und Hemavan gibt es verschiedene Übernachtungsmöglichkeiten.
Das Naturum in Ammarnäs dient gleichzeitig als Touristenbüro; anhand eines Modells bekommt man eine Vorstellung von der Größe und Vielfalt des Schutzgebiets. Auch in Tärnaby gibt es ein Touristenbüro. Im Schutzgebiet selbst stehen mehrere Hütten, vor allem entlang des Kungsleden, zur Verfügung (s. »Im Gebiet unterwegs«). Die kleineren Hütten im nördlichen und westlichen Bereich des Ammarfjällets sind eigentlich für die Rentierhirten reserviert, werden aber oft von Touristen benützt; bei Bedarf muß man den Renhirten Platz machen. Für mehrtägige Touren außerhalb des Kungsleden empfiehlt es sich daher, ein Zelt mitzunehmen.

Karten
Fjällkartan 1 : 100 000, Kartenblätter 25 EF Umfors, 24 EF Tärnaby, 25 G Ammarnäs, 24 G Umnäs.

Blick in die Umgebung

Der **Lycksele djurpark** ist der nördlichste Zoo Schwedens. Er zeigt die nordische Tierwelt, neben einer Moschusochsenherde und einer Sammlung nordischer Fischarten beispielsweise die 4 großen Raubtiere Nordeuropas, die man im Freien ja doch nicht antrifft. Öffnungszeiten: 1.6. – 31.8. jeweils von 10 – 16.30 Uhr.
In Hemavan sollte man sich den **Tärna Fjällpark** ansehen, in dem unter anderem ein Botanischer Garten (Alpinum) eingerichtet ist.

14 Nationalpark Pieljekaise

Ursprüngliche Fjäll-Landschaft mit unberührten Fjällbirkenwäldern und kahlen Bergen; herrliche Aussicht vom Pieljekaise-Gipfel; typische Tier- und Pflanzenwelt der Fjällregion.

Der Nationalpark Pieljekaise liegt am Ostrand der Fjällkette in Schwedisch-Lappland auf dem Gebiet der Gemeinde Arjeplog. Das Pieljekaise-Gebiet erhielt bereits im Jahre 1910, als die ersten Nationalparke ausgewiesen wurden, zusammen mit 9 anderen Naturlandschaften die Anerkennung als Nationalpark. Damals wurden nur 200 ha im Pieljekaise-Gebiet unter Schutz gestellt, jedoch vergrößerte man 1913 die Nationalparkfläche auf 153,4 km^2, was auch der heutigen Ausdehnung entspricht.
Der Name Pieljekaise ist samischer Herkunft und bedeutet so viel wie »Ohrenberg«, eine Wortschöpfung, die auf die ohrenartige Form des namengebenden Bergmassivs anspielt. Das übrige Nationalparkgebiet ist relativ niedrig, stellt es doch einen östlichen Ausläufer der skandinavischen Fjällkette dar.

Die weißen »Blüten« des Schwedischen Hartriegels sind in Wirklichkeit Hochblätter.

Ein Kennzeichen des Gebiets ist der Reichtum an großen Felsblöcken. Diese Blocksteinflächen sind ein Relikt der letzten Eiszeit; in deren Endphase lag das Eis hier lange Zeit bewegungslos. Felsen und Steine, die in den Eismassen eingefroren waren, sanken mit dem Abschmelzen langsam zu Boden und verblieben dort. Die Felsblöcke sind oft mit hübschen Krustenflechten verschiedener Arten bewachsen – entsprechend sind die Farbnuancen, die diese Flächen prägen.
Der Gipfel des Berges **Pieljekaise** erhebt sich mit seiner stattlichen Höhe von 1138 m markant über die sonst eher liebliche Fjäll-Landschaft; er bestimmt auch den ersten Eindruck von der Fjällkette, wenn man von Osten her auf dem Silvervägen (Silberstraße) anreist. Mehrere der Nationalparkgipfel erreichen zwischen 700 und 900 m Höhe. Der mit 460 m niedrigste Punkt im Schutzgebiet ist der im Norden gelegene Stausee Sädvajaure. Entlang der Süd- und Südwestgrenze liegen einige große Seen: Aleb Tjallasjaure ③, Vuoleb Tjallasjaure ④ und Lutaure; die beiden erstgenannten sind bekannt für ihre guten Bestände an Seesaiblingen. Vom Pieljekaise südwärts blickt man auf eine glitzernde Wald-Seen-Landschaft um den Gaska-Bieljaure.

Pflanzen und Tiere

Die artenreichsten und üppigsten Pflanzenstandorte findet man an den mit Fjällbirkenwald bestandenen Hängen. Hier sind Nährstoff- und Wasserverhältnisse ausreichend für die Entstehung von dichten Hochstaudenbeständen. In der Nachbarschaft der Fjällbirken stehen auch Grauerlen, Aspen, Traubenkirschen und Ebereschen. Im Vorsommer leuchten die gelben Kugeln der Trollblumen aus der Staudenwildnis; dieses Hahnenfußgewächs ist Charakterpflanze des Pieljekaise. Andere hochwüchsige Kräuter des Fjällbirkenwaldes sind Waldstorchschnabel, Nördlicher Eisenhut (S. 109), Alpen-Milchlattich, Filzige Kratzdistel (S. 198) und Erzengelwurz (S. 77). An niedrigeren Kräutern findet man unter anderem Gelbes Veilchen (S. 43), Alpentragant, Alpenwiesenraute, Nordisches Moosglöckchen und Schwedischen Hartriegel.

Auf den trockeneren Moränenhügeln stockt dagegen einförmigerer Fjällbirken-Heidewald mit vor allem Heidekraut als Unterwuchs. Diese Bereiche können im Winter schneefrei geblasen werden, was die meisten anderen Bodenpflanzen nicht ertragen; die Zwittrige Krähenbeere jedoch und einige Flechtenarten kommen hier sehr wohl zurecht und profitieren vom Fehlen der konkurrierenden Arten. In geschützteren Lagen mit dauerhafter winterlicher Schneedecke können sich Heidelbeere, Goldrute, Wiesen- und Ackerwachtelweizen sowie das Lappland-Läusekraut behaupten.

In den Talsenken und an den Berghängen kommen verschiedene Moortypen vor. Hier trifft man größere *Sphagnum*-Flächen an, aus denen im Vorsommer häufig die weißen Blüten der Moltebeere (S. 166) leuchten. Auf den Mooren findet man auch die Rasige und die Alpenhaarsimse

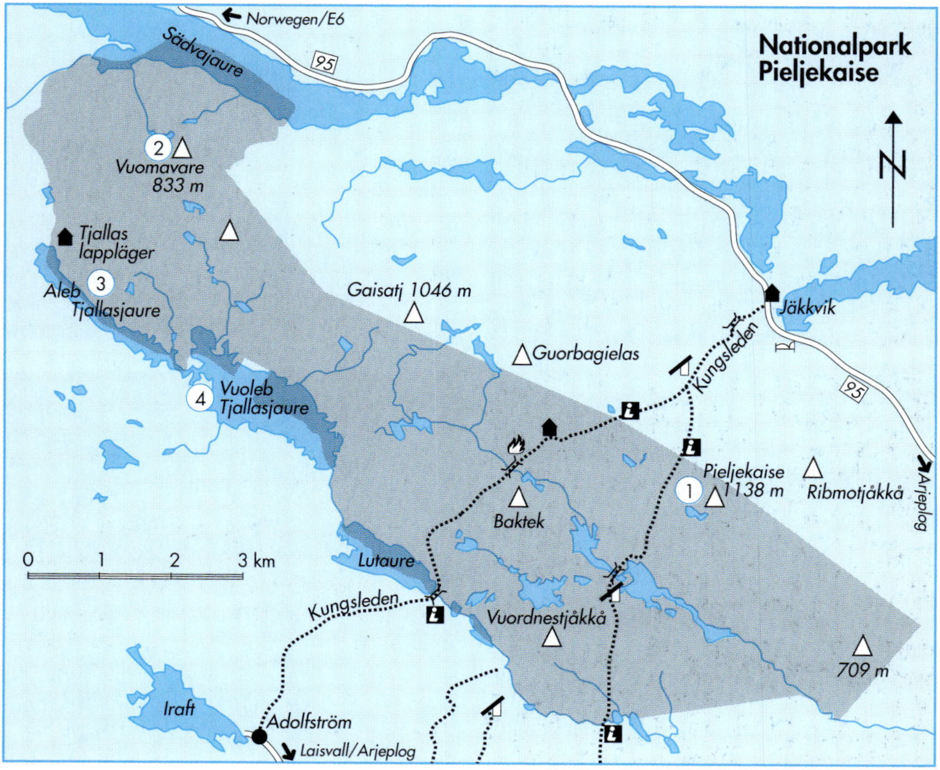

▽ Der Nationalpark Pieljekaise ist bekannt für seine unberührten Fjällbirkenwälder mit üppigen Hochstaudenfluren.

sowie Pfeifengras und verschiedene *Carex*-Arten. Die Moore und Seen sind durch kleine Bäche miteinander verbunden, an deren Ufer unter anderem Karlszepter (S. 108), Alpenhelm und Herzblatt gedeihen.
Auf dem Kahlfjäll trotzen noch Alpenpechnelke, Krautige Weide, Nordisches Schaumkraut, die Gräser Dreiblattbinse, Starre Segge und Schafschwingel sowie der Tannenbärlapp dem rauhen Klima.

Das Moorschneehuhn, im Foto ein Männchen im Übergangskleid, ist in den Fjällbirkenwäldern zu Hause.

◁ Von der Spitze des Berges Pieljekaise sieht man die weiten Fjällbirkenwälder und mehrere glitzernde Seen.

▽ Die Goldrute wächst meist auf nährstoffarmen Fjällheiden; die nördliche Unterart *alpestris* ist ziemlich klein.

Es gibt im Nationalpark lokal auch einige Pflanzenarten, die größere Ansprüche an den Boden stellen, wie der sehr zeitig blühende Gegenblättrige (S. 41) und der Gewimperte Steinbrech (S. 30).
Das Nationalparkgebiet ist Weideland für die Rentiere der Angehörigen des Samendorfes Semisjaur-Njargs. Die größten Tiere des Schutzgebiets sind jedoch Elche; diese wachsen hier zu ungewöhnlich kapitalen Tieren heran. Die stärksten Elchbullen tra-

Die Eisfüchse können in der Regel nur in Lemmingjahren erfolgreich Junge großziehen.

gen riesige Schaufelgeweihe, die sie im Herbst bei der Verteidigung ihrer Elchkühe gegen Rivalen einsetzen. Großraubtiere wie Bär und Vielfraß sind im Pieljekaise nur Streifgäste, während der kleine Eisfuchs in guten Nagerjahren häufiger zu entdecken ist (s. S. 107).
Das Moorschneehuhn ist Charakterart der berühmten Fjällbirkenwälder des Pieljekaise-Gebietes. Dort leisten ihm Blaukehlchen (S. 128), Wacholder- und Rotdrossel sowie Bergfink (S. 45) und Fitis (S. 161) Gesellschaft. Auf den Seen sind Trauerente, Gänsesäger (S. 64) und Prachttaucher (S. 17) regelmäßige Brutvögel, Rot- und Grünschenkel bevölkern die Ufer der Seen. Mit viel Glück bekommt man Steinadler oder Gerfalke zu sehen, der Rauhfußbussard (S. 31) macht sich dagegen nicht ganz so rar.

Im Gebiet unterwegs

Durch den Nationalpark führen 2 markierte Wanderwege, die von **Jäkkvik** bis zur 1. Rasthütte, die sich noch außerhalb des Parks befindet, identisch sind. Ab der Hütte teilt sich der leicht begehbare und teilweise mit Bohlen befestigte Weg.
Die westliche Route, der Kungsleden, führt nach **Adolfström**. In seinem Verlauf kommt man an der einzigen Übernachtungshütte innerhalb des Nationalparks vorbei. Am See **Lutaure** hat man die südliche Parkgrenze erreicht. Die Gesamtstrecke Jäkkvik–Adolfström beträgt 27 km. Nimmt man den östlichen Wanderweg, der an der Raststuga nördlich der Parkgrenze abzweigt, kommt man am Berg **Pieljekaise** ① vorbei. Auf dem Weg liegt ein Windschutz am See Gaska-Bieljaure. Diesen Pfad kann man in Südrichtung fortsetzen, bis er nach 22 km in **Viejenäs** endet. Alle Fließgewässer kann man auf bequemen Brücken überqueren.
Für noch längere Wanderungen im Park, beispielsweise eine Längsdurchquerung, sind Kompaß und Karte sowie gute Fjäll-Ausrüstung und Erfahrung unerläßlich, da sonst keine weiteren Wanderwege unterhalten werden. Am leichtesten ist es, dem Fjällrücken Richtung Nordwesten zum Berg **Vuomavare** ② zu folgen; jedoch gibt es keine Bootsverbindung über den Stausee Sädvajaure zum RV 95.
Jäkkvik eignet sich sehr gut als Ausgangspunkt für Tagesausflüge in den Nationalpark; eine Wanderung zum Gipfel des **Pieljekaise** ① nimmt z. B. nur einige Stunden in Anspruch. Von oben hat man einen ausgezeichneten Blick über die glitzernden Wasserflächen in den Fjälltälern.

Die gelben Blüten der Trollblumen leuchten im Birkenwald.

Praktische Tips

Anreise
Der sogenannte Silvervägen (RV 95) verbindet die Städte Skellefteå am Bottnischen Meerbusen mit dem norwegischen Bodø am Atlantik. Von Arjeplog am RV 95 aus kann man mit dem Bus oder Auto bis Jäkkvik fahren. Auch Adolfström oder Viejenäs erreicht man mit Bus oder Auto über Laisvall, wenn man den Nationalpark von Süden her erkunden will.

Klima/Reisezeit
Das Klima von Pieljekaise nimmt eine

Weitwanderwege in Schweden

Kungsleden (Königsweg) ist der Name für einen der berühmtesten Wanderwege in Schweden. Er verläuft vom Nationalpark Abisko im Norden bis Hemavan im Süden. Die gesamte Wegstrecke beträgt rund 450 km. Zwischen den Streckenabschnitten Abisko – Kvikkjokk und Ammarnäs – Hemavan sind Übernachtungshütten eingerichtet, die im Abstand von 13 bis 24 km am Wanderweg liegen. An den übrigen Streckenabschnitten sind die Übernachtungshütten in weniger regelmäßigen Abständen zu finden. Am Tjäktja-passet auf der Strekke Alesjaure – Sälka überwindet man mit 1150 m die größte Höhe. Diese 22 km lange Tour ist auch die anstrengendste Tagesetappe.

Die Sommerwege sind mit rotangemalten Steinen gekennzeichnet; diese Markierungen weisen auch den Weg über Flüsse und Bäche, die mit Brücken überspannt sind. In Waldgebieten findet man vielfach orangemarkierte Bäume am Weg; in Bereichen, in denen die Wanderwege sehr deutlich ausgetreten und daher kaum zu verfehlen sind, wurde auf Wegmarkierungen verzichtet. Die sehr feuchten Abschnitte verlaufen häufig auf Holzbohlen, um die Vegetation zu schonen und das Vorwärtskommen zu erleichtern.

Kreuzzeichen auf Pfählen sind Orientierungshilfen für die Winterwege; manchmal fallen Winter- und Sommerwege zusammen. Für den Wanderer ist wichtig zu wissen, daß bei Winterwegen oft Brücken fehlen. Die gut ausgestatteten Fjällhütten des STF (fjällstuga, Plural: fjällstugor) entlang des Weges stehen jedem Wanderer offen und können nicht im voraus reserviert werden.

Während der Hochsaison (Juli bis Anfang August) kann es in den Hütten sehr eng werden, jedoch findet jeder ein Plätzchen zum Übernachten, auch wenn der Komfort dann nicht »first class« ist. In vielen der Fjällhütten entlang des Kungsleden besteht die Möglichkeit, Proviant einzukaufen – selbstverständlich muß man mit etwas höheren Preisen rechnen. Für die Übernachtung oder den Tagesaufenthalt in den Hütten muß man bezahlen – die Instandhaltung der oft abgelegenen Hütten ist sehr kostspielig!

Im Padjelanta-Gebiet gibt es ein entsprechendes Wanderwegesystem, den **Padjelantaleden.** Die Hütten entlang der Strecke sind mit Gas für die Essenszubereitung ausgerüstet. Sie werden von der schwedischen Naturschutzverwaltung (Naturvårdsverket) betrieben. Der Weg startet in Kvikkjokk und endet in Ritsem (Ritjemjokk) am Stausee Akkajaure im Nationalpark Stora Sjöfallet. Auf der letzten Etappe hinab zum Akkajaure kann man zwischen einem östlichen und einem westlichen Weg wählen.

Ein weiterer Weg wird gerade (1993) eingerichtet, der **Nordkalottleden.** Er schlängelt sich in Grenznähe entlang der skandinavischen Fjällkette und verläuft mal auf der schwedischen, mal auf der norwegischen Seite. Der Weg soll in Kautokeino (norwegische Finnmark) starten, kurz die finnische Provinz Lappmarken durchqueren und am Dreiländereck Treriksröset, wo Schweden, Norwegen und Finnland aufeinandertreffen, in südlicher Richtung durch die Fjällkette nach Kvikkjokk (Schweden) oder alternativ nach Sulitjelma (Norwegen) führen. Einige Abschnitte dieses Weges fallen mit dem Kungsleden beziehungsweise Padjelantaleden zusammen.

Den Berg Pieljekaise sieht man schon von weitem, sogar außerhalb der Grenzen des Nationalparks.

mittlere Stellung ein zwischen dem maritim beeinflußten Fjällklima und dem mehr lokal-kontinentalen Waldklima. Der Jahresniederschlag liegt bei rund 500 mm, was nicht gerade viel ist.
Angenehme Wanderbedingungen hat man ab Mitte Juni, wenn bereits der meiste Schnee weggeschmolzen ist, bis in den Herbst. Der farbenprächtigste Monat ist selbstverständlich der September, in dem alle Bäume und Büsche die intensivsten Farben entwickeln.

Die Preiselbeere ist eine typische Fjällpflanze.

Unterkunft/Information
Im Nationalpark gibt es neben dem eigenen Zelt als einzige Übernachtungsmöglichkeit nur die Hütte am Kungsleden. In Jäkkvik und Adolfström kann man in Hüttendörfern unterkommen; in beiden Fjälldörfern bekommt man auch Lebensmittel. In Jäkkvik besteht außerdem die Möglichkeit, sich in einem kirchlichen Berghof (Kyrkans Fjällgård) einzumieten.
An allen Stellen, wo Wanderwege die Nationalparkgrenze überschreiten, stehen Informationstafeln.

Karten
Fjällkartan 1:100 000, Kartenblätter 26 FG Vuoggatjålme, 25 G Ammarnäs, 26 H Jäkkvik.

Blick in die Umgebung

Flußaufwärts von Adolfström hat der Fluß Laisälven im See Iraft ein Delta aufgeschüttet, das 1974 als Naturreservat **Iraftdeltat** ausgewiesen wurde. Das Delta konnte sich ungestört entwickeln und weist eine vielfältige Landschaft mit Rinnsalen und Wasserläufen auf. An den vielen Lagunen brüten zahlreiche Wasservögel; während der Zugzeiten rasten hier Watvögel verschiedener Arten. Die Wiesen im Deltabereich wurden früher gemäht. Das kulturgeprägte Bild der Flußlandschaft war der eigentliche Grund für die Unterschutzstellung.

15 Nationalpark Padjelanta

Eines der schönsten Fjällgebiete Schwedens; bemerkenswert große Seen – der Virihaure gilt als »Lapplands schönster See«; ungewöhnlicher Pflanzenreichtum mit über 400 Arten; berühmtes Wandergebiet.

Der Nationalpark Padjelanta entstand 1963 auf Beschluß des Reichstages vom Jahr zuvor, woraufhin 1984 km² unter Schutz gestellt wurden. Als Schutzziel wurde die Erhaltung einer an Seen und weitflächigen Heiden reichen Fjäll-Landschaft in ihrem ursprünglichen Zustand formuliert. Das Padjelanta-Gebiet war der Forschung jedoch bereits lange vorher als botanisches Dorado bekannt. Der Begründer der Tier- und Pflanzensystematik, Carl von Linné, war der erste, der 1732 das Gebiet auf seiner botanischen Forschungsreise (Iter Lapponicum) durchwanderte. Sein Bericht über die ungewöhnlich reiche Flora des Gebiets veranlaßte viele Botaniker, seinen Spuren zu folgen.

Der Nationalpark liegt im nördlichsten Teil der schwedischen Fjällkette und bildet zusammen mit Stora Sjöfallet, Sarek

Myrsineweide.

Das Sommerlager der Jokkmokk-Samen: Arasluokta.

Die weißblütige Silberwurz ist Indikator für Kalkreichtum und damit für pflanzlichen Artenreichtum.

und dem auf norwegischer Seite angrenzenden Rago Europas größten Nationalparkblock, ein Wildnisgebiet von 5400 km² Fläche!

Rings um die zentral gelegenen Fjällseen **Virihaure** und **Vastenjaure** breitet sich eine der schönsten Fjällgebiete Schwedens aus. Wie eine Oase zwischen den hohen Berggipfeln öffnet sich die Hochebene mit ihren üppigen Matten. Im Osten wird das Blickfeld durch die Sarek-Berge begrenzt, im Süden liegt das mächtige Massiv Sulitelma (norw. Sulitjelma) mit hohen Gipfeln und mehreren Gletschern.

Typisch für die Padjelanta-Fjällgebiete sind die weichen, runden Formen und die auffallenden, das Landschaftsbild prägenden Fjällseen. Hier und da recken auch einzelne hohe Berge ihre Gipfel zum Himmel. Drei Bergspitzen überschreiten die 1500-m-Marke: Kierkevare (1569 m), Alatjåkkå (1573 m) und als höchster der Jeknaffo (1837 m). Der mit 540 m niedrigste Punkt des Nationalparks befindet sich im Norden am See **Kutjaure** ③. Südlich des Virihaure an der Grenze nach Norwegen reicht ein Fjällrücken in das Schutzgebiet, auf dem **Ålmåijekna** ⑤ liegt, einer der größten Gletscher des Landes.

Die grünen Wiesen von Padjelanta üben eine starke Anziehung auf die Rentiere aus, die hier bereits im Mai erscheinen, um in Ruhe ihre Jungen zur Welt zu bringen. Die höhergelegenen Gebiete sind seit langem Sommerweide und werden daher als eine alte und traditionell genutzte Landschaft betrachtet.

Der Untergrund im Padjelanta ist durch kambro-silurische Sedimentgesteine geprägt, die leicht verwitternde Kalksteine, Schiefer und Phyllit (ein Tonschiefer) enthalten; sie sind für den großen Artenreichtum der Pflanzenwelt des Gebiets verantwortlich. Im Westen findet man lokal auch Serpentin, ein basisches, schwermetallreiches Vulkangestein.

Als Folge dieser erosionsfördernden Gesteine sind die Bergformen im Nationalpark verhältnismäßig niedrig und abgerundet. Die höheren, spitzen Berggipfel des benachbarten Sarek bestehen dagegen aus dem viel härteren Amphibolit. Geomorphologisch interessante Formationen gibt es bei **Kisuris** ④ zu sehen, wo sich in einem eiszeitlichen Schmelzwassersee ein Delta gebildet hat. Südlich von Staloluokta, besonders entlang des Flusses Pållaurjåkka, liegt ein Gebiet, in dem man »Tundra-Polygonen« (s. S. 139) findet.

Pflanzen und Tiere

Das kalkreiche Gestein ist die Ursache für den fantastischen Pflanzenreichtum im Nationalpark mit mehr als 400 Arten von Gefäßpflanzen. Die artenreichsten Pflanzenstandorte findet man südwestlich des Virihaure und nördlich des Vastenjaure, wo viele der Fjäll-Raritäten gedeihen. Die Felsenblümchen *Draba crassifolia* und *D. alpina*, Brandläusekraut, Norwegisches Sandkraut, Kronlose Nelke (S. 143), Arktische Glockenblume, der Enzian *Gentianella aurea* und die Lappland-Alpenrose (S. 143) sind nur einige aus der langen Liste. Neben der häufigen Silberwurz kommen auch Schmalblättrige Arnika (S. 174) und das Nacktried vor. Der winzige und leicht zu übersehende Islandknöterich wächst auf ständig berieselten Flächen. Zu

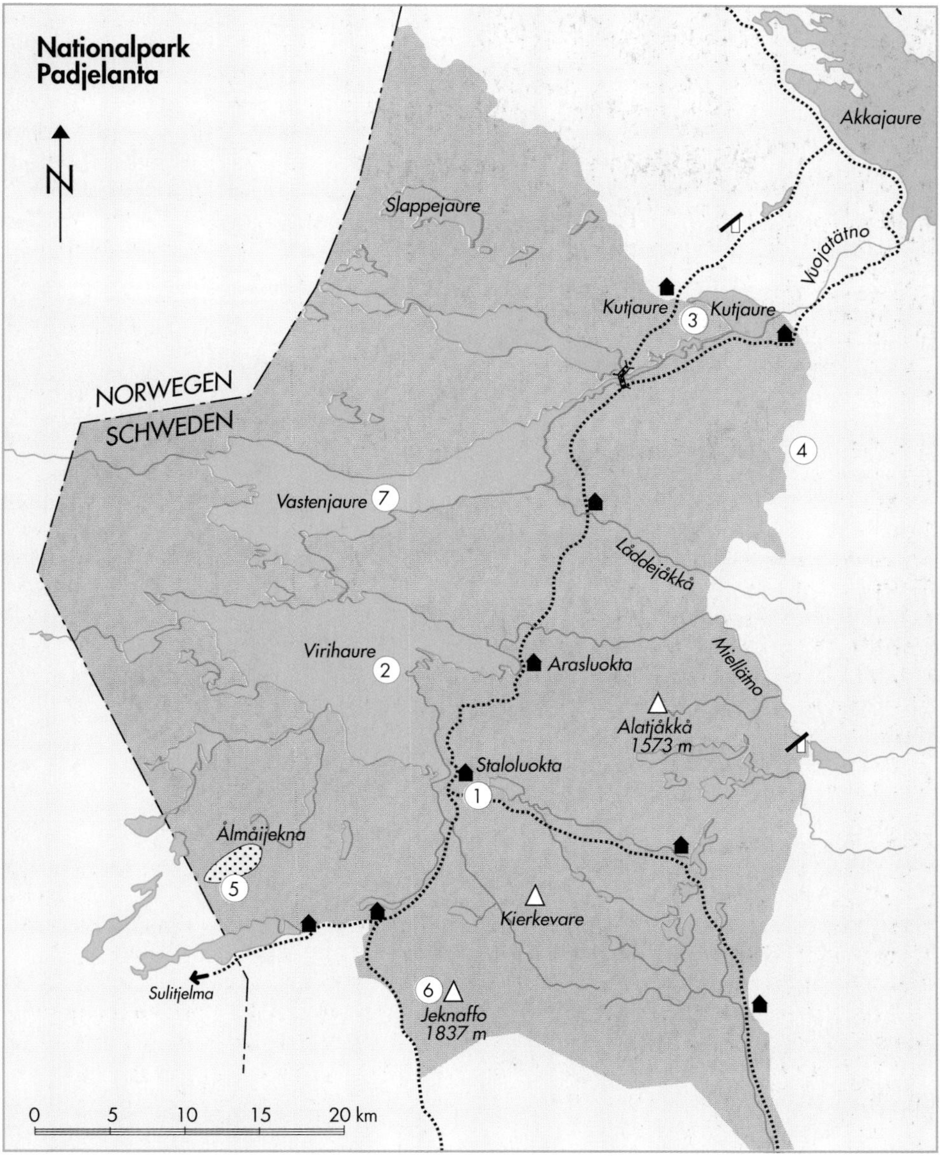

Beginn der 40er Jahre entdeckte Sten Selander, der die Flora des südwestlichen Teils der Provinz Lule Lappmark untersuchte, das Fingerkraut *Potentilla hyparctica*, eine hochnordische Art, deren nächstgelegene Standorte Spitzbergen und Nordostrußland sind.

Eine andere, zwar artenärmere, aber nicht minder interessante Pflanzengemeinschaft findet man auf Serpentingestein; die Arten

△ Der ziemlich häufige Arktische Steinbrech bevorzugt kalkreichen und im Frühjahr feuchten Boden.

Das kleine Brandläusekraut kommt wie das ebenfalls ▷ seltene Bunte Läusekraut auf kalkreichem Boden vor.

◁ In der Nähe der Hütte Sårjåsjaurestugan findet man die seltene Arktische Glockenblume.

◁ Die Arktische Glockenblume ist kalkliebend und wächst meistens auf Silberwurzheiden.

▽ Der Schnee-Enzian öffnet seine Blüten nur bei Temperaturen über 10°C; bei der nächsten Wolke schließt er sie.

Das gelbblühende Felsenblümchen *Draba alpina* ist nur eine von vielen Raritäten im Padjelanta-Gebiet.

entwickeln hier oft Zwergformen. Das Niederliegende Sandkraut wurde bereits 1807 von dem Botaniker Göran Wahlenberg entdeckt; daß die Art an Serpentin gebunden ist, wurde jedoch erst viel später erkannt. Auch die Alpenpechnelke (S. 128) ist ein Fjällgewächs, das die Schwermetalle des Serpentins gut verträgt; jedoch hat sie hier eine Form entwickelt, die sich durch schmalere Blätter und stärker verzweigte Blütenstände auszeichnet.
Der größte Teil des Nationalparks befindet sich oberhalb der Baumgrenze, was für das Artenspektrum der Tiere eine große Bedeutung hat. Viele waldgebundene Arten sind daher selten oder fehlen ganz. Kleine Areale mit Birkenwald gibt es bei Staloluokta und Arasluokta; dort kann man die seltene Ringdrossel und einige häufigere Tieflandvögel antreffen.
Die hochgelegenen Seen sind oft bis weit in den Juli hinein wenigstens teilweise vereist; hier brüten Eis- (S. 29) und Bergente, Sterntaucher (S. 75) kommen zum Fischen her. Die Umgebung ist Lebensraum für Sandregenpfeifer (Unterart *tundrae*) und Regenbrachvogel (S. 167), auch Sturmmöwe und Falkenraubmöwe trifft man hier öfter an. Am Tarreluobbal kommen Berg-, Pfeif-, Spieß- und Krickente sowie Mittelsäger vor. Bekassine, Odinshühnchen, Temminckstrandläufer, Flußuferläufer, Grün- und Rotschenkel sind nicht seltene Watvögel.
Manchmal trifft man einzelne Elche hoch oben in den Fjälltälern an. Der Eisfuchs bewohnt die kahlen Hochflächen und kann in guten Nagerjahren einen kopfstarken Wurf aufziehen. Der Vielfraß ist ständiger Bewohner mit kleinem, aber gesicherten Bestand im Park, während Bären das Gebiet nur durchstreifen.

Im Gebiet unterwegs

Von dem Nationalparkblock Padjelanta, Sarek, Stora Sjöfallet liegt der Padjelanta in puncto Zugänglichkeit und Besucherfreundlichkeit in der Mitte; was die Attraktivität als Wandergebiet und den botanischen Reichtum anbelangt, liegt er klar vorne. Will man den Park von Süden her erkunden, muß man sich auf einen 2- bis 3-tägigen Marsch durch den Fjällbirkenwald im Tarradalen einstellen. **Staloluokta** ①, am **Virihaure** ② gelegen, ist Padjelantas Knotenpunkt; hier liegt das botanisch sehr interessante, weil artenreiche Berggebiet Unna Titer in Reichweite. Um die botanisch interessanten Gebiete auf der Südwestseite des Virihaure zu erreichen, kann man in Staloluokta eine Bootsüberfahrt organisieren.
Südlich und westlich der beiden Seen Virihaure und Vastenjaure ⑦ gibt es keine markierten Pfade, so daß man sich dort auf Karte, Kompaß und gute Fjäll-Ausrüstung verlassen muß.
Von Staloluokta führt auch ein Weg (»Nordkalottleden«, s. S. 115) in südlicher Richtung zu den Hütten **Staddajåkkastugorna**. Diese sind bester Ausgangspunkt für

die Besteigung von Padjelantas höchstem Berg, dem **Jeknaffo** ⑥. Der Gipfel des Berges wird von einer vulkanischen Gesteinsart – Jeknaffo-Tuffit – gebildet. Der Berg birgt einige botanische Kostbarkeiten, wie das bereits erwähnte Fingerkraut *Potentilla hyparctica*. Westlich der Hütten Staddajåkkastugorna liegt der See **Sårjåsjaure**, der vom Schlamm der umliegenden Gletscher türkisgrün gefärbt ist. Unterhalb der Hütte am See (S. 120) entleert sich der See in einem donnernden Wasserfall. Der Weg führt in westlicher Richtung weiter nach **Sulitjelma** auf norwegischer Seite. Von dort aus kommt man mit dem Bus weiter.
Der Padjelantaleden (s.S. 115) führt von Staloluokta in nördlicher Richtung; nach rund 10 km erreicht man das an der nächsten Bucht des Virihaure gelegene **Arasluokta**, eine Siedlung der Jåkkåkaska-Samen, die als Sommerlager vor der Zeit der Renkalbmarkierung dient.

Praktische Tips

Anreise

Der Nationalpark Padjelanta liegt fern aller Straßen.
Es gibt mehrere Möglichkeiten, möglichst nahe an die Parkgrenzen bzw. in den Park zu gelangen.
1.: Von Südosten her über Kvikkjokk durch das Tarradalen. Dazu biegt man vom RV 45 Jokkmokk – Gällivare ungefähr 7 km nördlich von Jokkmokk Richtung Kvikkjokk ab.
2.: Von Norden aus über Ritsem (Ritjemjokk). Anfahrt nach Ritsem s.S. 127 (Anreise).
3.: Ein markierter Weg beginnt in Sulitjelma (Norwegen) und führt über Sårjåsjaure nach Staloluokta.
4.: Mit dem Flugzeug (Hubschrauber oder Wasserflugzeug) nach Staloluokta. Entsprechende Flugverbindungen werden zwischen Kvikkjokk, Ritsem und Vietas unterhalten. Sonst herrscht im Nationalpark Landeverbot.

Klima/Reisezeit

Padjelanta gehört zu den niederschlagsreichsten Gebieten der schwedischen Fjällkette; die Niederschlagsmengen schwanken zwischen 1800 und 2000 mm pro Jahr, wobei ein Großteil davon in den Sommermonaten als Regen fällt.
Die günstigste Jahreszeit für Wanderungen im Nationalpark beginnt Anfang Juli und endet meist in der letzten Septemberwoche, in der bereits Kälte und Herbststürme einsetzen können.

Unterkunft/Information

Für Übernachtungen im Nationalpark stehen die Touristenhütten, die in Abständen von 10–20 km entlang des Wanderweges Padjelantaleden und einiger anderer Wege liegen, zur Verfügung. Die Hütten werden von der staatlichen Naturschutzbehörde (Statens Naturvårdsverket) betrieben und sind mit Gas zum Kochen ausgerüstet. In Staloluokta gibt es eine größere Touristenhütte, die Samen betreiben im Dorf ebenfalls Lebensmittelverkauf.
In Kvikkjokk gibt es ein Hüttendorf und eine Fjällstation des STF. Für Anschlüsse zu Wanderwegen nach Süden oder Westen werden Bootsüberfahrten angeboten. Im neuen Postgebäude ist ein kleines Naturum mit Informationen über die Fjällnatur eingerichtet.
Weitere Informationen über den Nationalpark erhält man im Touristenbüro in Jokkmokk.

Karten

Fjällkartan 1 : 100 000, Kartenblatt 28 G Virihaure.

Blick in die Umgebung

Südlich des Berges Jeknaffo liegt das Naturreservat **Kallovaratj**, eine landschaftlich reizvolle Berg- und Seenlandschaft.
Von Kvikkjokk aus, einem kleinen Dorf am Rande des Fjälls, startete Carl von Linné im Jahre 1732 zu seiner Reise hinauf nach Padjelanta.

16 Nationalpark Stora Sjöfallet

Imponierende Gipfel mit mehreren Gletschern; Bergmassiv Akka, als »Nils Holgerssons Berg« und »Königin Lapplands« berühmt; Rückzugsgebiet für bedrohte Großraubtiere.

Der Nationalpark Stora Sjöfallet erstreckt sich nördlich und südlich eines Seensystems, das vom Fluß Stora Luleälv gebildet wird; er liegt auf den Gemeindegebieten von Jokkmokk und Gällivare und umfaßt eine Fläche von 1278 km^2.

Offizielles Schutzziel ist die Erhaltung einer hochnordischen Fjäll-Landschaft in ihrem ursprünglichen Zustand – eine Formulierung, die nachdenklich macht, wenn man sich die Geschichte dieses Nationalparks vor Augen führt: Die Fjäll-Landschaft um den Stora Sjöfallet gehörte zu den ersten Gebieten in Schweden, die bereits 1910 als Nationalpark ausgewiesen wurde. Doch schon 1919 wurde das Herz des Schutzgebietes, der prächtige Wasserfall Stora Sjöfallet zusammen mit den Quellseen, per Reichstagsbeschluß aus dem Nationalparkgebiet herausgenommen und für den Bau eines Wasserkraftwerkes geopfert. Der Wasserfall und dessen Seensystem war einer der wichtigsten Gründe für die damalige Unterschutzstellung als Nationalpark, die Entwertung des Stora Sjöfallet ein schwerer Schlag für den Naturschutz in Schweden. Doch abgesehen von diesem zentralen Stauseensystem gibt es im Nationalpark immer noch viel überaus schützenswerte Natur mit großen, nahezu unberührten Lebensräumen.

Der Nationalpark befindet sich in dem Teil der skandinavischen Fjällkette mit den höchsten Bergen. Das Parkgebiet ist durch den aufgestauten **Akkajaure** ② – zweitgrößter Wasserspeicher Schwedens – in zwei Teile geteilt; auf jeder Seite erheben

Im Herbst setzen besonders Birken bezaubernde Farbakzente in der Fjäll-Landschaft.

Vom Fjäll stürzen viele Bäche über den steilen Fels in das Seensystem, das der Fluß Stora Luleälv bildet.

sich hohe Berggipfel. Unterhalb des Wasserfalls windet sich der langgestreckte, unregulierte See Langas. An seiner Südseite ragt **Kierkau**, eine imponierende Steilwand, 800 m in den Himmel.

Südlich des Sees Akkajaure liegt das **Akka-Massiv** ①, dessen höchster Gipfel 2016 m hoch aufragt. Akka, aus dem Märchen »Nils Holgersson« bekannt, wird allgemein als der schönste schwedische Berg angesehen. Der Niveau-Unterschied zwischen dem Fuß des Akka-Massivs und seinem höchsten Gipfel ist mit über 1500 m der höchste in Schweden. Östlich von Akka liegt das seenreiche Hochplateau **Kassalako** ③.

Höchstes Massiv auf der Nordseite des Akkajaure ist **Kallaktjåkkå** mit 1810 m als Gipfelpunkt. Nördlich dieser Fjällkette befindet sich mit dem hochgelegenen Fjällsee Autajaure, an den sich der niedriger gelegene Teusajaure anschließt, ein weiteres Seensystem.

Der Untergrund besteht vor allem aus Erdschollen, die sich vor rund 400 Mio. Jahren über das Urgestein geschoben haben. Als oberste liegt eine dunkle, recht verwitterungsbeständige Scholle aus Amphibolit, das Gestein, aus dem die Gipfel der Fjällmassive Akka und Kallaktjåkkå bestehen. Im Gebiet des Akkajaure bildet die Syenitscholle den Untergrund. Syenit ergibt eine kubische Verwitterungsstruktur, die man an den Felsblöcken, die an den Stränden der Seen verstreut liegen, studieren kann.

Als nach der Eiszeit die Gletscher schmolzen, bildeten sich vorübergehend große, vom Eis aufgestaute Seen, deren Spuren man heute in Form von Terrassen im Gestein erkennen kann, etwa westlich des

Die unberührten Kiefernwälder bei Vietas sind Lebensraum für viele urwaldbewohnende Tierarten.

Der vorwiegend nachtaktive Luchs jagt häufig Rentiere.

Akka. Bei Rapokvara im östlichsten Parkgebiet verläuft eine deutliche, rund 120 km lange Verwerfungslinie (Pärvie) nach Norden; dieser Bruch entstand nach Ansicht von Geologen, als nach dem Abschmelzen des Inlandeises der Druck auf die Erdkruste nachließ.

Pflanzen und Tiere

Die Vegetation im Nationalpark hat viele Lebensraumtypen zu bieten – von den Kiefernurwäldern des Tieflands am Langas und im Vietasdalen ⑥ bis zu den flechtendominierten Hochlagen der Fjällgipfel. Der Untergrund enthält meist nur wenig Kalk und bietet daher keine Voraussetzung für eine artenreiche Flora, wie sie z. B. typisch ist für Padjelanta. Dennoch gibt es einige Gebiete, die für botanisch Interessierte sehenswert sind.
Im Teusadalen ⑦ stockt Fjällbirkenwald mit üppiger Staudenvegetation; in dem Tal wächst auch der seltene, gelbblühende Arktische Mohn. Auf dem Lulep Kierkau ⑧ kann man Schmalblättrige Arnika, Lappland-Alpenrose und Silberwurz antreffen, alles Arten, deren Vorkommen auf kalkhaltigen Untergrund hindeutet.
Die Vegetation des Stora Sjöfallet besteht zum großen Teil aus relativ artenarmen Fjällheiden, die von Zwergsträuchern und verschiedenen Gräsern gebildet werden.
Die Umgebung des früheren Wasserfalls Stora Sjöfallet ④ ist ein Dorado für Flechtenkenner.
Der Kraftwerksbau hat natürlich auch die Tierwelt des Parks negativ beeinflußt. So haben ein Teil der Seeadler, Steinadler (S. 79) und Gerfalken (S. 57) ihre Horste aufgegeben; diese Arten leben jedoch weiterhin im Nationalpark und können gelegentlich auch beobachtet werden. In guten Lemmingjahren brüten in den Steilwänden des Parks Rauhfußbussarde, auch Sumpfohreulen und Sperbereulen können dann erfolgreich Junge aufziehen.
Der Stausee und die größeren natürlichen Seen des Parks sind relativ arm an Wasservögeln, sie werden aber von Prachttauchern (S. 17) zum Fischen genutzt. Dagegen bieten die kleineren Stillgewässer der höhergelegenen Parkteile Nahrungs- und Nistplätze für mehrere Wat- und Entenvogelarten.
Auf den Fjällheiden trifft der Wanderer häufig auf Goldregenpfeifer, die zarten Stimmen der vielen Wiesenpieper erfüllen fast ständig die Luft. Hier oben begegnet man auch dem Alpenschneehuhn. Das Moorschneehuhn hält sich in den tieferen Fjällbirkenwäldern auf, wo man im Frühsommer mit etwas Glück neben den allgegenwärtigen Stimmen von Fitis und Bergfink auch die fantastischen Imitationen des Blaukehlchens vernehmen kann.
Im Nationalparkgebiet leben 3 der 4 großen Raubtiere, nämlich Bär, Luchs und Vielfraß; bis in die 80er Jahre gab es hier auch Wölfe. Gelegentlich stößt man auf die Kleinraubtiere Hermelin und Mauswiesel. Schneehasen gibt es fast in allen Teilen des Nationalparks, während sich die Elche (S. 18) vor allem in den bewaldeten Talsenken aufhalten.

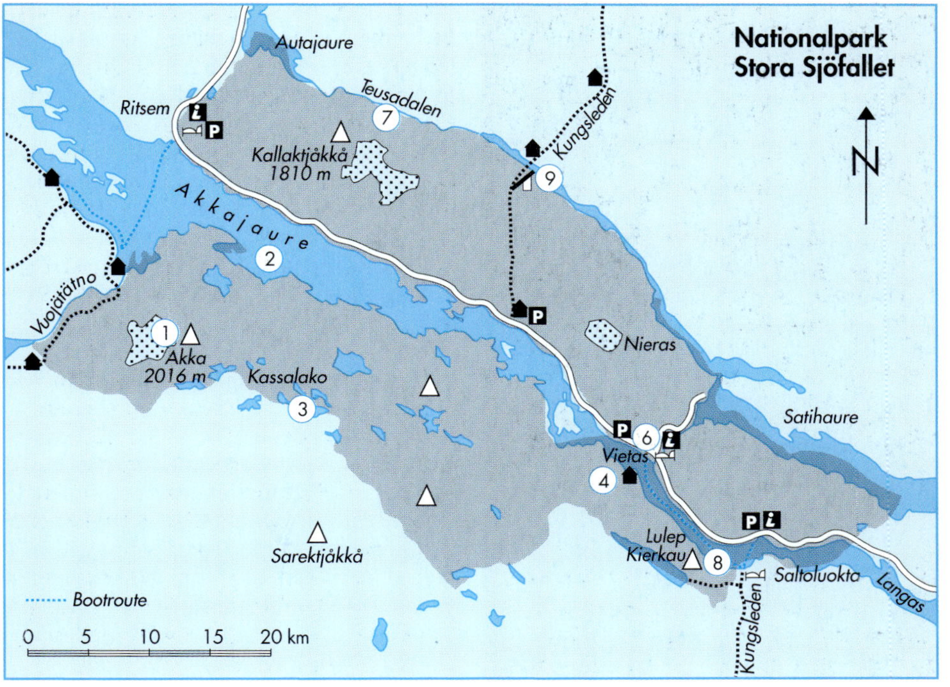

Im Gebiet unterwegs

Eine Etappe des berühmten Kungsleden (s. S. 115) führt durch den Nationalpark. Vom Nordufer des Sees **Teusajaure** ⑨ aus, noch außerhalb des Schutzgebiets, kann man an einer Schutzhütte mit dem Boot übersetzen und den Nationalpark betreten. Der Kungsleden führt zunächst hinauf ins Kahlfjäll und dann abwärts, bis er bei Vakkotavare auf die Straße trifft. Dort fährt ein Bus nach Vietas ⑥, von wo aus täglich Boote in Richtung Saltoluokta fjällstation ablegen; hier setzt sich der Kungsleden über Sitojaure und Aktse bis in den Nationalpark Sarek fort.
Von **Saltoluokta**, das außerhalb des eigentlichen Nationalparks liegt, kann man auf verschiedenen Wegen Tagesausflüge in den Nationalpark unternehmen. **Ahutjukårså** erreicht man auf einem rund 2 km langen markierten Pfad, zum Gipfel des **Lulep Kierkau** ⑧ sind es 8 km. Lohnendes Ziel für einen Tagesausflug ist auch der 7 km entfernte Fjällsee **Pietsaure.**
Möchte man im Nationalparkgebiet weglose Gebiete erkunden, was nur erfahrene und mit dem Kompaß vertraute Wanderer tun sollten, kann man von Vietas aus den recht steilen, 1635 m hohen Berg **Nieras** besteigen, der neben eindrucksvoller Fjällnatur auch einige kleinere Gletscher zu bieten hat.

Praktische Tips

Anreise

Der Bau der »Straße westwärts« (Vägen västerut) in den 70er Jahren zu den verschiedenen Fjälleinrichtungen hat Stora Sjöfallet zu einem der am leichtesten zugänglichen schwedischen Nationalparks gemacht. Die Straße zweigt 6 km nördlich von »Porjus gamla kraftverkssamhälle«

Das Blaukehlchen (im Foto ein Männchen), wegen seiner Gesangskünste auch »Schwedische Nachtigall« genannt.

Die Alpenpechnelke verträgt auch schwermetallhaltigen Boden.

Erst im Alter von rund fünf Jahren legen Seeadler das Alterskleid an – kenntlich an dem hellen Kopf.

vom RV 45 ab und verläuft entlang des Nordufers des Stora-Luleälv-Seensystems. Sie führt über Vietas nach Ritsem (Ritjemjokk) in den westlichsten Teil des Nationalparks.
Im Sommer besteht eine tägliche Busverbindung von Gällivare nach Vietas, Ritsem und weiter nach Sitasjaure. Per Boot gelangt man von Ritsem über den Akkajaure nach Vaisaluokta und Änonjalme (Akkastugorna).

Klima/Reisezeit

Wie in den meisten Fjällgegenden gibt es den meisten Niederschlag während der Sommermonate, jedoch zählt der Nationalpark mit rund 400 mm Jahresniederschlag zu den eher niederschlagsarmen Gebieten. Am wärmsten ist es im Juli; um der schlimmsten Mückenplage zu entgehen, sind die Monate Juni (ab Monatsmitte) und September empfehlenswert.

Unterkunft/Information

Übernachtungsmöglichkeiten gibt es in den Fjällhütten des STF bei Vietas und Ritsem; außerdem kann man dort auch zum Essen gehen und Lebensmittel einkaufen. Auch in der Saltoluokta fjällstation am Südufer des Sees Langas kann man gut übernachten.
Im Sommer verbindet der Bootsverkehr die Kungsleden-Teilstücke zwischen Vietas und Saltoluokta. Die Boote laufen auch Kebnats am Nordufer des Langas an. Auf der Südseite des Akkajaure, direkt gegenüber von Vietas, liegt die Übernachtungshütte Sjöfallstugan. Zwei weitere Hütten liegen am Kungsleden: Vakkotavare und Teusajaure. In den übrigen Teilen des Nationalparks fehlt jede Art von Übernachtungsmöglichkeit, man ist daher auf seine eigene Ausrüstung angewiesen.

Karten

Fjällkartan 1:100 000, Kartenblätter 29 GH Sitasjaure, 28 I St. Sjöfallet und 28 H Sarek.

17 Nationalpark Muddus

Nahezu unberührte Urwald- und Moorlandschaft; Wasserfall des Muddusjåkk; wichtiges Brutgebiet für bedrohte Vogelarten; Lebensraum für Bären und andere Großraubtiere.

Der 493 km² große Nationalpark liegt in der Taigazone Nordschwedens, nur etwa 30 km nördlich des Polarkreises. 1942 wurde der Nationalpark eingerichtet, um diese einmalige Wald- und Moorwildnis in ihrem ursprünglichen Zustand zu erhalten.
Im Nordwesten des Parks liegt der Berg Sör-Stubba, mit 661 m der höchste Punkt im Schutzgebiet. Aus der Vogelperspektive dominiert im nördlichen Parkteil glitzernde Wasseroberfläche. In den zentralen Gebieten liegen die großen Seen **Muddusjaure** ⑤ und **Muddusluobbal** (Muddusluoppal) ③, umgeben von einem flachen Moorland, das von Nadelurwäldern auf trockenerem Boden gesäumt wird.
Einige tiefe Schluchttäler durchschneiden an der Südgrenze das Gelände, das zum Fluß Stora Luleälv hin abfällt.
Die weite Aapamoor-Landschaft (s. S. 188) wird von langgestreckten »Festlandsbereichen« durchzogen, die vor allem in Nordwest-Südost-Richtung verlaufen.
Durch den Muddusjaure fließt der Muddusjåkk; in seinem letzten Stück durch den Nationalpark strömt er durch ein enges, cañonartiges Schluchttal, das vermutlich auf die Erosionskraft eines Gletscherflusses zurückgeht. Das Schluchttal beginnt am Muddusfallet, wo sich der Muddusjåkk über einen 42 m hohen Wasserfall hinabstürzt; die Steilwände des Cañons ragen in diesem Bereich fast 100 m auf. Unterhalb des Wasserfalls liegt Kolksjön, ein kreisrunder See, der die Form einer Höhle aufweist. Ab dem Wasserfall heißt der Fluß Muddusälven.
Etwas weiter östlich befindet sich ein weiteres Schluchttal: **Måskoskårså**. Es ist nicht so tief wie die Muddusjåkk-Schlucht und führt heutzutage kein Wasser mehr. Der Grund der Schlucht ist mit Felsbrocken übersät, die der Frost im Lauf der Zeit aus dem Gestein gesprengt hat.
Der Nationalpark schützt eines der größten und ursprünglichsten zusammenhängenden Nadelurwaldgebiete Schwedens. Der Einfluß des Menschen auf die Wälder des Nationalparks ist minimal, nur die Hangwälder zum Stora Luleälv zeigen Spuren von Holznutzung.
Die Vielfalt der Waldtypen ist groß. Der dominierende Nadelbaum ist die Kiefer; von dieser Baumart findet man im Nationalpark sehr alte Individuen, von denen der älteste 706 Jahresringe aufweist und heute (1993) ein Alter von rund 720 Jahren erreicht hat. Dieser Baum steht auf einem Hügel im nordöstlichen Parkgebiet. Kiefernwälder findet man vor allem auf heideartigen Böden mit spärlichem, arten-

Im Gegensatz zum etwa gleichgroßen Höckerschwan hat der Singschwan eine gelbgefärbte Schnabelbasis.

◁ Blick in das Trockental Måskoskårså in südlicher Richtung; das Tal entstand während der Eiszeit durch Schmelzwasserflüsse.

armen Unterwuchs. Zum Urwaldcharakter passen die vielen abgestorbenen Kiefern, die als stehende oder liegende Baumleichen oft noch lange Zeit post mortem weiterexistieren und so Lebensraum für viele bedrohte Insektenarten darstellen. Über feuchterem Boden hat die Fichte bessere Überlebenschancen. Diese Baumart erreicht im Muddus höchstens 250 Lebensjahre. Die fichtendominierten Waldtypen liegen vor allem in den zentralen und in den westlichen Teilen des Parks, die Kiefernwälder stocken hauptsächlich in den südlichen und östlichen Teilen. Der häufigste Waldtyp ist jedoch Mischwald aus Kiefer, Fichte und einem kleinen Anteil Birke.
Einige alte Brandfelder gibt es im Nationalpark – beispielsweise nordöstlich vom Muddusjaure auf dem Unna Tjåtekvare und in den südlichen und östlichen Parkbereichen. Mitte des 19. Jh. lebte am Ostufer des Muddusjaure ein Einsiedler. Da das Leben hier aber zu hart ist, war die Wohnhütte bereits 1909 verschwunden, nur ein paar Spuren dieses Siedlungsversuchs sind übriggeblieben, wie die Reste von Heugestellen in einigen Mooren. Heute ist der menschliche Einfluß im Nationalparkgebiet neben Wandertourismus auf die Rentierbeweidung der Samen beschränkt.

Pflanzen und Tiere

Die trockenen Kiefernheidewälder sind relativ artenarm, der Unterwuchs besteht meist aus Besenheide und Gräsern; das

Der 42 m hohe Muddusfallet ergießt sich in zwei Fallstufen in die Tiefe. ▷

◁ Gelbes und Rotes Schirmmoos wachsen gemeinsam auf dem Kot von Großtieren.

Mit ihrem Tarngefieder ist die Waldschnepfe hervorragend an den Waldboden angepaßt.

Nordische Moosglöckchen ist eine Charakterart. Häufig ist der Boden mit verschiedenen Arten von Rentierflechte bedeckt, auch die hell-gelbgrüne Blattflechtenart *Nephroma arcticum* ist nicht selten. Die Kiefern im Park sind oft mit Bartflechtenarten der Gattung *Alectoria* behangen.
In den feuchteren Fichtensumpfwäldern (s.S. 90) ist der Artenreichtum bedeutend größer; hier gedeihen unter anderem Echtes Mädesüß, Schattenblümchen, Wiesen- und Waldwachtelweizen (S. 26), Schwedischer Hartriegel (S. 110) und Goldrute (S. 113). Die seltenen Orchideenarten Wi-

Muddus ist berühmt für seinen Braunbärenbestand.

derbart und Norne (oder Nordische Calypso) sowie das Lappländische Scharbockskraut findet man an mehreren Stellen des Nationalparkes.
Die Moore sind ein Dorado für Gräserspezialisten. Hier wachsen vor allem verschiedene Seggenarten wie Faden- und Schnabelsegge und das zu den Süßgräsern gehörende Pfeifengras. Die Bulten an den trockeneren Moorrändern sind mit Braunem Torfmoos, Zwergbirke und Moltebeere (S. 166) bestanden. In den nassen Flarken kann man Fadenwurzelsegge und Rasige Haarsimse antreffen. An überschwemmten Stränden wachsen die charakteristischen kopfgroßen Bulten der Wiesenseggenform *Carex nigra* var. *juncella*. Großtierkot, beispielsweise von Bär oder Elch, ist Wuchsstandort für das Gelbe Schirmmoos, dessen Schirmchen an einen Regenschirm erinnern.
In den von der Holzindustrie stark genutzten Wäldern Nordschwedens bildet der Muddus eine Oase für zahlreiche Tierarten. Hier bietet sich heute die einmalige Chance zu erleben, wie es vor der Zeit der modernen Waldbewirtschaftung in diesen Taigawäldern ausgesehen hat.
Besonders bemerkenswert ist der gute Bärenbestand. An vielen Stellen des Parks kann man Ameisenhaufen finden, die im Frühjahr von Bären auf der Suche nach ihrer Leibspeise, den Ameisen, aufgegraben wurden. Mehr Glück braucht man, um an Bäumen Kratzspuren von Bärentatzen zu finden. Die Chance, einem Bären zu begegnen, ist zwar nicht allzu groß, in den westlichen Teilen des Nationalparks jedoch am wahrscheinlichsten. Luchse (S. 126), die auch im Muddus regelmäßig vorkommen, halten sich meist in den unzugänglichen südlichen Parkteilen auf.
Der Vielfraß (S. 80) ist eigentlich nur Wintergast im Nationalpark, seine Aufenthalts-

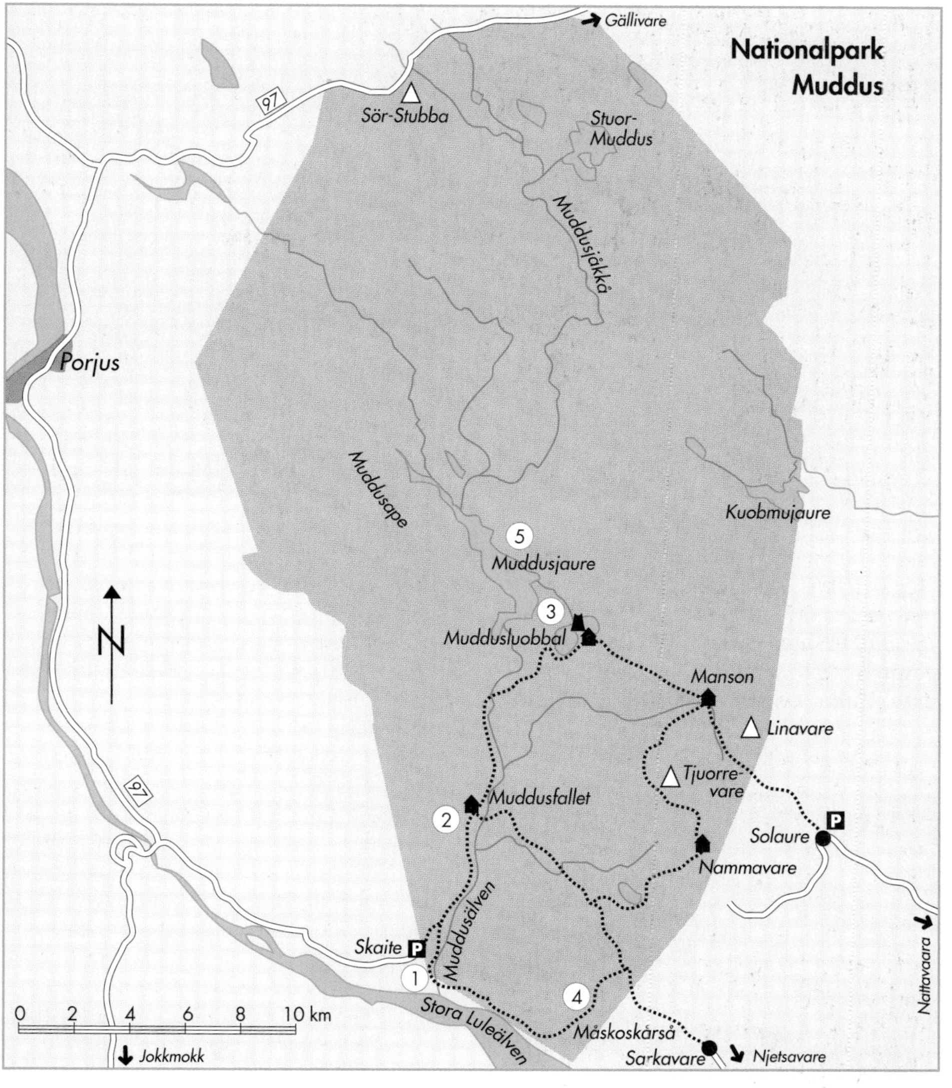

dauer fällt in der Regel mit der Anwesenheit der Rentiere zusammen, die hier im Winter weiden. Häufiger sind die kleinen Marderarten Hermelin und Mauswiesel. Auch der Fischotter ist ständiger Bewohner des Nationalparks; ihn trifft man mit etwas Glück an den Seen und Fließgewässern an. Elche sind recht zahlreich, jedoch außerhalb des Schutzgebiets in großen Jungwaldflächen noch häufiger. Dasselbe gilt auch für den Schneehasen.

Der Artenreichtum der Vogelwelt ist ein Effekt der Vielfalt an ursprünglichen Lebensräumen. Die Individuenzahlen der über 100 Brutvogelarten sind jedoch meist niedrig.

Auf den Seen brütet eine Reihe von Entenarten. Neben häufigeren Arten wie

Blick vom Vogelturm über den See Muddusluobbal; von hier aus kann man Singschwäne, Adler oder auch Elche beobachten.

Stock-, Pfeif-, Krick- und Schellente können auch Zwerg- und Mittelsäger, Trauer-, Berg- und Spießente angetroffen werden; sogar eine so südliche Art wie die Löffelente wurde bereits im Park beobachtet.

Der Säuerling, ein Knöterichgewächs, ist eine ausgeprägte Fjällpflanze und blüht von Juni bis August.

Die großen Moore sind wichtige Lebensräume für Singschwan, Saatgans, Kranich und einige bedrohte Watvogelarten. Im Frühjahr balzen hier Kampfläufer an traditionellen Plätzen; an den Rändern der Moore brüten Dunkle Wasserläufer, während die nassesten Bereiche von Bekassine, Zwergschnepfe und Sumpfläufer als Nistplätze bevorzugt werden.
In den mehr urwaldgeprägten Nationalparkteilen kommen Steinadler, Habicht, Merlin, Turmfalke und Rauhfußbussard regelmäßig vor. Die Höhlen von Bunt- und Dreizehenspecht beziehen Lapplandmeise, Gartenrotschwanz oder Trauerschnäpper, die Wohnhöhlen des Schwarzspechtes werden vom Rauhfußkauz genutzt. Auch die Mauersegler ziehen ihre Jungen im hohen Norden in Spechthöhlen auf. Der wehrhafte Habichtskauz macht seinem schwedischen Namen »slaguggla« (Schlageule) alle Ehre, denn er greift auch menschliche Eindringlinge in Nestnähe beherzt an; er brütet im oberen Teil abgestorbener hoher Kiefern. Zu den regelmäßigen Brutvögeln des Muddus gehört der Uhu, der in den Schluchtwänden seine Jungen aufzieht.

Im Gebiet unterwegs

Durch das Angebot von 4 Hütten kann man den Park auf einer großen Rundtour in 3–4 Tagen durchwandern. Meistgenutzter Startpunkt ist der Parkplatz **Skaite** ①. Von dort führt der gut markierte Wanderweg auf der Westseite des Muddusälven durch alten Kiefernwald, in dem man hin und wieder auf Spuren früherer Waldbrände stößt. An mehreren Stellen kann man zwischen einem leichteren (»lättare stig«) und einem schwierigeren Pfad wählen; beide Pfade führen nach zirka 7 km zur Hütte am Wasserfall, **Fallstugan** ②; der etwas schwierigere verläuft jedoch näher an der Abbruchkante der Schlucht.
Wandert man von der Fallstuga aus in nördlicher Richtung (geradeaus) weiter, gelangt man auf Holzbohlen in die großen Moore südlich des Sees Muddusluobbal. Auf einem flachen Bergrücken liegt die Übernachtungshütte **Muddusluobbal** ③, dahinter steht ein hoher Vogelturm, der einen fantastischen Überblick über das weite Moor- und Seenland bietet. An der Übernachtungshütte Manson biegt der Weg nach Süden ab und umrundet den nadelwaldbestandenen Hügel Tjuorrevare. Am See Ramsojaure liegt die nächste Übernachtungshütte – **Nammavare**. Von dort führt der Weg weiter zum See Nammajaure. Die große Rundtour führt über einen Gabelpunkt in die südöstlichen Parkteile, an der Ostseite der **Måskoskårså-Schlucht** ④ entlang. Der abwärtsverlaufende Weg zum Stora Luleälv führt durch ein großes Brandfeld von 1933.
Diesen großen Rundweg kann man auf zweierlei Weise abkürzen. Bei der 1. Möglichkeit hält man sich an der Fallstugan ostwärts und kehrt über die Måskoskårså-Schlucht zum Parkplatz Skaite zurück. Die 2. Alternative verzichtet auf den Weg durch die Schlucht und führt am Gabelpunkt kurz hinter der Schutzhütte Nammavare westwärts zur Fallstugan und dann zurück nach Skaite.

Der Gartenrotschwanz ist in Nordeuropa ein typischer Bewohner von aufgelockerten Taigawäldern.

Um den bitterkalten nordischen Winter zu überstehen, legt die Lapplandmeise bereits im Sommer Futtervorräte an.

Norne oder Nordische Calypso, eine hübsche Orchideenart.

Waldbrände in der Taiga

Der Nationalpark Muddus ist ein Beispiel dafür, daß das Aussehen der nordischen Nadelwälder entscheidend durch regelmäßige Waldbrände geprägt ist. In den westlichen Teilen des Muddus, in denen Fichtenwald dominiert, fehlt fast jede Spur von Waldbränden. In den kieferndominierten Bereichen des Parks findet man Spuren von Großbränden aus den Jahren 1490, 1603, 1667, 1763, 1868 und 1933. Insgesamt lassen sich 47 verschiedene Brandereignisse innerhalb der Grenzen des Nationalparks nachweisen. Einzelne noch lebende Kiefern können Spuren von 5 verschiedenen Bränden aufweisen. Ein Forscher, der sich mit Brandökologie in Urwäldern beschäftigt, ist zu dem Ergebnis gekommen, daß in ein und demselben Gebiet zwischen 2 verschiedenen Großbränden rund 80 – 90 Jahre vergehen. Die Brände wurden in der Regel durch Blitze entfacht. Die Gewitter konnten mit den entsprechenden Sommerklimata korreliert werden: In trockenen Sommern mit einer großen Zahl von Gewittern brannte es in vielen Bereichen Nordschwedens; in manchen dieser Jahre stellte man sogar an vielen Stellen der eurasiatischen Taiga bis nach Ostsibirien große Waldbrände fest.

Jede Baumart ist unterschiedlich an Brandereignisse angepaßt. Die Kiefer übersteht einen Brand relativ gut, da sie eine dicke, widerstandsfähige Rinde hat und ihre Krone hoch ansetzt. Die Folgeschäden nach einem Brand bleiben meist gering, denn sie können Pilz- und Insektenbefall durch eine gut funktionierende Harzproduktion wirkungsvoll verhindern. Über einen Teil der Brandwunden wächst neue Rinde und deckt so die Schadstelle ab. Mit Hilfe der Brandmale im Bereich der entsprechenden Jahresringe konnte man die Waldbrände im Muddus kartieren.

Die Fichte übersteht Waldbrände kaum, da sie eine deutlich dünnere Rinde besitzt. Außerdem hängen die Zweige oft bis zum Boden, wodurch sie leicht Feuer fangen können. Die empfindlichen Fichten überleben deshalb Waldbrände nur in feuchteren Waldgebieten.

Waldbrände bestimmen die Artzusammensetzung der Waldbäume. In Gebieten, wo es häufiger brennt, dominiert die Kiefer. Liegt das letzte Brandereignis schon relativ lange zurück, gewinnen die schnellwüchsigeren Fichten den Konkurrenzkampf: Sie verdrängen mit der Zeit die lichthungrigen Kiefern, die Beschattung nicht vertragen.

Nach einem Waldbrand beginnt eine neue Periode der Waldsukzession mit Waldweidenröschen und dem Süßgras Drahtschmiele als dominierende Arten. Danach stellen sich Zwergsträucher wie Besenheide, Echte Bärentraube, Preiselbeere, Heidel- und Rauschbeere ein. Verkohlte Oberflächen an den toten Baumstümpfen sind Lebensraum für nur ganz wenige Organismen, die jedoch auf diese Substrate angewiesen sind. So trifft man die Krustenflechte *Lecidea* nur auf verkohltem Holz an. Auch manche Insekten und Pflanzen können sich nur nach einem Waldbrand entwickeln.

Wo der Nationalpark im Nordwesten an den RV 45 grenzt, führt ein unmarkierter Pfad zum Gipfel des Berges **Sör-Stubba**. Von dort oben hat man einen fantastischen Blick auf die umliegenden Hügel sowie die weite Wald- und Moorwildnis. Ein neuer Bohlenweg, der durch die moorreichen Parkteile im Norden führt, ist gerade im Bau und soll im Sommer 1994 fertiggestellt sein; er hat jedoch keine Anbindung an das Wegenetz im südlichen Nationalparkgebiet.
Um die vielfältige Tierwelt nicht zu stören, wurden 3 Schutzzonen ausgewiesen, die in der Zeit vom 15.3. – 31.7. nicht betreten werden dürfen.

Praktische Tips

Anreise

Im Norden und Nordwesten grenzt der Nationalpark an den RV 45 Porjus – Gällivare. Von dieser Straße biegt man in Höhe des Staudamms Liggadammen nach Skaite ab, wo man nach rund 11 km auf einem Schotterweg den Parkplatz Skaitekojan ① mit Informationstafel erreicht. Im Osten führen über Nattavaara oder Messaure ebenfalls Straßen an den Nationalpark heran, an deren Ende man über Wanderwege Verbindung zum Wegenetz im Südteil des Muddus hat.

Reisezeit

Muddus bietet zu allen Jahreszeiten interessante Möglichkeiten zum Naturgenuß. Im Sommerhalbjahr, das von Ende Mai bis Ende September währt, sollten Wanderer wegen der vielen Stechinsekten die Zeit vor Mitsommer für einen Besuch wählen.

Unterkunft/Information

Im Nationalpark stehen dem Besucher 4 Übernachtungshütten zur Verfügung (s. »Im Gebiet unterwegs«). Während der Touristensaison sind am Muddusfallet und -luobbal auch einfachere Koten für Übernachtungen offen. Außerhalb der Saison sind die Hütten verschlossen, man muß sich in Jokkmokk bei der Naturschutzbehörde (Naturvårdsverkets Fjällenhet) einen Schlüssel besorgen.
Die Übernachtungen in den geöffneten Hütten zahlt man mittels Überweisungsscheinen, die in den Hütten aufliegen. Zelten ist im Park erlaubt, jedoch nur bei größtmöglicher Rücksichtnahme auf die Natur. Feuer darf man nur an den eigens gekennzeichneten Stellen entzünden.
Für Tagesausflüge in den Nationalpark kann man in Jokkmokk oder Porjus wohnen. In Kuossinjarka, 12 km westlich von Jokkmokk, an der Straße nach Kvikkjokk, gibt es Hütten zu mieten.

Karten

Wanderkarte 1:50 000, Muddus Nationalpark.

Blick in die Umgebung

Südlich von Gällivare liegt das 55 km² große Naturreservat **Dundret**, ein isolierter Berg außerhalb der eigentlichen Fjällkette, das verschiedene Lebensraumtypen vom See Harrträsk auf rund 400 m Höhe bis zum Gipfel, dem 820 m hohen Stora Toppen, umfaßt.
Das Gestein des Dundretfjälls besteht aus dem fast schwarzen Gabbro, dessen Verwitterungsprodukte die Voraussetzung für die reiche Flora bieten. Unter den rund 200 Pflanzenarten des Reservates befinden sich auch ungefähr 30 echte Fjällpflanzen, wie Alpenbärlapp, Säuerling, Alpenpechnelke, Diapensie, Lappland-Läusekraut und Alpenehrenpreis. Auf den alpinen Heiden trifft man Gold- und Mornellregenpfeifer sowie das Moorschneehuhn an; ganz oben im Kahlfjällbereich sind vor allem Schneeammer und Alpenschneehuhn zu Hause.
In **Jokkmokk** sollte man sich **Ajtte**, das schwedische Fjäll- und Samenmuseum, ansehen, das interessante Einblicke in die samische Kultur und Lebensweise bietet.

18 Nationalpark Abisko

Hochnordische Fjäll-Landschaft; Tal und Cañon des Abiskojåkka; artenreiche Fjällflora auf dem Berg Njulla; südliche und nördliche Vogelarten nebeneinander.

Abisko ist einer der ersten Nationalparke, die in Schweden eingerichtet wurden. In Erfüllung eines im Jahre 1909 geschaffenen Gesetzes wählte man im darauffolgenden Jahr 9 verschiedene, über ganz Schweden verteilte Naturlandschaften aus, um sie als Nationalparke unter Schutz zu stellen. Somit ist Abisko auch einer der ältesten Nationalparke in Europa. Auf einer Fläche von 77 km² soll ein hochnordisches Fjällgebiet im ursprünglichen Zustand erhalten werden. Das Abisko-Gebiet wurde zugänglich, als 1903 die Eisenbahn (»Erzbahn«, schwed. »riksgränsbanan«) zwischen dem schwedischen Kiruna und dem norwegischen Narvik eröffnet wurde. Der Fjäll-Tourismus war bereits damals ein im Wachstum begriffener Trend, der den Nationalpark schnell bekannt machte.

Herzstück des Nationalparks ist das Abisko-Tal (Abiskodalen) entlang des Flusses Abiskojåkka (Abiskueatnu). Die Westgrenze des Nationalparks verläuft über die Gipfel der Berge Slåttatjåkka (Sloahtta) (1191 m) und Njulla (1169 m). Ein größerer See, der Abiskojaure ②, befindet sich im Südteil. Durch den See fließt der Abiskojåkka, auf ungefähr halber Strecke zum Torneträsk münden die Flüsse Kårsajåkka (Gorsajohka) von Westen und Nissunjåkka (Nissunjohka) von Osten in den Abiskojåkka, der große Mengen an Schlamm transportiert und dadurch ein Delta in den Torneträsk aufgeschüttet hat.

Wenige Kilometer vor der Mündung in den Torneträsk hat sich der Abiskojåkka im Laufe der Zeit einen 20 m tiefen, malerischen Cañon ③ gegraben. Die senkrechten Wände in der Schlucht bestehen zum

Blick vom Berg Njulla auf das gletschergeformte Tal Lapporten, in dem ein Opferplatz der Samen liegt.

Kurz vor seiner Mündung in den See Torneträsk hat sich der Fluß Abiskojåkka einen Cañon gegraben.

großen Teil aus hartem Schiefer, zwischen den Schieferplatten befindet sich jedoch eine gelblichweiße Schicht von Dolomit, der früher abgebaut und unter dem Namen »Abisko-Marmor« verkauft wurde. Die Schluchtwände werden ständig vom tosenden Wasser abgeschliffen, an einigen Stellen sind im Laufe der Jahre Höhlen entstanden.

Wenn man vom Abisko-Tal aus Richtung Süden blickt, versteht man, daß diese Fjäll-Landschaft auch als »Abisko-Alpen« bezeichnet wird. Diese bestehen wie das Berggebiet Kieron, das im Südosten die Parkgrenze bildet, aus ziemlich verwitterungsbeständigem Amphibolit. Die Gesteine der Berge Slåttatjåkka und Njulla sind hauptsächlich schnell verwitternde Glimmerschiefer.

Auf dem Berg Njulla sieht man Polygonböden, eine Form von Trockenböden mit Vieleckmuster aus materialreinen Erdwällen, die durch »Sortierungsarbeit« des Frostes entstanden sind. An den Hängen in Talnähe bewegen sich die Erdschichten durch Solifluktion, ein Phänomen, das bei Permafrostböden auftritt: Der durch die Sonneneinstrahlung auftauende Oberboden rutscht über den gefrorenen Untergrund ab. Diese Erdbewegungen stellen erhebliche Anforderungen an die dort wachsenden Pflanzen, und nur Arten, die durch Solifluktion bedingte Wurzelschäden ertragen, können sich in diesen Hanglagen behaupten. Oft sind dies Pflanzenarten, die sich aus Konkurrenzgründen an anderen Standorten nicht durchsetzen können.

Die kalkliebende Gletscherlinse wächst oberhalb der Baumgrenze, zum Beispiel am Hang des Berges Njulla.

Pflanzen und Tiere

Das kalkreiche Gestein begünstigt eine artenreiche Fjällflora. Im Cañon des Abiskojåkka beginnt die botanische Entdeckungsreise, denn auf den Zwergstrauchheiden am Fluß wächst bereits die Lappland-Alpenrose. Die Alpenwiesenraute und das Alpenfettkraut (S. 173) findet man ebenfalls hier. An den Wänden des Cañons gedeihen Gabelförmige Nelke und Arktische Glockenblume (S. 121), auch die Schmalblättrige Arnika (S. 174) und den Rasen-Steinbrech trifft man dort an.

Besonders artenreich sind die Pflanzengesellschaften der Fjällbirkenwälder an den Osthängen der Berge Njulla und Slåttatjåkka. Die knorrigen, teilweise gedrehten Birken treten hier vor allem in der mehrstämmigen Form auf, sie werden in tieferen Lagen deutlich höher. Im Unterwuchs stehen große und prächtige Stauden wie Trollblume, Waldstorchschnabel und Alpen-Milchlattich. An offenen Stellen findet man in der Rasenvegetation die Gletscherlinse, ein Schmetterlingsblütler, und die Unterart *straminea* der Orchidee Weißzüngel. Im Nationalpark liegt auch das einzige schwedische Vorkommen der Stumpfen Waldhyazinthe.

Auf den kahlen Hochflächen des Njulla breiten sich alpine Heiden aus; oberhalb 1000 m Höhe bilden sie mit Silberwurz und Vierkantiger Cassiope als Charakterpflanzen die mittlere alpine Stufe.

In den Tälern gibt es einen Bestand von alten, sehr dickstämmigen Kiefern – eine Reliktpopulation, die sich während einer Wärmeperiode vor zirka 6000 Jahren etabliert hat. Wegen des härteren Klimas erfolgt heutzutage eine erfolgreiche Samenbildung nur alle 30 Jahre.

Unter den Säugetieren sind Elch, Berglemming und Hermelin neben dem halbdomestizierten Ren am häufigsten anzutreffen. Die Vogelwelt tritt dagegen viel artenreicher in Erscheinung. Nordische Arten wie Rotdrossel und Bergfink (S. 45) kommen gemeinsam mit eher südlichen Arten wie Trauerschnäpper (S. 152), Gartengrasmücke, Singdrossel, Rotkehlchen und Heckenbraunelle vor. Die seltenste und berühmteste Vogelart des Nationalparks ist der Wanderlaubsänger, der in

Besonders im Flug erinnert die Sperbereule mit ihrem langen Schwanz an einen Sperber; sie ist ausgeprägt tagaktiv.

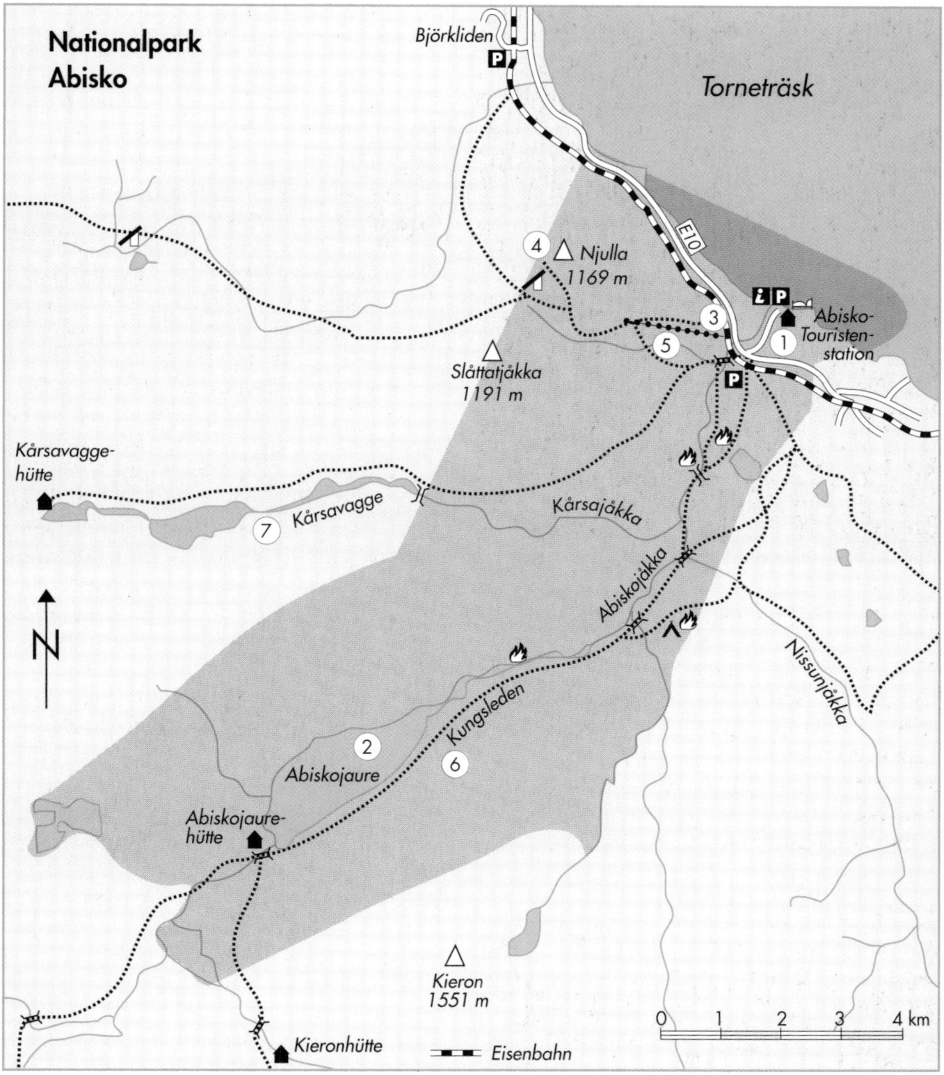

manchen Jahren an den Hängen des Njulla beobachtet werden kann.
Auf den kleinen Seen des Parks leben Pfeif- (S. 97) und Reiherente, Schell- und Trauerente, in den Moorgebieten hört man die Stimmen von Regenbrachvogel (S. 167), Grünschenkel (S. 164) und Bruchwasserläufer. Die Wasseramsel trifft man besonders im Abisko-Cañon an. Das Delta des Abiskojåkka in den Torneträsk ist vom 1.5.–31.7. zum Schutz der Brutvögel nicht zugänglich.
Das Kahlfjäll ist das Reich des Alpenschneehuhns, dort lebt auch der Mornellregenpfeifer (s. S. 32). In der kahlen Einöde der Fjällgipfel sind auch Schneeammer, Wiesenpieper und Steinschmätzer zu Hause.

In den Wäldern entlang des Flusses Abiskojåkka trifft man so südliche Arten wie Rotkehlchen und Singdrossel an.

Im Gebiet unterwegs

Im Bereich der **Abisko-Touristenstation** ① gibt es eine Vielzahl von Wegen; auf mehreren Brücken kann man die Westseite des Abiskojåkka erreichen. In das Hochfjäll gelangt man am einfachsten mit der Seilbahn ⑤, sie führt ein gutes Stück aufwärts in den Bereich zwischen den beiden Bergen **Slåttatjåkka** und **Njulla**. Um die Höhenzonierung der Vegetation zu studieren, steigt man auf einem problemlosen Pfad unterhalb der Seilbahn aufwärts. Hier trifft man öfter auf Birken, die in der Mitte der 50er Jahre vom Fjällbirkenspanner geschädigt wurden und daraufhin abstarben (s.S.144). Heute erinnern die Baumruinen als ökologische Mahnmale an die »Naturkatastrophe«.
Eine empfehlenswerte Alternative, den **Njulla** ④ zu ersteigen, ist der nördliche Weg nach **Kårsavagge** ⑦. Wenn man den kleinen Fluß Ridonjira (Rihtunjira) erreicht hat, folgt man seinem Lauf flußaufwärts. Der Pfad führt über kalkreichen Boden mit artenreichem Pflanzenleben. Auf dem Njulla angelangt, erlebt man eine traumhaft schöne Aussicht über die Fjällwelt.
An der Abisko-Touristenstation beginnt der berühmte Kungsleden (s.S.115) ⑥, der südwärts durch die Fjällkette bis nach Hemavan in Västerbotten führt. Die ersten 14 km davon liegen innerhalb des Abisko-Nationalparks. Der Weg ist sehr leicht zu gehen, feuchte Stellen sind mit Bohlen überbrückt.

Praktische Tips

Anreise
Haltestelle für Zugreisende ist die Abisko-Touristenstation, die bereits im Nationalpark liegt. Von Kiruna aus fährt täglich ein Bus nach Abisko.
Mit dem Auto erreicht man die Touristenstation auf der E 10 Kiruna – Narvik. Von den vielen Parkplätzen an dieser Straße kann man den herrlichen Blick auf die Fjällwelt genießen und hat Möglichkeit, sich mit der Vegetation vertraut zu machen.

◁ Nickende Blüten der Kronlosen Nelke; die Fruchtstände richten sich mit zunehmender Reifung auf.

▽ Der Felsenehrenpreis wächst an kalkhaltigen, sonnigen und trockenen Standorten; er blüht im Juli/August.

Ein Frühblüher im Fjäll: die Lappland-Alpenrose.

Klima/Reisezeit
Abisko liegt klimatisch recht günstig, denn die häufig vom Atlantik ostwärts ziehenden Wolken haben sich zum größten Teil bereits auf der Westseite des Fjälls abgeregnet. Der jährliche Niederschlag erreicht hier mit 304 mm die geringsten Werte in ganz Schweden.
Die relativ geringen Schneemengen im

Das winzige Zottige Fettkraut kommt in Mooren vor und ist an das Braune Torfmoos gebunden.

Dynamik des Fjällbirkenwaldes

In Skandinavien bildet der Fjällbirkenwald eine deutliche Grenzzone zwischen dem Nadelwald in tieferen Lagen und dem Kahlfjäll. Hauptbaumart ist die Fjällbirke, eine Form der Moorbirke.
Der Fjällbirkenwald kann ganz verschieden aussehen, je nachdem, wie die Bedingungen des Standorts sind. Am häufigsten kommt er als magerer »Fjällbirken-Heidewald« vor, der oft schütter und kleinwüchsig ist und mehrstämmige Bäume aufweist. An Stellen, an denen im Winter sehr viel Schnee liegt, wachsen auch stärkere einstämmige Birken. Auf dem oberen Stammabschnitt sieht man oft einen olivgrünen Überzug, der vom Flechtenkörper einer Schüsselflechtenart (*Parmelia olivacea*) stammt; diese Flechte verträgt es nicht, mit Schnee zugedeckt zu werden, und kann somit als ökologischer Indikator für die Schneehöhe genutzt werden.
Ganz anders sieht ein Fjällbirkenwaldtyp aus, der zumeist an Berghängen mit feinkörniger Erde und viel Bodenfeuchtigkeit vorkommt. Die Vegetation in diesem Birkenwald ist üppig und enthält viele Hochstauden. Die Pflanzen werden von der Schneehöhe, dem Säuregrad des Bodens und den Wasserverhältnissen beeinflußt.

Der Fjällbirkenspanner fliegt im Herbst.

Die Fjällbirken haben im Fjällbirkenspanner einen gefährlichen Feind, der in kurzer Zeit deutliche, die Landschaft verändernde Schäden hervorrufen kann. Im Herbst legen die Schmetterlinge nach dem Schwärmen ihre Eier auf die Zweige im Baumspitzenbereich. Wenn nicht harte Fröste im Winter auftreten, schlüpfen die Larven zur Zeit des Blattaustriebes im nächsten Jahr und fressen sich durch die Birkenblätter. Im Juli verpuppen sich die Raupen, im September schlüpfen die fertigen Insekten, worauf der Zyklus aufs Neue beginnt. Im Jahre 1955 trat eine große Kalamität entlang der gesamten Fjällkette auf, besonders stark betroffen war das Abisko-Tal (Abiskodalen). Auch heute noch sind die Spätfolgen dieses fast 40 Jahre zurückliegenden Insektenangriffs auf die Birkenwälder zu sehen.
Die toten Birken und Larven düngen den Boden sehr effektiv. Ein Jahr nach dem Insektenangriff entwickelt sich die Vegetation sehr üppig, ähnlich der auf einem Kahlschlag. Während des Kalamitätsjahres gibt es reichlich Nahrung für insektenfressende Vögel, aber auch später, wenn die sterbenden Bäume Angriffsziel von anderen Insekten sowie Pilzen sind, die letztendlich die Bäume ganz zum Absterben bringen.
Das Massenauftreten der Fjällbirkenspanner ist eine natürliche »Katastrophe«; im Gegensatz zu menschlich bedingten Eingriffen, z. B. Kahlschlägen, bleiben die Bäume am Wuchsort, brechen dort zusammen und bilden ein geeignetes Substrat für eine große Gilde holzzersetzender Organismen.

Gebiet schmelzen im Frühjahr rasch ab, so daß die Wanderer schon recht zeitig im Frühsommer die Landschaft erkunden können. Beste Bedingungen für Fjällmärsche bieten die Monate Juni bis September. Die zweite Hälfte Juni bis Ende August ist die blumenreichste Zeit im Fjäll; den Vogelfreunden sei der Monat Juni empfohlen.

Unterkunft/Information

Die Abisko-Touristenstation bietet Hotel-Standard; hier gibt es auch umfangreiche Informationsmöglichkeiten. In der Nähe kann man Hütten mieten oder auf einem Zeltplatz unterkommen.

Innerhalb des Nationalparks darf man nur auf bestimmten, gekennzeichneten Plätzen campieren. So gibt es einen Zeltplatz auf halber Strecke zum See Abiskojaure und einen am Südende des Sees. Dort nehmen auch Touristenhütten des STF (Abiskojaurestugorna) einen müden Wanderer auf.

Nahe der Touristenstation verkehrt eine Seilbahn, mit der man in die Fjällheidegebiete des Njulla gelangen kann. Zur Zeit der Mitternachtssonne ist die Seilbahn gelegentlich auch spät nachts in Betrieb.

Im Hotel befindet sich neben einem Lebensmittelladen eine sehenswerte Ausstellung (Naturum) über die Lebensräume des Fjälls im Abisko-Gebiet und seine typische Tier- und Pflanzenwelt.

In dem kleinen Dorf Abisko Östra – ein paar Kilometer östlich von Abisko – liegt eine Forschungsstation der Königlichen Wissenschaftsakademie, das Naturwissenschafts-Institut Abisko, in dem man seit der Gründung der Station im Jahre 1912 Fjällforschung betreibt. Das Gebiet um die Forschungsstation ist Naturreservat; wie im Nationalpark gilt hier Zeltverbot. Jeden Donnerstag Abend wird eine Führung durch die Station angeboten.

Karten

Fjällkartan 1:100 000, Kartenblatt 30 I Abisko.

Die hellgelb blühende Stumpfe Waldhyazinthe, eine Orchidee, hat im Abisko ihr einziges schwedisches Vorkommen.

Blick in die Umgebung

Rund 10 km östlich von Abisko liegt das Naturreservat **Stordalen**. Ein Pfad führt durch Birkenwald hinab zu einem Moorgebiet mit mehreren kleinen Seen. Der Permafrostboden unter der Moorvegetation taut in den Sommermonaten höchstens 70–80 cm tief auf, an einigen Stellen hat er sich aufgewölbt und sogenannte Palsen gebildet (s. S. 60). Die Vegetation besteht hauptsächlich aus Torfmoosarten, mit etwas Glück kann man das blaßviolett gefärbte Zottige Fettkraut finden, das stets mit dem Braunen Torfmoos assoziiert ist. Hier wächst auch die Kleinfrüchtige Moosbeere, deren kleine hellrote Blütchen aus den Moospolstern lugen.

Ziel einer empfehlenswerten Zwei- oder Dreitagestour ist das tiefeingeschnittene U-Tal **Kårsavagge** ⑦, das eine Vielzahl geologisch interessanter Formationen bietet.

Einer der berühmtesten Blickfänge im schwedischen Fjäll und oft von Künstlern ins Bild gesetzt ist **Lapporten**, die »Lappenpforte« (S. 138), südöstlich von Abisko. Die typische Silhouette dieses mit 7 km recht kurzen U-Tales ist Ergebnis der Schürfarbeit eines Talgletschers. Ein Wanderweg führt hinauf zur »Pforte«; bevor man das Kahlfjäll erreicht, kommt man an einem alten samischen Opferplatz vorbei – Pajep Paddustievva.

19 Nationalpark Liesjärvi

Ausgedehnte Wälder, Moore und Seen – ein Modell der südfinnischen Plateaulandschaft im Kleinformat; urwaldartiges Waldgebiet Ahonnokka mit seltenen Taiga-Arten.

Der Nationalpark Liesjärvi liegt unweit Helsinki auf dem Hochland von Tammela. Obwohl seit langer Zeit Kulturlandschaft, ist dieses Gebiet wegen des unfruchtbaren Bodens nur relativ dünn besiedelt. Brandrodung, alte Erwerbszweige und Bräuche sowie alte Bauweisen haben sich hier länger gehalten als in der umgebenden Kulturlandschaft.

Der Nationalpark wurde 1956 gegründet und 1982 erweitert; er umfaßt heute eine Fläche von 6,3 km². Den größten Teil des Schutzgebiets machen ausgedehnte Kiefern- und Fichtenwälder mit eingestreuten Mooren aus. Obwohl diese Wälder einen nahezu unberührten Eindruck machen, kann man sie nicht als eigentliche Urwälder bezeichnen. Die ältesten und naturnahesten Wälder des Nationalparks befinden sich im Bereich von Ahonnokka, Isosaari und an der Nordseite von Perkonkorpi. Sie konnten sich seit Anfang des 19. Jh. auf ehemals gerodetem Land ungestört entwickeln; 1929 wurden die Wälder von Ahonnokka und Isosaari unter Schutz gestellt, heute zählen die ältesten Bäume hier fast 200 Jahre. In vielen anderen Teilen des Nationalparks wurde der Holzeinschlag bis zum Zweiten Weltkrieg fortgesetzt.

Neben ausgedehnten Wäldern gehören zum Nationalpark auch Moore, Seen und Inseln. Vom namengebenden See Liesjärvi sind bei der Erweiterung der Parkgrenzen

Blick auf den feuchten Fichtenwald am Weg zwischen Kopinlahti und dem Zeltplatz Savilahti.

Das Maiglöckchen ist in den südfinnischen Wäldern auf trockenem, mageren Boden weit verbreitet.

große Uferbereiche in das Schutzgebiet integriert worden, außerdem auch zwei nahezu vollständige Seenkomplexe.

Pflanzen und Tiere

Die Hauptbaumarten der naturnahen Wälder sind Kiefer, Fichte, Birke und Aspe. Auf trockenerem Untergrund stockt Kiefernheidewald; den Waldboden bedecken Zwergsträucher wie Blau- und Preiselbeere, dazwischen blühen Wiesenwachtelweizen und Siebenstern (S. 151), Maiglöckchen und Schattenblümchen. Vereinzelt findet man auch das Nordische Moosglöckchen (S. 26) und die Orchideenart Kriechstendel. Wo das Gelände feuchter wird, dominiert die Fichte. Die naturnahen Waldflächen beherbergen eine Reihe von urwaldtypischen Pilzen wie Rotrand- und Birkensaftporling, Echten Zunderschwamm, Kleinen Stinkschwindling und Hallimasch. In den Übergangsbereichen von Wald zum Moor gesellen sich Rauschbeere und Sumpfporst zu den genannten Zwergsträuchern.
An den Rändern der häufig von Schwarzerlen gesäumten Gewässer bilden Strauß-Gilbweiderich und Blutweiderich oft dichte Bestände. Auf geschützten Seebereichen entfalten Teich- und Seerosen ihre Blüten. Dort wachsen auch Sumpfbrachsenkraut und Wasserlobelie.
Verdient die Pflanzenwelt eher das Prädikat »einförmig«, so tritt die Tierwelt überraschend vielfältig in Erscheinung. Häufig entdeckt man die Trittsiegel des Elches, und seit einigen Jahren findet man auch Spuren des Virginia- oder Weißwedelhirsches, einer nordamerikanischen Hirschart, die 1934 in Südfinnland ausgesetzt wurde. Von den waldbewohnenden Raubtieren sind neben Fuchs auch Dachs und Baummarder heimisch, an den Flußufern jagt der ebenfalls eingebürgerte Mink. In den alten Aspen im Urwald Ahonnokka bewohnt das Gleithörnchen (s. S. 154) große Baumhöhlen; dort kommt auch der Waldlemming, eine an moosreiche Fichtenwälder gebundene Wühlmausart, vor. Im Nationalpark leben viele von Mitteleuropa her bekannte Waldvogelarten, wie Bunt-, Schwarz- und Kleinspecht. Seltener ist der auf älteren Fichtenwald angewiesene Dreizehenspecht. An vielen Stellen des Parks erklingt im Mai und Juni der einfache Gesang des Trauerschnäppers. In den urwaldartigen Bereichen singt im Juni der Zwergschnäpper, dann jagt auch der Baumfalke über den Baumwipfeln.
Typische Vogelarten der steinigen Seeufer sind Bachstelze und Flußuferläufer. Auf den Inseln brüten Sturm-, Herings- und Silbermöwen in kleinen Kolonien, vereinzelt nisten Sturmmöwen auf großen, isolierten Felsblöcken. Im Schutz der Möwenkolonien brüten auch Krickenten, Stockenten und Mittelsäger. Von vielen Uferbereichen aus kann man den Flußseeschwalben, ebenfalls Brutvögel im Nationalparkgebiet, sowie Fischadlern beim Fischfang zusehen. Die verlassenen Baumhöhlen des Schwarzspechts nutzen Schellenten und Gänsesäger für die Brut.

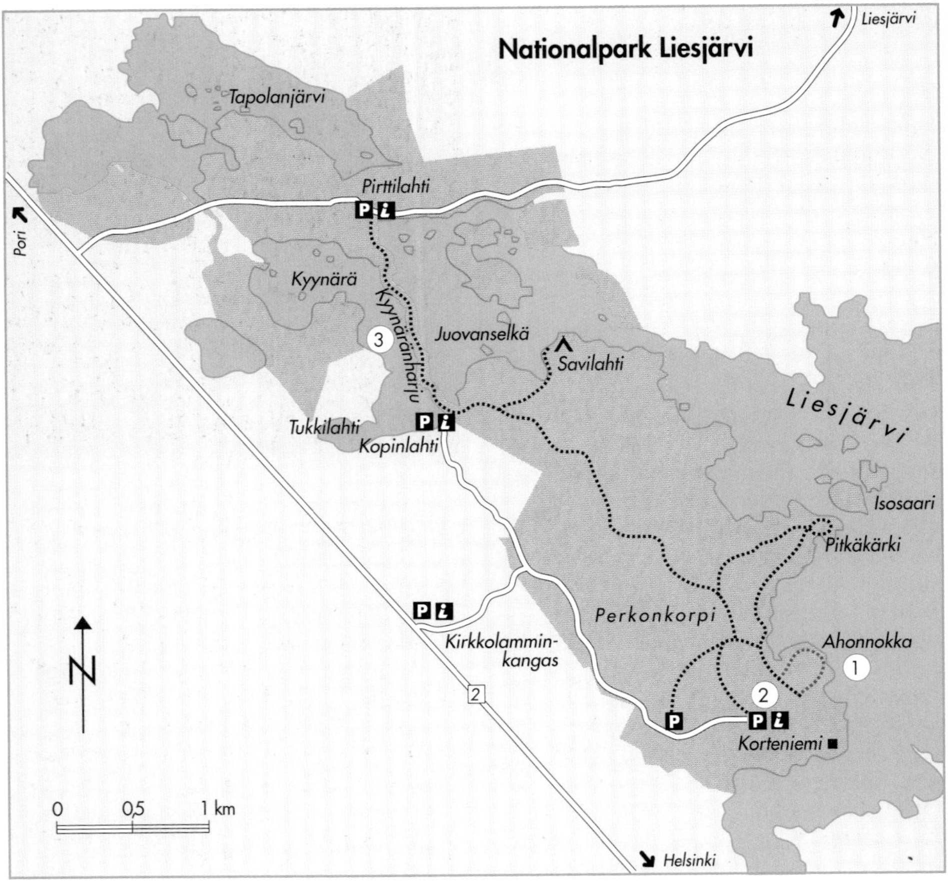

Im Gebiet unterwegs

Den Park kann man auf mehreren markierten Wegen durchwandern. Am Parkplatz **Pirttilahti** beginnt ein Wanderweg über einen mit alten Kiefern und Faulbaum bewachsenen eiszeitlichen Bergrücken (Kyynäränharju) ③, der als natürlicher Damm zwischen den beiden Seen Kyynärä und Juovanselkä verläuft. Auf den Seen kann man mit etwas Glück Prachttaucher beobachten. Im weiteren Verlauf kommt man zum Rast- und Badeplatz **Kopinlahti** am See Juovanselkä und dann durch einen Fichtensumpfwald (s.S. 90) an die idyllisch gelegene Rast- und Zeltstelle **Savilahti**.

Am Parkplatz **Korteniemi** ② beginnt ein Naturlehrpfad durch das »Urwaldgebiet« **Ahonnokka** ①. Hier bekommt man (leider nur in finnischer Sprache) auf kleinen Tafeln am Weg Einblicke in die Ökologie eines Urwalds sowie kulturhistorisch interessante Informationen.

Während der Brutzeit (1.5. – 15.7.) ist das Betreten von einigen Inseln im Liesjärvi und im Tapolanjärvi verboten.

In der Nähe des Parkplatzes Korteniemi liegt als besondere Sehenswürdigkeit das ungefähr 100 Jahre alte Gehöft **Korteniemi**,

Über den Seen des Nationalparks kann man häufig den Fischadler bei der Beutesuche beobachten.

das immer noch bewohnt und bewirtschaftet wird. Die kleinen Äcker und Wiesenflächen, die sich im Gelände des Nationalparks verteilen, lockern die umgebende Waldlandschaft auf.

Praktische Tips

Anreise

Die Straße Nr. 2 Helsinki – Pori verläuft an der westlichen Parkgrenze. Davon zweigen 2 Straßen in den Park ab: Eine führt nördlich von Kärkölä (Wegweiser »Korteniemi«) ins Zentrum des Parks, die zweite durch den nördlichen Teil (Wegweiser »Liesjärvi«).
Man erreicht den Nationalpark auch mit dem Bus, der auf der Straße Nr. 2 verkehrt.

Reisezeit

Die beste, weil schneefreie Reisezeit ist Mai bis Oktober. Der Juni ist für ornithologisch interessierte Naturfreunde der wichtigste Monat (beispielsweise singende Zwergschnäpper), jedoch muß man ab dann auch mit Mücken rechnen. Pflanzenfreunde kommen vor allem von Juni bis August auf ihre Kosten.

Unterkunft/Information

Ausführliche Info-Tafeln befinden sich am Parkplatz in der Nähe des Gehöftes Korteniemi, daneben gibt es noch an 3 weiteren Parkplätzen Informationstafeln.
Zum nächsten Campingplatz in Tammela sind es 14 km.
Innerhalb der Nationalparkgrenzen ist Zelten nur an den Seen Savilahti und Siltalahti erlaubt.

Karten

Grundkarten 1:20 000, Kartenblätter Nr. 2024 09, 2024 11 und 2024 12.

Blick in die Umgebung

In der Nähe des Nationalparks Liesjärvi liegt der 1990 eingerichtete, 26 km^2 große Nationalpark **Torronsuo**. Schutzobjekt ist das größte und nahezu im Naturzustand erhaltene Moorgebiet Südwestfinnlands: mehrere miteinander verbundene Hochmoore, auf denen bizarre, niederwüchsige Kiefern stehen.

Der Sumpfporst mit seinen aromatisch duftenden weißen Blüten ist typisch für Kiefernsumpfwald.

20 Nationalpark Seitseminen

Ein Mosaik aus Wäldern, kleinen Seen, Mooren und langgeszogenen Bergrücken; für Südfinnland typische liebliche Landschaft; Vorkommen des Gleithörnchens.

Der 41 km^2 große Nationalpark Seitseminen wurde 1982 gegründet. Er liegt nördlich der Industriestadt Tampere. Schutzziel ist die möglichst naturnahe Entwicklung des früher forstwirtschaftlich genutzten Waldlandes.
Der Nationalpark beherbergt eine liebliche und vielseitige Naturlandschaft. Ein prägendes Element sind die langgezogenen, schmalen, sanft ansteigenden Moränenhügel, wie der stattliche Seitsemisharju an der Westgrenze des Parks, der sich nach Süden in der Hügelkette Hirviharju fortsetzt. Auch der Urwaldhügel Multiharju ist ein Beispiel für eine solche eiszeitliche Formation.
Die Moränenhügelketten sind mit Nadelwald bestanden. Zwei Drittel dieser Wälder waren früher in der Nutzung und sind daher jünger als 100 Jahre. Neben Kiefernheidewäldern (s.S.147) gibt es auch reine Fichtenwälder sowie fichtendominierte Mischwälder mit zum Teil uralten Fichten. Hin und wieder stehen dazwischen auch stattliche alte Aspen. Auch in feuchten Senken stockt dichter Fichtenwald. Die Nadelwälder werden nur am Fluß Liesijoki und auf dem Seitsemisharju von kleinen Birkenwaldinseln unterbrochen.
Besonders bemerkenswert ist der Urwald auf dem Moränenhügel **Multiharju**, einem der bedeutendsten Bestände mit Kiefernurwald in ganz Finnland; er steht seit

In den Kiefernsumpfwäldern, etwa am Fluß Seitsemisjoki, kann man die scharfen »tsick«-Rufe der Waldammer vernehmen.

1910 unter Schutz. Die ältesten der hochgewachsenen Bäume sind rund 380 Jahre alt. Auffallend ist die Menge an noch stehenden, aber bereits abgestorbenen silbriggrauen Kiefern, deren Rinde mit der Zeit abfällt und das trockene, gedreht gewachsene Holz freigibt. Folgen der zahlreichen Waldbrände in den vergangenen Jahrhunderten sind verkohlte Baumstümpfe oder schwarze Narbenfurchen in der Rinde noch stehender Bäume. Weitere Urwaldgebiete befinden sich in der Nähe des Sees Pitkäjärvi, entlang der Ufer des Seitsemisjoki und in den kleinen Waldinseln inmitten der Moore.

Nach Osten wird die Landschaft flach, hier dominieren zwergstrauchbestandene Moore. Die Moorbereiche im Seitseminen sind zum großen Teil in der Vergangenheit trockengelegt worden. Nahezu unberührt geblieben sind die Moore Kivineva, Pikkulamminneva und das von Bauminseln übersäte Moor Soljastensuo.

Ein weiteres prägendes Element sind die Gewässer. Im Nationalpark entspringt der Seitsemisjoki. Am nährstoffreichen See Iso Seitsemisjärvi läßt sich die natürliche Sukzession hin zum Niedermoor verfolgen: Der See war bis zur Gründung des Nationalparks von Wiesen umgeben; seitdem man ihn völlig sich selbst überlassen hat, wächst er langsam mit Schachtelhalmen und Seggen zu. Wegen des hohen Gehalts an Huminsäure ist das Wasser der meisten Seen braun gefärbt, nur die Quellseen Kirkaslampi und Kirkas-Soljanen haben klares Wasser – »kirkas« heißt »klar«.

Die Geschichte des Nationalparks ist eng verknüpft mit der Waldnutzung. Durch die steigende Nachfrage nach Bauholz im letzten Jahrhundert wurde die Waldwirtschaft zu einem bedeutenden Erwerbszweig. Für den Abtransport der Stämme über das Wasser wurden die Flüsse Liesijoki und Seitsemisjoki triftfähig gemacht. Aus dieser Zeit stammen die Dämme entlang des Liesijoki, an denen die Stämme ins Wasser gelassen beziehungsweise geborgen wurden. Am Ufer des Pitkäjärvi steht noch heute eine alte Wohnhütte der Waldarbeiter aus den 30er Jahren.

◁ Am Ufer des Sees Pitkäjärvi. In der Nähe befindet sich ein Urwaldgebiet.

Im Vergleich zu Mitteleuropa ist der Siebenstern in ▷ Fennoskandien eine häufige Waldblume.

Die immergrüne Echte Bärentraube wächst auf trockenem Boden; ihre weißen Blüten haben zartrosa Spitzen.

Pflanzen und Tiere

Die Vielfalt der Landschaftsformen spiegelt sich in einer überaus artenreichen Tierwelt wieder; die meisten für Süd- und Mittelfinnland typischen Tierarten sind im Nationalpark zu Hause. Insgesamt hat man bei den Vögeln 140 verschiedene Arten gezählt, von denen zirka 80 Arten regelmäßig hier brüten. Die häufigsten Arten sind Buchfink, Fitis, Grauschnäpper, Baumpieper und Erlenzeisig, aber auch Haubenmeise und Rotkehlchen sind nicht gerade selten.

Das häufigste Säugetier ist die Waldspitzmaus. Gute Bestände haben auch Eichhörnchen, Schneehase, Rotfuchs, Baummarder und Elch; an den Bächen und Flüssen lebt der Fischotter (S. 196).
Einen hohen Stellenwert in diesem Nationalpark haben die Wälder, vor allem der fichtendominierte Urwald am Multiharju. Im Unterwuchs stehen Heidekraut, Blau- und Preiselbeeren (S. 116), Siebenstern und Maiglöckchen. An abgestorbenen Aspen wächst der Pilz *Fomes fomentarius*, die Rinde alter Bäume wird von der Braunen Lungenflechte besiedelt. Als typische Urwaldflechte ist sie in den forstwirtschaftlich genutzten Wäldern bereits ausgerottet. Auch seltene Insekten wie der Zottenbock haben in diesen Urwäldern eine Zufluchtsstätte.
Die Urwaldareale von Seitseminen sind Brutlebensraum vor allem für Spechte wie Bunt-, Dreizehen- und Schwarzspecht sowie deren »Nachmieter«, z. B. Zwerg- (S. 159) und Trauerschnäpper oder Sperlingskauz. In den Spechthöhlen alter Aspen versteckt sich tagsüber das Gleithörnchen (s. S. 154). Auch Uhu und Habichtskauz nisten im Nationalpark.
Die Kiefernwälder über feuchtem Boden sind mit Fichten, Birken, Wacholder und Aspen gemischt, ihr Unterwuchs besteht aus Preisel-, Rausch- (S. 159) und Blaubeere, Sumpfporst (S. 149) und Zwergbirke; aber auch Moltebeere (S. 166), verschiedene Moose (*Sphagnum*) und Scheidiges Wollgras trifft man hier an. Ein typischer Singvogel dieses Kiefernsumpfwaldes ist die Waldammer.
Die offenen Feuchtgebiete sind der Lebensraum von Moorschneehuhn (S. 112), Kranich (S. 163), Singschwan (S. 129) und Tüpfelsumpfhuhn; im Frühsommer ist die

Der hübsche schwarz-weiße Trauerschnäpper singt im Frühjahr an vielen Stellen des Nationalparks.

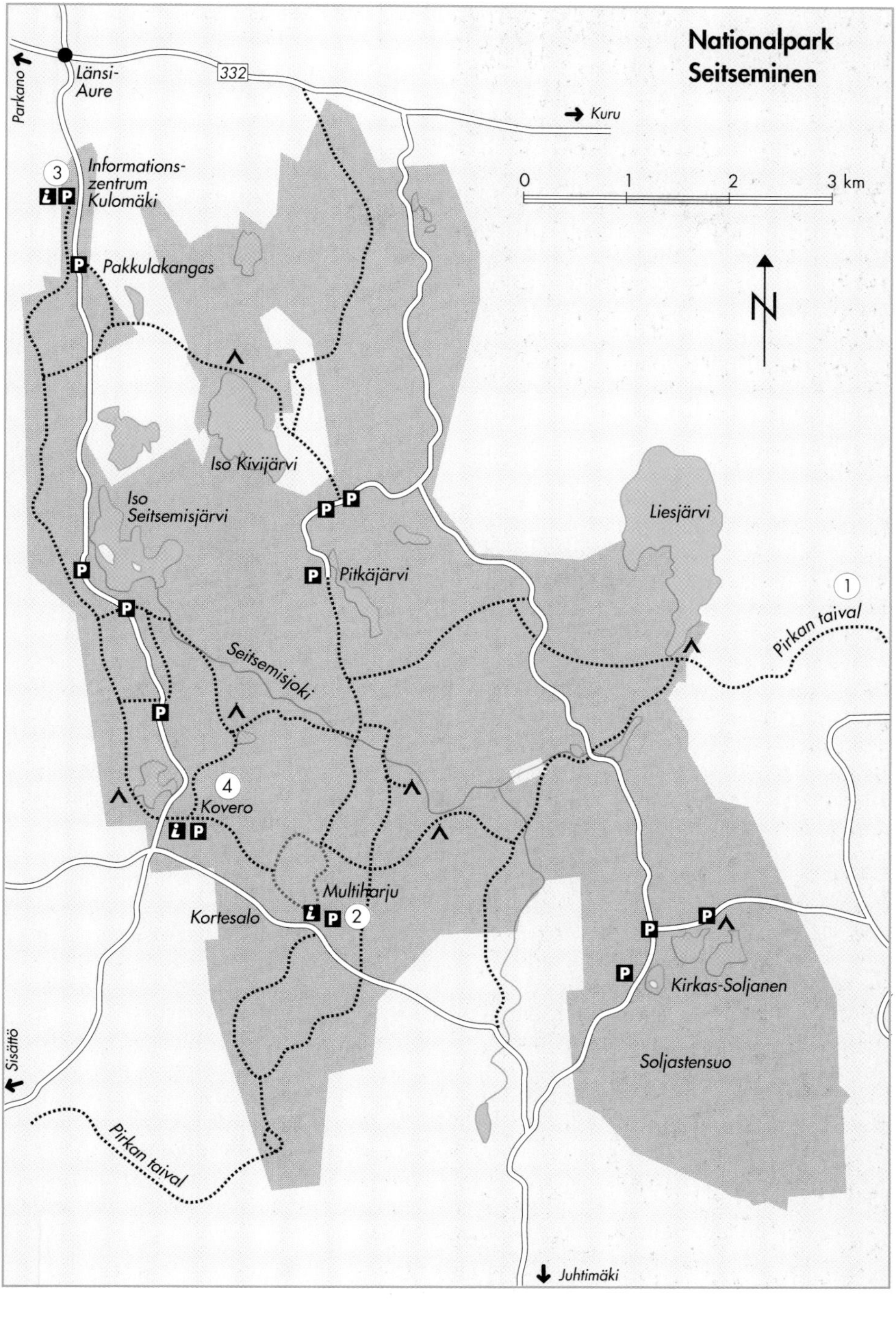
Nationalpark
Seitseminen
Parkano
Länsi-
Aure
332
Kuru
0
1
2
3 km
N
3
Informations-
zentrum
Kulomäki
Pakkulakangas
Iso Kivijärvi
Iso
Seitsemisjärvi
Liesjärvi
Pitkäjärvi
1
Pirkan taival
Seitsemisjoki
4
Kovero
Multiharju
2
Kortesalo
Kirkas-Soljanen
Soljastensuo
Sisättö
Pirkan taival
Juhtimäki

Gleithörnchen, Segelflieger der Taiga

Das Gleithörnchen, auch als »Flughörnchen« bekannt, ist von Finnland und den Baltischen Staaten ostwärts bis zur Küste des Pazifischen Ozeans, Sachalin und Japan verbreitet. In Süd- und Mittelfinnland ist es heute sehr selten, in Finnisch-Lappland kennt man nur 2 Fundstellen; heute kommt die Art wohl nur noch bis in die Höhe von Kuusamo vor.
Auffallend sind die großen schwarzen Augen, die auf nächtliche Lebensweise hindeuten; tatsächlich ist das Gleithörnchen jedoch vorwiegend dämmerungsaktiv; im Sommer kommt es auch tagsüber aus seinem Versteck.
Zwischen Vorder- und Hinterbeinen spannt sich eine dichtbehaarte Flughaut aus, die das Tier zum Abwärtsgleiten befähigt. Die vertikale und horizontale Steuerung der Luftfahrt übernehmen Schwanz und Beine. Der Gleitflug führt meist von einem Baum zum anderen oder vom oberen in den unteren Kronenbereich; dabei können die Tiere »Flugstrecken« bis 40 m überwinden. Dadurch sparen sie nicht nur Energie, sondern haben auch eine Chance, ihrem Hauptfeind, dem Baummarder, zu entkommen.
Lebensraum des seltenen Hörnchens sind urwaldartige Laub- und Nadelwälder mit alten Laubbäumen (Birken, Erlen, Aspen). In Finnland besiedelt die Art vor allem alte, dichte Fichtenwälder mit Erlen und Aspen, aber auch Kiefernwälder.
Als Unterschlupf bevorzugen Gleithörnchen Höhlen in alten Aspen (häufig vom Bunt- oder Schwarzspecht); die Tiere besetzen aber auch größere Vogelnistkästen (häufig Rauhfußkauz, Schellente/Gänsesäger) und alte Eichhörnchenkobel; gelegentlich findet man ein Gleithörnchennest hinter der Verschalung eines Gebäudes. Es besteht aus Moosen und Bartflechten, im Gegensatz zu Eichhörnchenkobeln wird es ohne größere Zweige gebaut.
Das Gleithörnchen ist viel scheuer als das Eichhörnchen und führt ein verborgenes Leben. Es klettert geschickt in Bäumen, an Stämmen läuft es gleichermaßen auf- und abwärts, auch vermag es Knospen oder Kätzchen geschickt am Ende von dünnen Zweigen zu erreichen. Im Sommer verzehren die Tiere Knospen und junge Blätter von Birken und anderen Laubbäumen, daneben Ahornblüten sowie Gelege und Jungvögel; im Herbst stehen vorwiegend verschiedene Beeren (z. B. Heidel- und Vogelbeeren), Samen, Nüsse und Zapfen von Kiefern und Fichten auf dem Speisezettel.
Gleithörnchen halten zwar keinen Winterschlaf, können bei ungünstiger Witterung aber ein paar Tage durchschlafen; ihre Aktivität im Winter dreht sich fast ausschließlich um die eingebrachten Vorräte (vor allem Erlen- und Birkenkätzchen), die in Spechthöhlen, Eichhörnchen- oder Drosselnestern aufbewahrt werden. Der Winterunterschlupf von Gleithörnchen ist wegen der gelblichen Kotwürstchen am Fuß des Höhlenbaumes leicht zu finden.
Gleithörnchen haben eine Reihe von Feinden, allen voran der Baummarder, aber auch Habicht, Habichtskauz und Uhu trachten den Flugakrobaten nach dem Leben. Die größte Bedrohung geht jedoch von der modernen Forstwirtschaft aus, die durch Zerstörung des Lebensraumes der Gleithörnchen seit Ende der 40er Jahre zu einem starken Rückgang der Bestände geführt hat. Wegen ihrer geringen Fortpflanzungsrate sind Gleithörnchen nicht zu schnellem Ausgleich von Verlusten in der Lage.

Das seltene, nachtaktive Gleithörnchen ist kleiner und zierlicher als ein Eichhörnchen.

Luft über den Moorflächen erfüllt von den Balzgesängen der Watvögel wie Bruchwasserläufer, Bekassine und Goldregenpfeifer (S. 192). Der See Iso Seitsemisjärvi ist ein Paradies für Wasservögel.

Im Gebiet unterwegs

Der beste Ausgangspunkt für Wanderungen im Nationalpark ist das Informationszentrum **Kulomäki** ③. Auch der Museumshof **Kovero** ④ eignet sich gut als Startpunkt für die Erkundung des Nationalparks. Insgesamt gibt es zirka 30 km markierte Wanderpfade im Park sowie einen Naturlehrpfad im Urwald Multiharju. Zelt- und Feuerstellen sind ausgewiesen. Die Wege sind alle leicht zu begehen. Durch die Moore läuft man auf Bohlenwegen, über die Bäche und Flüsse führen Brücken.
Den verwunschenen Urwald mit seinen Baumveteranen kann man auf einem Naturlehrpfad erleben, der am Parkplatz **Multiharju** ② beginnt. Um den interessanten Waldtyp des Kiefernsumpfwalds kennenzulernen, empfiehlt sich eine Wanderung vom Parkplatz **Kirkkaanlamminkangas** in Richtung Pitkäjärvi.
Aus den Richtungen Parkano, Ruovesi, Kuru und Ikaalinen führen in den Nationalpark markierte Teilstrecken der regionalen Langwanderroute **Pirkan taival** ①, die sich hier vereinigen. Nicht zuletzt aus diesem Grund hat sich der Park zu einem beliebten Ausflugsziel entwickelt. Der Pirkan taival ist ein über 200 km langer Wanderweg, auf dem man die vielfältige Natur der mittelfinnischen Wälder, Seen, Moore und Wiesen kennenlernen kann.

Beim Erlenzeisig ist nur das Männchen (Foto) kontrastreich gelb, grün und schwarz gefärbt.

Die Besenheide, auch Heidekraut genannt, hat neben den normalen rosafarbenen manchmal auch weiße Blüten.

Der Habichtskauz ist deutlich größer als der Waldkauz; die Jungen zieht er meist in alten, abgebrochenen Kiefern auf.

Praktische Tips

Anreise

Von der Straße Nr. 332 Kuru – Parkano biegt man in Länsi-Aure – dem Hinweisschild folgend – nach Sisättö ab und erreicht nach 1,5 km das Informationszentrum Kulomäki ③.
Mehrere Autostraßen führen aus verschiedenen Richtungen in den Nationalpark, eine Straße verläuft um das Schutzgebiet herum, zum Teil innerhalb der Grenzen. Auf der Straße Nr. 332 Kuru – Parkano verkehrt ein Bus zum Nationalpark; eine Haltestelle liegt am Kreuzungspunkt mit dem Pirkan taival, eine andere im Dorf Länsi-Aure. Auch auf der Straße Nr. 2764 Luhlahti – Sissätö verkehrt ein Bus, die entsprechende Haltestelle liegt in Sissätö; von dort sind es 10 km nach Kovero ④.

Reisezeit

Der Nationalpark Seitseminen ist zu jeder Jahreszeit lohnendes Ziel von Wanderungen; in den Wintermonaten sind Langlauftouren empfehlenswert. Das Sommerhalbjahr beginnt im Mai und endet meist im September.

Unterkunft/Information

An der Straße Länsi-Aure – Sissätö liegt das moderne Informationszentrum Kulomäki ③. Neben einer Ausstellung, in der man in anschaulichen Dioramen die Tier- und Pflanzenwelt des Nationalparks kennenlernen kann, gibt es auch ein Café. Leider sind alle Informationen in der Landessprache gehalten. Das Info-Zentrum ist im Sommer von 10 – 18 Uhr geöffnet, im Winter nur an Wochenenden. Informationstafeln stehen auf den Parkplätzen am Multiharju und beim Gehöft Kovero. Übernachtung im Zelt ist nur an den ausgewiesenen Zeltstellen innerhalb des Parks erlaubt; Gruppen können nach Anmeldung in der Waldarbeiterhütte am Pitkäjärvi und in Jauli unterkommen. Weiterhin gibt es Privatquartiere bei Bauern. Zeltplätze findet man in Kuru oder in Viljakkala, dort kann man auch Hütten mieten.

Karten

Wanderkarte 1:30 000, Seitseminen. Grundkarte 1:20 000, Kartenblätter 2213 01/02/04/05.

Blick in die Umgebung

Nur knapp 30 Straßenkilometer entfernt befindet sich der Nationalpark **Helvetinjärvi** (zu deutsch Höllensee). Die eindrucksvolle Wildmarknatur dieses 21 km² großen Parks mit Schluchten, Felsformationen, stattlichen alten Wäldern, kleinen unberührten Mooren und unzähligen einsamen Seen wurde 1982 unter Schutz gestellt. Die wohl bekannteste Sehenswürdigkeit ist die bis 50 m tief abfallende Schlucht **Helvetinkolu** (»Höllenspalt«), in deren Verlauf mehrere schmale, von Bäumen gesäumte Seen und Weiher wie auf einer Perlenkette aufgereiht sind.

21 Nationalpark Pyhä-Häkki

Das größte, praktisch im Urzustand befindliche Waldgebiet in Südfinnland mit z. T. 500-jährigen Kiefern; Rückzugsgebiet für seltene, nur in Urwäldern vorkommende Tierarten.

Mit einer Fläche von 12,5 km² ist Pyhä-Häkki zwar einer der kleinsten finnischen Nationalparke, aber als echtes Urwaldgebiet reicht seine Bedeutung weit über die Grenzen Finnlands hinaus. Im Jahre 1912 wurde das Gelände auf dem Gebiet der Gemeinde Saarijärvi als Naturschutzgebiet ausgewiesen, seit 1956 besteht der Nationalpark; im Jahre 1982 wurde seine Fläche erweitert.

Wälder und Moore prägen je zur Hälfte das Gesicht des Nationalparks. Bis auf einige Bereiche um das Moor Kotaneva herum sind die Urwälder vom Menschen nahezu unbeeinflußt. Im Lauf der Jahrhunderte haben nur Windwurf und Brände (s. S. 136) ihre Spuren im Wald hinterlassen. Der letzte große Brand im Park fand um das Jahr 1900 statt.

Hauptwaldtypen sind der trockene Kiefernheidewald (s. S. 147) auf mineralarmem Boden sowie der fichtendominierte Heidewald auf mineralreichem Boden. Von den Kiefern sieht man alle Altersstadien. Der Großteil der Kiefern ist älter als 250 Jahre, die ältesten Bäume sind zirka 500 Jahre alt. Die größte zusammenhängende Waldfläche liegt bei Mastomäki. Auf mineralreichem Untergrund stockt dichter, dunkler Fichtenwald mit teilweise 200-jährigen Bäumen, die noch nie eine Axt sahen. Das Gewirr von liegenden und stehenden Stämmen und abgebrochenen Stümpfen ist das Reich der holzzersetzenden und -verarbeitenden Insekten und Baumpilze. Der Wald hat in diesem Stadium seinen Wachstums-Höhepunkt (Klimax) erreicht, er »wartet« jetzt förmlich auf ein größeres Sturmereignis oder eine Feuersbrunst, damit die Sukzession wieder von Neuem beginnen kann.

Die Wälder bilden Inseln inmitten der weiten Moorlandschaft. Der Nationalpark liegt in der Übergangszone von den südlichen Hochmooren zu den nordischen Aapamooren (s. S. 188). Meist stehen in den großen Mooren Kiefernbestände; im bodennahen Bewuchs dominieren entweder Zwergsträucher oder niedrige Seggen. In den Zwergstrauchmooren stehen teilweise stattliche Kiefern, in den Seggenmooren ist die Wuchsform der Kiefern eher krüppelig. Typische Zwergstrauchmoore befinden sich im Zentrum des Nationalparks, während im hochmoorartigen Riihineva-Moor Seggen vorherrschen.

Junge Habichte sind unterseits auf gelblichem bis zart rostfarbenem Grund dunkel längsgestreift.

In den nährstoffarmen *Sphagnum*-Mooren können die Kiefern nur eine geringe Höhe erreichen.

Von den offenen Mooren des Aapa-Typs ist ungefähr die Hälfte bereits früher entwässert worden, kenntlich an dem Netzwerk von Gräben, das sie durchzieht. In diesen Mooren überwiegen die Flark- und Seggenbereiche. Kotaneva im westlichen Teil des Parks ist ein gutes Beispiel für ein intermediäres Moorgebiet, das bereits Merkmale des Aapa-Typs aufweist. Fichtensumpfwald, in dem auch Laubbäume stehen, kommt in feuchten Senken zwischen den trockenen Heidewaldinseln sowie entlang der Bäche und Flüsse vor.

Pflanzen und Tiere

Der Nationalpark ist ein wichtiger Rückzugsort für urwaldbewohnende oder auf Urwald angewiesene Tierarten. So überleben im stehenden und liegenden Totholz verschiedener Verrottungsstadien seltene Insekten und Pilze, die in den forstlich genutzten Wäldern der Umgebung bereits seit langem verschwunden sind. Ein Beispiel ist der grün-gelbe Bärenspinner *Borearctica menetriesii*, wohl die berühmteste Art der Urwaldinsekten; er wurde 1943 das letzte Mal im Nationalpark gesichtet und scheint heute nahezu ausgestorben zu sein. Typische Urwaldkäfer des Schutzgebiets sind der Borkenkäfer *Ips longicollis*, der Rindenschröter, der Drachenkäfer *Pytho kolwensis* sowie der Zottenbock.
In den dichten Fichtenwäldern sowie an den Rändern der Fichtensumpfwälder gedeihen auf vermoderndem Holz zahlreiche Baumpilze, z. B. *Haploporus odorus*. Durch ihre Zersetzungsarbeit setzen sie Nährstoffe frei, die eine Vielzahl von Moosen und Flechten anziehen wie die Braune Lungenflechte.
Die Vogelwelt ist neben allgemein häufigen und wenig spezialisierten Singvögeln wie Buch- und Bergfink, Fitis oder Garten-

In den Zwergstrauchmooren wächst die Rauschbeere; nach dem Verzehr der Beeren soll man rauschartige Zustände bekommen.

rotschwanz mit einigen »Urwaldarten« vertreten. Eine besondere Kostbarkeit ist der Zwergschnäpper – »Traumziel« vieler ornithologisch orientierter Nationalparkbesucher. Bemerkenswert ist auch das Vorkommen des Unglückshähers, der hier eines seiner südlichsten Vorkommen hat. Von der Bautätigkeit der Spechte profitieren eine große Zahl von höhlenbewohnenden Singvögeln wie Trauer- und Grauschnäpper sowie Gartenrotschwanz (S. 135). Der Sperlingskauz, ebenfalls ein »Nachmieter« der Höhlen von Bunt- und Dreizehenspecht, hat im Park einen auffallend guten Bestand; noch etwas häufiger ist der Rauhfußkauz, der alte Schwarzspechthöhlen bezieht. Die beiden Waldhühner Hasel- (S. 177) und Auerhuhn (S. 94) finden im Nationalpark nahezu optimale Bedingungen. Ihre Bestände werden aber nicht zu groß, denn sie stehen auf der Beuteliste der ortsansässigen Habichte und eines Steinadler-Paars.
In den Mooren trifft man verschiedene Watvögel an wie Grünschenkel, Bekassine und Kiebitz, von der Singvogelwelt bekommt man dort vor allem die Rufe von Wiesenpieper und Schafstelze mit.
Die Säugetierfauna weist nur allgemein häufige Arten auf, wie Rötelmaus, Eichhörnchen, Schneehase, Fuchs und Elch.

Der Zwergschnäpper, typisch für feuchte Urwälder.

Die Torfgränke ist ein östliches Florenelement.

Im Gebiet unterwegs

Zur Erkundung des Gebietes eignen sich die beiden markierten Naturlehrpfade hervorragend. Beide beginnen am Informationszentrum an der Straße Nr. 651.
Der **Mastomäki-Naturpfad** führt durch die größte zusammenhängende Waldfläche im Zentrum des Parks, den Urwald **Mastomäki** ①. Überall sieht man an den Bäumen alte Brandspuren sowie Baumstümpfe, die übriggeblieben sind, wenn ein

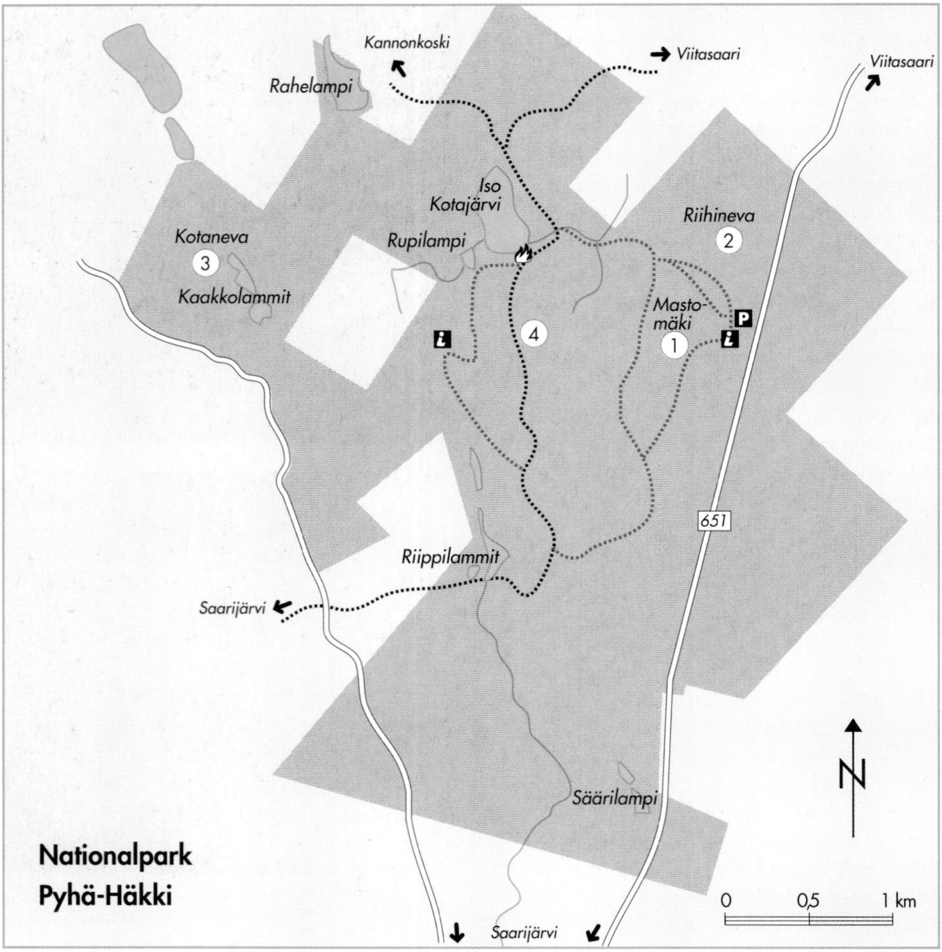

nach Jahrhunderten morsch gewordener Urwaldriese ein Stück über dem Boden abgebrochen ist. Auf dem Weg streift man das große, baumlose und nasse Hochmoor **Riihineva** ②, in dessen trockeneren Randbereichen niedrige Kiefern, Zwergbirken und Heidekraut wachsen. Im Frühsommer hört man über der weiten Moorfläche den jodelnden Reviergesang des Bruchwasserläufers. Das mit Kiefern bestandene Heidegebiet, das man am Ende dieses Rundwegs durchwandert, ist der häufigste Landschaftstyp im Park.

Der **Kotaneva-Naturpfad** ist ungefähr doppelt so lang. Bis zum Hochmoor Riihineva verlaufen beide Wege parallel. Gleich nach der Abzweigung wandert man durch Sumpfgelände mit niedrigwachsenden Kiefern und Moorbirken. Daran schließen sich ein kräuterreicher Fichtensumpf und Streuwiesenflächen an, die früher dem nahegelegenen Bauernhof Futtergras geliefert haben. Vorbei an den Seen **Iso Kotajärvi** – mit überdachter Kochstelle und Badeplatz – und **Rupilampi**, dessen Oberfläche zunehmend von Schwingrasen überwach-

sen wird, gelangt man zu einer kleinen Anhöhe, von der aus man eine herrliche Sicht auf das Aapamoor **Kotaneva** ③ hat. In der Nähe der Stelle, an der beide Rundwege wieder zusammentreffen, steht der älteste noch lebende Baum des Nationalparks, eine zirka 500 Jahre alte Kiefer. In ihrer Nähe hört man im Frühsommer häufig die Stimmen von Mistel- und Singdrossel, Zwergschnäpper und Waldlaubsänger.
Durch den Park führt der nördlichste Abschnitt der Mittelfinnischen Wanderroute Keski-Suomen-Maakuntaura ④ (von Viitasaari nach Saarijärvi).

Die Misteldrossel ist die größte Drosselart.

Praktische Tips

Anreise
Durch den Park führt die Straße Nr. 651 Saarijärvi – Viitasaari. Auf dieser Straße verkehren jeden Tag auch Busse.

Reisezeit
Da der Urwald zu allen Jahreszeiten interessant und geheimnisvoll ist, kann man keine bestimmten Monate angeben. Ornithologisch orientierte Besucher sollten in den Monaten Mai und Juni kommen.

Unterkunft/Information
Die Informationsstelle zum Nationalpark, die ein Touristenzentrum einschließt, liegt an der Landstraße Nr. 651. Im Sommer steht dort Nationalpark-Personal für Fragen und Tips zur Verfügung.
In Saarijärvi und Viitasaari befinden sich Hotels und Campingplätze sowie Feriendörfer. Im Nationalpark selbst ist Campen verboten.

Karten
Grundkarte 1:20 000, Kartenblätter Nr. 2244 11, 2244 12, 3222 03.
Freizeitkarte 1:1 00000 »Saarijärvi-Karstula«.
Wanderkarte 1:20 000 »Keski-Suomen-Maakuntaura«.

Blick in die Umgebung

Nördlich des Nationalparks Pyhä-Häkki liegt der knapp 60 km^2 große Nationalpark **Salamajärvi**. Das Gebiet hat besondere Bedeutung für den Schutz von baumlosen Aapamooren und deren Bewohnern, wie Kranichen und Saatgänsen, sowie alten Wäldern. Seit 1979 hat man begonnen, das Waldren (s.S. 168) wieder anzusiedeln, das Anfang dieses Jahrhunderts aus diesem Gebiet verschwand, wo es sein letztes Vorkommen für Finnland hatte.
In **Ähtäri** liegt einer der besten Tierparke Finnlands. Inmitten einer Berg-, Sumpf- und Waldlandschaft kann man auf einer 3 km langen Strecke zirka 60 Tierarten beobachten, die in Finnland vorkommen.

Der Fitis, ein Charaktervogel Fennoskandiens.

22 Nationalpark Patvinsuo

Große, nahezu unbeeinflußte Hoch- und Aapamoor-Flächen mit eingestreuten, urwaldbewachsenen Moorinseln; wichtiges Rückzugsgebiet für moorbrütende Vögel; ungewöhnlich guter Bärenbestand.

Der Nationalpark Patvinsuo liegt in Nordkarelien nördlich des Sees Koitere. Er wurde 1982 eingerichtet und ist mit einer Fläche von 100 km² der größte Nationalpark des südlichen Finnlands.
Patvinsuo ist ein international bedeutendes Moorschutzgebiet, in dem auch verschiedene Forschungsprojekte durchgeführt werden. Im Park verläuft die Grenze zwischen den südlichen Hochmooren und den typisch nordischen Aapamooren. Daher gibt es im Park Bereiche mit beiden Moortypen sowie verschiedene Übergangszonen. Das Moor Patvinsuo ist in seinem zentralen Teil ein typisches Aapamoor (s. S. 188). Nördlich des Moores Surkansuo und im nördlichen und südlichen Teil des Moores Patvinsuo befinden sich sogenannte Strangmoore mit offenen Wasserstellen und trockenen, strangartigen Wällen, über die der Wanderer das sonst unpassierbare, nasse Moor durchqueren kann. An den Hängen einiger Hügel haben sich im Bereich der Quellen Hangmoore gebildet; ein gutes Beispiel für diesen Moortyp kann man am Südhang des Berges Hietavaara sehen.
Auch die Wälder im Nationalpark liegen in einer Übergangszone. Hier kommt der südliche Taigatyp mit Preiselbeere als Unterwuchs neben dem nördlichen mit Preisel- und Krähenbeere als Bodenbedecker vor. Entlang der Bäche und in feuchten

Vom Vogelturm aus genießt man einen herrlichen Überblick über das Aapamoor Patvinsuo.

Auf den großen Aapamooren Kareliens vollführen im Frühjahr die Kraniche ihre beeindruckenden Balztänze.

Geländemulden stockt vielfach Fichtenwald. Die Berghänge am Autiovaara-Rauvunvaara sind mit dichtem, flechtenbehangenen Fichtenurwald bewachsen. Neben den Mooren und Wäldern sind auch die Gewässer von Patvinsuo bemerkenswert: Der Suomunjärvi ist der größte See im Park. Er liegt inmitten einer Landschaft, in der die abschmelzenden Gletscher der letzten Eiszeit aus Sand geformte Deltas und Hügel hinterließen. Ebenfalls eiszeitlich bedingt ist der zirka 24 km lange Sandstrand des Suomunjärvi, eines beliebten Badesees.
Der See Iso Hietajärvi ist von Mooren umgeben und weist sehr klares Wasser über sandigem Grund auf. Dagegen wird das Ufer des Nälmänjärvi von eindrucksvollen sandigen Steilwänden gesäumt. Der größte Fluß, der Nälmänjoki, mäandriert durch das Moor Patvinsuo.

Pflanzen und Tiere

In die Moore sind feuchte, mit Kiefer, Zwergbirke, Sumpfporst und Rosmarinheide bewachsene Waldinseln eingestreut; an deren Rändern blühen im Mai und Juni Torfgränke und Echte Bärentraube. Manche der kleinen bewaldeten Hügel im Moor sind mit Urwald bestanden, andere tragen Spuren von menschlichen Eingriffen aus früherer Zeit.
In den Mooren trifft man überall auf Wiesenpieper und Schafstelze, von den Watvögeln sieht und hört man am häufigsten Grünschenkel, Bruchwasserläufer, Goldregenpfeifer (S. 192) und Regenbrachvogel. Sumpfläufer, Zwergschnepfe und Dunkler Wasserläufer gehören zu den weniger auffallenden Moorbrütern. Von den größeren Arten nisten in den Moorgebieten Singschwan (S. 129), Saatgans (S. 194)

Das Scheidige Wollgras ist eine Charakterart der weiten finnischen Moore.

und Kranich; Seeadler sieht man gelegentlich auch zur Brutzeit.
Auch während des Frühjahrs- und Herbstzuges dienen die weiten Moorflächen von Patvinsuo vielen bedrohten Vögeln, vor allem aber Gänsen, als Rastgebiet. Die Waldinseln innerhalb der Moore besiedeln neben häufigen Singvögeln wie Berg- und Buchfink oder Grauschnäpper auch

In den Moorlandschaften fällt besonders der Grünschenkel ins Auge, denn er ist groß, hell und laut.

Seidenschwanz und Unglückshäher. Alle 4 waldbewohnenden Rauhfußhühner sind im Patvinsuo-Gebiet zu Hause.
In Senken und entlang von Bachläufen wächst Fichtensumpfwald (s.S. 90); hier kann man die scharfen »tsick«-Rufe der Waldammer oder Klopfgeräusche des Dreizehenspechtes vernehmen.
Bemerkenswert ist der Urwald am Autiovaara, ein fichtendominierter Mischwald mit Kiefern, Aspen und Birken. Am Boden gedeihen Siebenstern, Schattenblümchen und die Orchidee Kriechstendel, auf Lichtungen findet man Wiesenknautie und Vierkantiges Johanniskraut. Von den Kleinvögeln hört man hier im Frühjahr vor allem Zaunkönig und Waldlaubsänger, mit etwas Glück auch die beiden östlichen Singvogelarten Grünlaubsänger und Zwergschnäpper (S. 159). Die mittelgroßen Säugetiere sind mit Baummarder und Eichhörnchen (S. 93) vertreten.
Der Nationalpark besteht zum größten Teil aus echter Wildnis. Deshalb ist er ein überaus wichtiger Zufluchtsort für gefährdete Tierarten. Im Park leben auffallend viele Bären, die sich im Schutzgebiet auch fortpflanzen: Mehrere Winterhöhlen, in denen die Jungen zur Welt kommen, sind bekannt. Es ist gar nicht so ungewöhnlich, von einer der Beobachtungsplattformen aus einen wildlebenden Bären zu Gesicht zu bekommen. Auch Wölfe, Luchse und Vielfraße werden regelmäßig innerhalb des Parkgeländes angetroffen; sie sind jedoch so selten, daß eine Begegnung mit ihnen sehr unwahrscheinlich ist. Gelegentlich durchstreifen den Nationalpark auch die scheuen Waldrentiere.
1945 wurden 2 Paare des Nordamerikanischen Bibers im Patvinsuo-Gebiet ausgesetzt; diese Tiere bildeten den Grundstock für die inzwischen kopfstarke Biberpopulation in Nordkarelien.

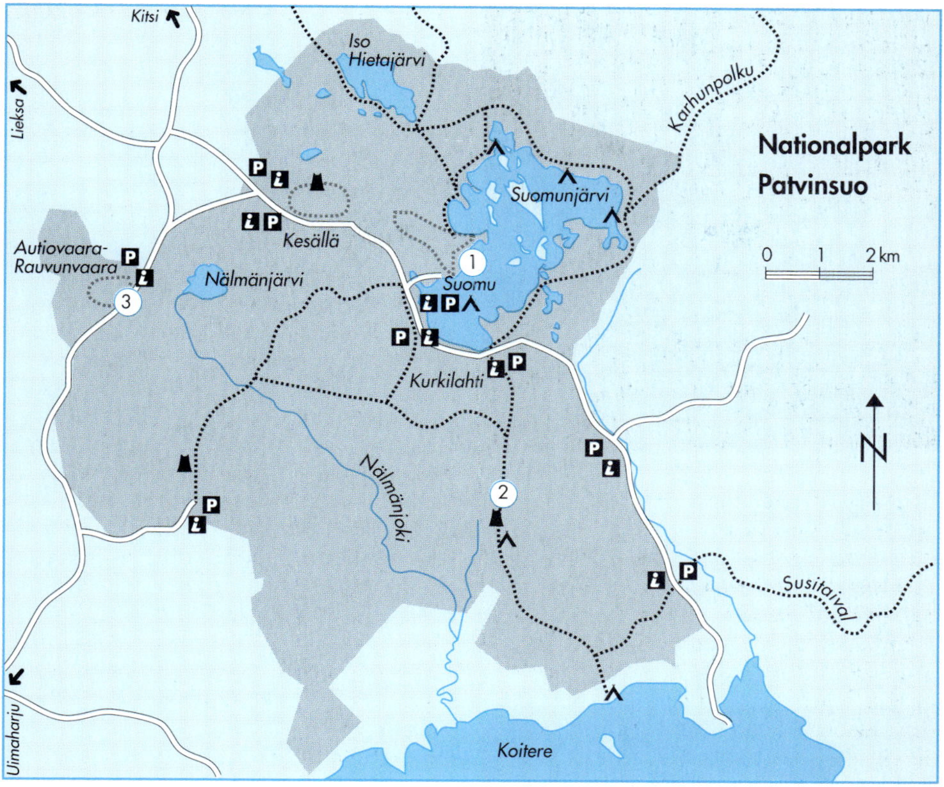

Im Gebiet unterwegs

Ein 55 km langes Netz von markierten Pfaden, in den Mooren als Bohlenwege befestigt, laden dazu ein, den Nationalpark zu erkunden. Übernachtungen sind auf 7 ausgewiesenen Zeltstellen möglich. Einen guten Eindruck von der vielfältigen Landschaft mit seiner typischen Tier- und Pflanzenwelt erhält man auf einem Weg, der vom Parkplatz **Kurkilahti** aus zum Vogelturm (Lintutorni) ② führt. Dieser bietet nicht nur eine traumhaft schöne Aussicht über das weite Moor **Patvinsuo**, sondern auch hervorragende Beobachtungsmöglichkeiten von Moorvögeln; im Westen sieht man die für Aapamoore typischen Stränge (Strangmoor). Vom Vogelturm aus geht man ein kurzes Stück zurück, um dann an der Weggabelung die Richtung zum Parkplatz **Surkanpuro** einzuschlagen. Zuerst überquert man das Strangmoor, in dem Regen- und Große Brachvögel brüten, danach führt der Weg durch kleine Waldinseln, in denen man unter anderem Seidenschwänze (S. 177) beobachten kann. An einem kleinen Bach verrät eine Biberfamilie (S. 90) ihre Anwesenheit durch die typischen sanduhrförmigen Nagespuren an Stämmen.
Über einen Naturlehrpfad lernt man das Moorgebiet **Surkansuo** kennen, das man von einer Beobachtungskanzel aus in Augenschein nehmen kann. Dieser Weg führt auch durch ein ungefähr 2 ha großes Waldgebiet, das im Sommer 1989 kontrol-

Die Rosmarinheide lebt in Symbiose mit einem Pilz, um im Moor ihre Nährstoffversorgung sicherzustellen.

liert abgebrannt wurde, um die natürliche Sukzession des hiesigen Waldtyps zu studieren. Nach dem Brand trat der seltene Putzkäfer *Agonum bogemanni* auf, eine Art, die sich ohne Feuer nicht fortpflanzen kann; sie ist daher wie zwei weitere brandabhängige Insekten, die beiden Rindenwanzen *Aradus anisotamus* und *A. signaticornus*, vom Aussterben bedroht.

Um echten Urwald im Nationalpark kennenzulernen, eignet sich der Naturlehrpfad durch den Urwald am **Autiovaara-Rauvunvaara** ③ (Straße 5202), in dem neben Fichten auch Kiefern, Birken und zum Teil sehr stattliche Aspen stehen. Das seltene Gleithörnchen (s.S.154) profitiert hier von den alten, höhlenreichen Aspen, an denen häufig Baumpilze siedeln.

Den Nationalpark berühren auch 2 Langwanderwege. So endet am Suomunjärvi der zirka 100 km lange, von Möhkö kommende **Susitaival** (Wolfsroute). An der Südseite des Sees beginnt der **Karhunpolku**, der Bärenpfad, eine 123 km lange Wanderstrecke durch karge Wildnis.

Praktische Tips

Anreise

Der Park ist nicht mit öffentlichen Verkehrsmitteln zu erreichen. Die Busverbindung Lieksa – Kitsi (Straße Nr. 522) endet 15 km vor dem Nationalpark.

Mit dem Auto fährt man auf der Straße Nr. 522 Lieksa – Kitsi und biegt zur Straße Nr. 5202 Richtung Uimaharju ab. Davon zweigt eine kleinere Straße ab, die zum See Koitere führt; an dieser Straße liegt das Informationszentrum Suomu ①.

Klima/Reisezeit

Wegen des kontinentalen Klimas herrschen hier in Karelien die höchsten Durchschnittstemperaturen in Finnland. Ornithologisch Interessierte werden den Mai und Juni für Exkursionen wählen, denn dann bekommt man am meisten von der

Die Moltebeere ist eine Charakterart der nordischen Moore. Sie hat zarte weiße Blüten.

Die Schafstelze (im Foto ein Männchen der nordischen Unterart) ist im Moor sehr häufig.

Vogelwelt mit. Wanderungen durch die Moore und Urwälder sind zu allen Jahreszeiten empfehlenswert.

Unterkunft/Information

Innerhalb des Nationalparks gibt es einen Campingplatz beim Informationszentrum Suomu ① am Suomunjärvi sowie 7 weitere ausgewiesene Zeltstellen.
Die parknächsten Unterkunftsmöglichkeiten liegen in Kitsi, dort kann man Hütten mieten.
Im Informationszentrum Suomu klärt eine kleine Ausstellung die Besucher über die Besonderheiten des Nationalparks auf, vor allem die Lebensweise von Bär und Biber. Das Informationszentrum ist im Sommer geöffnet, in der Zeit von 11 – 13 Uhr steht ein Nationalparkangestellter für Fragen zur Verfügung.
Im Nationalpark gibt es mehrere spezielle Schutzzonen, die in der Zeit vom 1.3. bis 10.7. mit striktem Wegegebot belegt sind.

Karten

Grundkarte 1:20 000, Kartenblätter Nr. 4331 08, 4331 09, 4331 11, 4331 12, 4333 03.

Blick in die Umgebung

Am Ufer des Sees Pielinen liegt der erst 1991 eingerichtete Nationalpark **Koli**. Er hat eine Fläche von gut 11 km², die auf 25 km² erweitert werden soll. Die Landschaft bildet einen typischen Ausschnitt Kareliens und der Seenplatte Finnlands mit Moränenhügeln und Inseln. Im Herzen des Nationalparks liegt die Hügelkette Koli, zu deren Füßen der See Pielinen.

An der russischen Grenze liegt das Totalreservat **Koivusuo**. Es umfaßt ein zirka 21 km² großes Hochmoor, in dem als Besonderheit die Birkenmaus vorkommt, eine zu den Hüpfmäusen zählende Kleinsäugerart, die in Finnland eine sehr lückenhafte Verbreitung aufweist. In der Gegend von Ilomantsi liegt die Nordgrenze ihrer Verbreitung.

Bei einer Tour durch das Moor begleiten den Wanderer die trillernden Rufe der vielen Regenbrachvögel.

Das Waldrentier

Die Rentiere, die man auf Wanderungen in Skandinavien und Finnland antrifft, sind halbdomestizierte Nachfahren des Wildrentiers (*Rangifer tarandus*), das auf dem nordeuropäischen Kontinent in 2 Formen vorkommt: Das Fjällrentier (*R. t. tarandus*) lebt heute nur noch in Südnorwegen (Hardangervidda, Dovrefjell), das Waldrentier (*R. t. fennicus*) nur noch in den Taigagebieten des finnisch-russischen Grenzgebiets von Kuhmo. Seit 1956 hat sich hier eine Population der Waldform etabliert, nachdem diese um die Jahrhundertwende durch starke Bejagung und das Vordringen von Herden halbdomestizierter Rentiere ausgerottet worden war.
Die Waldform ist etwas kleiner als die Fjällform, hat als Anpassungen an die Lebensweise in Taigawäldern einen schlankeren Körperbau und ein nicht so ausladendes Geweih; die Fellfärbung ist im Durchschnitt dunkler. Die kräftigeren und helleren Fjällrentiere meiden Waldgebiete und fühlen sich nur in offener Landschaft wohl.
Die Nahrung der Waldrentiere Finnlands besteht im Sommer vor allem aus Flechten, Moosen, Seggen und anderen Gräsern sowie Zwergstrauchblättern und Kräutern; im Herbst kommen Beeren und Pilze hinzu. Wegen der relativ eiweißarmen Ernährung erbeuten die Tiere auch Kleinsäuger oder fressen an abgeworfenen Geweihen und Knochen. Im Winter bestimmen Flechten die Hälfte bis über 2/3 der Nahrung; wichtigste Flechtengattung ist *Cladonia* (Rentierflechten), der sie jedoch Moosflechten der Gattung *Cetraria* vorziehen; zusätzlich versuchen sie, aus dem Schnee Knospen und verschiedene andere Teile von Pflanzen hervorzuscharren.
Den Winter verbringen die finnischen Waldrentiere vor allem im Bereich von 2 Seen bei Kuhmo; früher überwinterten viele Waldrentiere am Inari-See im Norden des Landes. Seen werden nicht nur wegen der geeigneten Flechtennahrung im Uferbereich als Wintereinstand gewählt, sondern vor allem wegen ihrer Übersichtlichkeit und der guten Begehbarkeit des harten Schnees, der über dem Eis des Sees liegt; die Tiere müssen anschleichende Feinde früh wahrnehmen und brauchen eine feste Schneeunterlage für effektive Flucht. Zum Ruhen und Wiederkäuen legen sich die Tiere mit dem Hinterteil gegen den Wind und mit freier Sicht nach vorne; einen Wolf, der sich von hinten nähert, wittern sie, einen von vorne auf sie zukommenden sehen sie rechtzeitig.

Das wildlebende Waldrentier war durch übermäßige Bejagung und das Vordringen von halbdomestizierten Rentieren in Finnland bereits verschwunden; seit einigen Jahrzehnten hat sich eine kleine Population dieses Wildrens in Finnisch-Karelien etabliert.

23 Nationalpark Oulanka

Imposante Flußlandschaft entlang des Flusses Oulankajoki und seiner Nebenflüsse mit tiefen Schluchten, Stromschnellen und Wasserfällen; weite Moorlandschaften; seltene östliche Tier- und Pflanzenarten.

Der Oulanka-Nationalpark liegt knapp südlich des Polarkreises auf dem Gebiet der Gemeinden Kuusamo und Salla. Obwohl bereits 1910 als Schutzgebiet vorgeschlagen, wurde der Nationalpark erst 1956 eingerichtet. 1982 wurde seine Fläche durch eine ursprüngliche Wald- und Moorlandschaft nördlich des alten Parks auf 206 km^2 erweitert; zuletzt wurde er 1989 um das Urwaldgebiet Kitkanniemi auf 270 km^2 vergrößert.
Die Hauptattraktion des Parks ist die einmalige, wilde Flußlandschaft des **Oulankajoki** sowie seiner Nebenflüsse **Savinajoki** und **Aventojoki**. Der Oulankajoki windet sich in vielen Mäandern durch den Park, an den Prallhängen sind im Laufe der Zeit hohe Sandsteilufer entstanden. An einigen Stellen hat er die ausgeprägtesten Flußschlingen abgeschnitten und die »Abkürzung« geradeaus genommen. Die abgetrennten Flußschleifen begleiten seinen Lauf als sogenannte Längsseen.
Sowohl Savinajoki, Aventojoki als auch Oulankajoki strömen stellenweise durch schluchtartig ausgebildete Täler. In diesen Engstellen bilden die Flüsse mächtige Stromschnellen und Wasserfälle. Die tiefste Schlucht ist der **Oulanka-Cañon** mit über 50 m hohen Wänden. Weitere Attraktionen sind die eindrucksvollen Stromschnellen Kiutaköngäs und Taivalköngäs. Bei der 600 m langen Stromschnelle **Kiutaköngäs** fällt das Wasser auf etwa 200 m mit einem Gefälle von 14 m tief hinab.

Das Tal des Flusses liegt in einer Erosionsmulde eines urzeitlichen Faltengebirges an der Schnittstelle von 2 unterschiedlich weichen Gesteinsarten. Aus diesem Grund besteht die steile südliche Uferwand aus Quarz, die nördliche aus rötlichbraunem Dolomit; in dieses weiche Gestein gräbt sich der Fluß immer weiter hinein.
Im Bereich der Stromschnellen **Taivalköngäs** fällt das Wasser auf einer Strecke von 100 m in 2 (bei Hochwasser 3) Armen zirka 6 m tief hinab. Im Bett des Flusses Aventojoki ragt ein großartiger Steilfelsen auf, der wegen seiner besonderen Form den Namen **Ristikallio** (Kreuzfels) trägt. Östlich des Savinajoki erstreckt sich bis zur russischen Grenze eine weite Waldlandschaft, in die Aapamoore und kleinere Seen eingestreut sind. Im Südosten des Parks liegt zwischen den Flüssen Oulanka- und Kitkanjoki das Urwaldgebiet **Kitkanniemi** mit märchenhaften Fichtenwäldern auf einer dicken Moosschicht.

Der Zwergsäger (im Foto das schwarz-weiße Männchen) brütet an kleinen Waldseen des Nationalparks.

◁ Blick auf den herbstlich verfärbten Kitkanniemi-Urwald zu beiden Seiten des Flusses Oulankajoki.

Im Bereich der Stromschnellen Kiutaköngäs hat sich der ▷ Fluß tief in das Dolomitgestein gegraben.

Pflanzen und Tiere

Die Pflanzenwelt des Nationalparks ist sehr artenreich, denn aufgrund der klimatischen Gegebenheiten, des stark variierenden Höhenprofils und des Wechsels von kalkhaltigem und Silikatgestein treffen hier Arten zusammen, die ihren Verbreitungsschwerpunkt jeweils im Süden, im Norden, im Osten oder im Westen haben. In Schluchttälern kann man dieses Phänomen besonders gut studieren. An den schattigen, feuchten Nordhängen, an denen der Schnee lange liegenbleibt, gedeihen nördliche Arten wie Silberwurz oder Schmalblättrige Arnika, die sonnigen, südexponierten Hänge begünstigen dagegen trockenheitstolerante südliche Arten wie Straußsteinbrech. Manche Arten sind ausgesprochene Raritäten, die im Oulanka als Eiszeitrelikte auftreten – weit entfernt von ihren »normalen« Verbreitungsgebieten in der Tundra. Sie konnten sich hier halten, weil die Wuchsbedingungen in etwa denen der Tundra entsprechen. Typische Eiszeitrelikte sind Gabelförmige Nelke, der Wimperfarn *Woodsia glabella*, Arktischer und Goldblumiger Steinbrech und die Silberwurz. Dazu gesellen sich östliche Arten, die sich nach der Eiszeit entlang der Flußtäler westwärts ausgebreitet haben. Beispiele hierfür sind der Taigafrauenfarn sowie das Rotbeerige Christophskraut. Viele dieser Pflanzen haben im Gebiet des Nationalparks ihre westliche Verbreitungsgrenze. Südliche Florenelemente sind neben verschiedenen Steinbrecharten die Orchidee Frauenschuh und die Trollblume (S. 114).
Im Großteil des Nationalparks wächst Kiefernheidewald (s. S. 147), der auf nährstoffreicherem Untergrund von Fichtenwäldern mit artenreichem Unterwuchs abgelöst wird.
Auf den ausgedehnten Kiesbänken in den Flußbetten steht größtenteils magerer Kiefernwald; dort findet man auch Alpentragant und das Leimkraut *Silene tatarica*. Stellenweise wird dieser Wald von üppigen, artenreichen Blumenwiesen mit Trollblumen und Prachtnelken abgelöst, deren Ursprung auf menschliche Nutzung zurückgeht. Sie sind Zeugen einer alten Bewirtschaftungsform.
In den Mooren wachsen Gewöhnliches und Alpenfettkraut, Echte Alpenscharte, Zwergsimsenlilie (S. 183) und Traunsteiners Knabenkraut, in den nährstoffreichen Braunmooren der Frauenschuh und das Breitblättrige Wollgras, in den sehr nassen

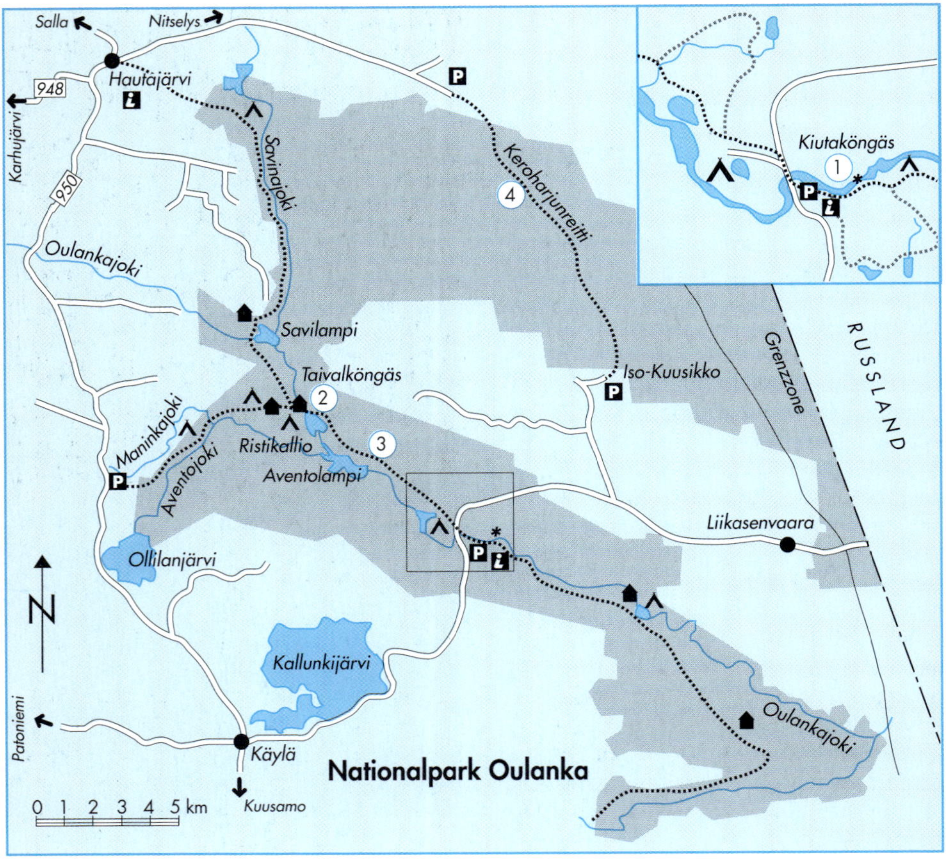

Aapamooren das Schmalblättrige Wollgras sowie auf den Strängen das Scheidige Wollgras. Die Norne (S. 135) ist Symbolblume des Nationalparks.
Die Tierwelt ist ebenfalls sehr artenreich. So findet man etwa 30 Arten Säugetiere, über 120 Vogelarten und über 7000 Insektenarten.
Der nördliche Teil des Parks um den Savinajoki ist ein Rückzugsgebiet für bedrohte Tierarten. Hier kann man mit viel Glück auf Spuren von großen Raubtieren treffen wie Wolf und Vielfraß; Bären sind hier sogar regelmäßige Bewohner. Weitere interessante Raubtiere des Nationalparks sind der eingeführte Marderhund sowie Dachs und Fischotter (S. 196). Die Kleinsäugerfauna ist artenreich vertreten mit unter anderem Nordfledermaus, Nordischer Wühlmaus und Graurötelmaus (S. 192) sowie Wald-, Taiga-, Zwerg- und der winzigen Knirpsspitzmaus.
Im Bereich des Savinajoki liegt auch ein wichtiges Brutgebiet des Singschwans.
Auf den kleinen Seen leben Prachttaucher, Samt- und Trauerenten sowie Zwergsäger.
Die Moore halten neben den üblichen Arten auch die ornithologischen »Leckerbissen« Zwergschnepfe, Sumpfläufer und Odinshühnchen (S. 192) bereit.

Das im Oulanka häufige weißblühende Alpenfettkraut gehört zu den »fleischfressenden« Pflanzen.

In manchen Jahren singt in den feuchten Bergwäldern des Ristikallio eine echte östliche Rarität, der sehr unauffällige und scheue Blauschwanz. Weidenbewachsene Flußufer und Jungwald auf feuchtem Boden sind der Lebensraum der Zwergammer, ebenfalls einer östlichen Vogelart; in manchen Jahren ist sie recht häufig, in anderen fehlt sie fast völlig. Die hauptsächlichen waldbewohnenden Vogelarten des Parks sind Bergfinken, Birkenzeisige, Lappland- und Haubenmeisen. In den Urwaldgebieten, vor allem in Kitkanniemi, kommen Auer- und Haselhuhn, Dreizehenspecht und Waldammer dazu.

Im Gebiet unterwegs

Wegen seiner vielen Sehenswürdigkeiten und der bequemen Erreichbarkeit ist der Nationalpark in den letzten Jahren zu einem beliebten Reiseziel geworden. Die größte Anziehungskraft haben offenbar die Stromschnellen **Kiutaköngäs** ①, die alljährlich von etwa 30 000 Besuchern angesteuert werden.
Am Informationszentrum Kiutaköngäs beginnt der knapp 5 km lange Naturlehrpfad **Hiidenlampi**, ein Rundweg, der durch Kiefernheidewald zu den Kiutaköngäs-Stromschnellen ① führt. Ein zweiter, etwa gleich langer Weg ist der Naturlehrpfad **Rytisuo**, der den Campingplatz des Nationalparks als Ausgangspunkt hat. Beide Wege vermitteln (auf finnisch) Einblicke in die Natur und Geschichte der Region.
Durch den Nationalpark führt entlang des Oulankajoki der nördliche Abschnitt des Wanderwegs »**Karhunkierros**« ③, zu deutsch Bärenpfad, die bekannteste Wanderstrecke in der Gegend von Kuusamo; insgesamt ist der Bärenpfad zirka 70 km lang. Dieser gut markierte Wanderweg berührt die meisten bedeutenden Natursehenswürdigkeiten des Parks, wie den Felsen **Ristikallio** am Aventojoki sowie die Stromschnellen **Taivalköngäs** ② und **Kiutaköngäs** ①. Entlang des Wegs gibt es Übernachtungsmöglichkeiten in Hütten sowie Koch- und Zeltstellen.
Zur Erkundung der nördlichen Bereiche des Parks hat man zwei Möglichkeiten.
1.: Beginnend am Informationszentrum in Hautajärvi, verläuft ein Weg am Savinajoki entlang zum See **Savilampi**, wo der Savinajoki in den Oulankajoki mündet; etwa 400 m links von der Einmündung befindet sich der großartige Cañon des **Oulankajoki**. Vom Savilampi aus erreicht man nach etwa 4 km den Bärenpfad bei den Stromschnellen **Taivalköngäs**.
2.: Erst seit kurzem kann man auch den Bereich der Moore im Norden des Parks über einen eiszeitlichen Moränenrücken durchwandern. Dieser Weg (Keroharjunreitti ④), beginnt bei einer aufgelassenen Grenzwachtstation. Er führt durch kiefernbestandene Waldmoore – Lebensraum für Kranich und verschiedene Watvogelarten – und über kleinere bewaldete Höhenrücken sowie an idyllischen kleinen Waldseen vorbei. Der Weg endet bei **Iso Kuusikko** in der Nähe des Informationszentrums Kiutaköngäs.

Die südliche Orchidee Frauenschuh ist eine der botanischen Höhepunkte des Nationalparks.

Die Schmalblättrige Arnika, die im Oulanka weitab ihrer sonstigen Verbreitung vorkommt, ist kalkliebend.

Praktische Tips

Anreise

Von der Straße Nr. 950 Käylä – Salla zweigt in Käylä die Straße Nr. 8693 nach Liikasenvaara ab, die durch den Park führt. An dieser Straße liegt Kiutaköngäs, das Informationszentrum des Parks. Dort ist auch eine Bushaltestelle. An der Straße Nr. 950, etwa 10 km nördlich von Käylä, liegt der Parkplatz, an dem der Bärenpfad beginnt. Diesen Parkplatz erreicht man auch mit dem Bus (Haltestelle Ristikallio). Bei Hautajärvi, ebenfalls an der Straße Käylä – Salla, zweigt die Straße nach Nitselys ab, an deren Ende die aufgegebene Grenzwachtstation, Ausgangspunkt für Wanderungen in den nördlichen Teil, liegt. Von Hautajärvi aus startet man zu Wanderungen entlang des Savinajoki.

Reisezeit

Da die dicke Schneedecke in offenen Gebieten meist erst Ende Mai abschmilzt, beginnt die beste Reisezeit Mitte Juni. Im Hochsommer muß man mit Unmengen von Mücken rechnen. Ende August und der Großteil des Septembers sind die empfehlenswerteste Wanderzeit.

Unterkunft/Information

An der Straße Käylä – Liikasenvaara befindet sich das sehr modern eingerichtete Informationszentrum Kiutaköngäs mit einer Ausstellung über die Tier- und Pflanzenwelt des Nationalparks. In einer Diashow mit hervorragenden Fotos können sich die Besucher von der grandiosen Natur des Oulanka-Parkes zu verschiedenen Jahreszeiten verzaubern lassen. Das Zentrum ist von Juni bis August geöffnet.
Gleich in der Nähe befindet sich die biologische Station Oulanka der Universität Oulu, deren Arbeit es zu verdanken ist,

Die Prachtnelken entlang des Flusses Oulankajoki sind ein Zeichen für frühere menschliche Nutzung.

daß Oulanka der am besten untersuchte Nationalpark von ganz Finnland ist.
Ein zweites Informationszentrum befindet sich in Hautajärvi an der Straße Nr. 950. Neben anschaulichen Tier-Dioramen, wechselnden Ausstellungen und Diavorträgen wird dort eine Zusammenstellung von verschiedenen Gesteinsarten und Moortypen gezeigt.
Im Nationalpark muß man sich streng an die Wege halten, nur an den eigens gekennzeichneten Plätzen ist Campen und Lagern erlaubt. Entlang des Bärenpfads stehen etwa alle 5 – 15 km sogenannte Wildmarkhütten bereit, die jeder Wanderer kostenlos nutzen kann. In der Hauptsaison zwischen Mitte Juni und Mitte September können die Hütten jedoch belegt sein, es empfiehlt sich daher, in dieser Zeit ein Zelt mitzunehmen.
In der Nähe des Informationszentrums befindet sich ein Campingplatz. Außerdem gibt es verschiedene Übernachtungsmöglichkeiten in Kuusamo, Ruka, Kitka, Juuma und Käylä.

Karten
Wanderkarte 1:50 000 »Rukatunturi – Oulanka«.

Blick in die Umgebung

Für Ornithologen halten die Hänge des 491 m hohen Bergs **Valtavaara** nördlich des Rukatunturi einige Leckerbissen bereit. In den alten Wäldern am Westhang kann man in den Sommermonaten ab Juni mit Glück Grün- und Wanderlaubsänger, Waldammer (S. 151) und Blauschwanz antreffen; ganzjährig kommen hier Dreizehenspecht und Unglückshäher vor. Der Hakengimpel (S. 184) bevorzugt eher die lichten jungen Nadelwälder.

Die Schwarze Krähenbeere ist häufig.

Das Rotbeerige Christophskraut hat wie einige andere Pflanzen Oulankas seine Hauptverbreitung in Sibirien.

24 Nationalpark Pyhätunturi

Sehr markanter, fünfkuppiger Höhenzug, der aus einer weiten Ebene aufragt; romantische Schlucht mit kleinen Seen; typisch nordische Tierwelt; interessante Flechtenvegetation.

Der Nationalpark Pyhätunturi liegt zirka 50 km nördlich des Polarkreises auf dem Gebiet der Gemeinde Pelkosenniemi und der Stadt Kemijärvi. Er wurde 1938 gegründet und ist neben dem Nationalpark Pallas-Ounastunturi der älteste Nationalpark Finnlands. 1982 wurde er erweitert und bedeckt jetzt eine Fläche von 43 km^2. Zweck der Unterschutzstellung war es, die geologisch einzigartige Bergkette mit nahezu unberührten Bergwäldern zu erhalten; jedoch sollten auch die historischen Opferstätten der Samen und die Taufstätten, die den Einzug des Christentums dokumentieren, in ihrer Ursprünglichkeit bewahrt werden.

Der Nationalpark umfaßt das südlichste echte Fjällmassiv in Finnland, die Pyhätunturi-Fjällgruppe, die bis zu einer Höhe von 540 m über die weite flache Landschaft mit Wäldern und Aapamooren aufragt. Der zirka 7 km lange Höhenzug besteht aus fünf steilen, kahlen Felskuppen, die eher an Schweizer Hochgebirge als an die mehr sanft gerundeten finnischen Fjälls erinnern. Die Berge sind durch tiefe Schluchten mit Geröllfeldern voneinander getrennt. Mit über 200 m Niveau-Unterschied ist **Isokuru** (»große Schlucht«) zwischen den Bergen Kultakero und Ukonhattu die eindrucksvollste Schlucht des Gebiets.

Pyhätunturi, der »heilige Berg«, entstand vor zirka 2 Mrd. Jahren während der frühen Gebirgsfaltung. Durch glaziale Erosions- und Schleifvorgänge wurde das Berggebiet von seiner anfänglichen Höhe (mehrere 1000 m) auf sein heutiges Niveau abgetragen. Das Fjällmassiv besteht aus hartem, verwitterungsbeständigen Quarzit, der auf die Ablagerungen des urzeitlichen Meeres zurückgeht. An manchen Stellen sind noch immer die von den Wellen des Urzeitmeeres erzeugten Rippeln zu sehen, ähnlich den entsprechenden Spuren am Meeresstrand.

Die Kuppen und Abhänge sind großflächig mit Geröll überdeckt. Dieser kantige Gesteinsschutt, im Finnischen »rakka«, genannt, entsteht dadurch, daß Wasser in die haarfeinen Risse im Fels eindringt und bei entsprechenden Temperaturen gefriert; das Eis entwickelt enorme Kräfte, die selbst härtestes Gestein sprengen und zertrümmern können.

Am Fuß der Berghänge erstrecken sich große offene Aapamoore (s. S. 188) mit langgezogenen Strängen und wassergefüllten Schlenken; an den trockeneren Stellen stocken Fichten- und Kiefernwälder. In den Tälern liegen neben den Moo-

Vom Vogelturm aus kann man den Küstenseeschwalben bei der Fischjagd zuschauen.

Der auffällig gefärbte Seidenschwanz ist ein typischer Brutvogel in den Taigawäldern des Nordens.

ren und Wäldern auch kleine Seen und Bäche, die mit Erlen- und Weidengestrüpp umstanden sind.

Um das einsam aufragende Pyhätunturi-Massiv kreisen viele samische Sagen: So soll hier beispielsweise der Sitz von Hexen sein. Auf dem Hügel Uhriharju, von dem sich der »Wasserfall der Heiligen Taufe« in die Tiefe ergießt, haben die Samen in alter Zeit ihren Göttern, den Sieiden, geopfert, um Jagdglück zu erbitten.

Pflanzen und Tiere

Hauptbaumarten sind Fichten und mehr noch Kiefern. Die ältesten Kiefern sind über 400 Jahre alt. Die Waldgrenze wird im Nationalpark sowohl durch die Schneebruchgrenze (s. »tykky«, S. 180) als auch durch Untergrundverhältnisse stark beeinflußt; die nährstoffarmen Geröllfelder und die starke Hangneigung drücken sie unter das Niveau anderer Tunturis: Die Kieferngrenze schwankt im Pyhätunturi-Gebiet zwischen 320 und 400 m. Neben einigen Zwergsträuchern wie der Heidelbeere können sich in den Hochlagen nur Fjällbirken und von Wind und Schnee zur Erde gekrümmte, steinalte Wacholder halten.

Durch den quarzithaltigen Untergrund ist die Pflanzenwelt auf den Geröllflächen ziemlich spärlich, es gibt nur wenig typische Fjällarten, vor allem Alpenazalee (S. 81), Alpen-Bärentraube und Alpenbärlapp. Mit etwas Glück findet man zwischen Felsbrocken den Rollfarn, eine kalkmeidende Pflanze, oder, etwas tiefer am Hang, das hellviolette Torfveilchen und das Zweihäusige Katzenpfötchen.

Haselhühner (im Foto ein Männchen) sind unauffällige Bewohner unterwuchsreicher Wälder.

Die Schüsselflechte *Parmelia centrifuga*. Pyhätunturi ist für seinen Reichtum an Flechten bekannt.

Für Flechtenforscher kann Pyhätunturi sogar zur Fundgrube werden. Viele Felsbrocken sehen durch die Formen und Farben der verschiedenen Flechtenarten wie Kunstwerke aus. Auf Steinschutt siedeln die Schüsselflechtenart *Parmelia centrifuga* und die gelbgrüne Landkartenflechte, in bodensauren Zwergstrauchheidegebieten ist die Kuppelförmige Rentierflechte häufig. An den wenigen Bäumen wachsen die Mähnenflechte und die Bartflechtenart *Alectoria sarmentosa*.

Die Vegetation an den Hängen und in den bachbegleitenden Wäldern ist stellenweise recht üppig. Dort trifft man eine Reihe von bemerkenswerten Pflanzen an, z. B. die Pestwurzart *Petasites frigidus*, Nickendes Wintergrün, Schwarz- und Rotbeeriges Christophskraut (S. 175), Goldblumigen Steinbrech, Karlszepter (S. 108), Glockige Himmelsleiter und Frauenfarn. In Sumpfgebieten gedeihen Einbeere, Goldrute (S. 113) und Lapplandweide, an Moorrändern stehen Dorniger Wurmfarn und Kugelsegge, auf den Moorflächen Schnabelsegge, Blumenbinse, Scheuchzers und Scheidiges Wollgras.

Im Nationalpark werden die Spuren von Luchs und Braunbär regelmäßig gefunden, Wolf und Vielfraß treten dagegen nur ausnahmsweise auf; der Fischotter ist an den Gewässern des Parks zu Hause. Die Kleinsäugerfauna ist mit Nordischer Wühlmaus, Rötelmaus, Schermaus, Wald- und Berglemming (S. 107) vertreten, von den Insektenfressern kommen Wald- und Maskenspitzmaus vor.

Die Vogelwelt von Pyhätunturi ist recht artenreich. In den Waldgebieten trifft der Wanderer im Sommer auf Seidenschwanz, Hakengimpel (S. 184), Fichtenkreuzschnabel und Bergfink; Unglückshäher (S. 109) und Lapplandmeise (S. 135) sind zu jeder Jahreszeit und wegen ihrer geringen Scheu relativ leicht zu beobachten. In den urwaldartigen Beständen gibt es genügend geeignete Höhlenbäume für Bunt- und Schwarzspecht sowie verschiedene Eulenarten und den Mauersegler. In den kargen Felsgebieten oberhalb der Baumgrenze trifft man Alpenschneehuhn (S. 1) und Steinschmätzer (S. 193) an.

Vom Vogelturm aus kann man mit etwas Glück einige Watvogelarten beobachten, beispielsweise Odinshühnchen, Kampfläufer, Dunklen Wasserläufer, Regenbrachvogel und Bekassine. Die Seen der Aapamoore beleben Küstenseeschwalben, Krick-, Schell- und Reiherenten; Kra-

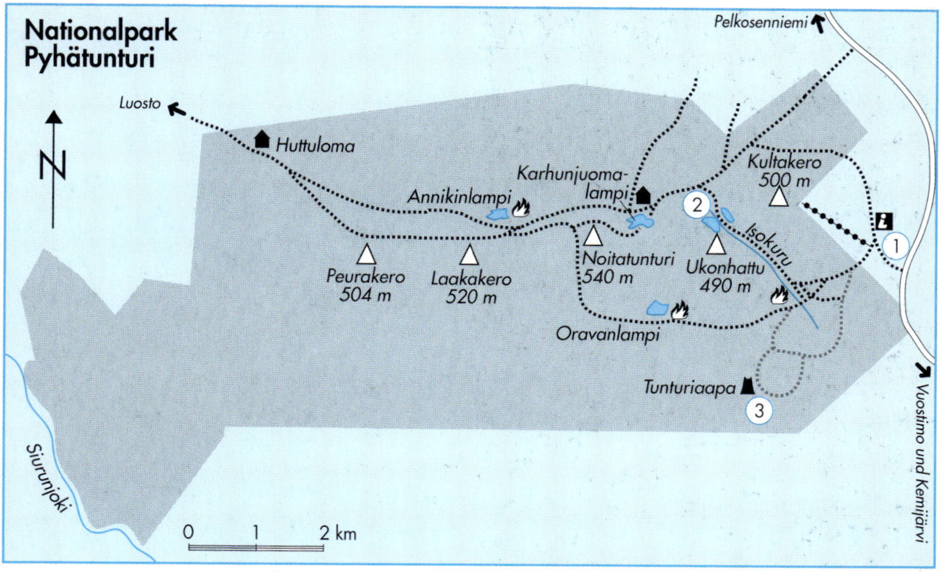

niche, Singschwäne und Saatgänse nutzen die Uferbereiche zur Nahrungssuche und Brut. Die häufigsten Singvögel im Moor sind Schafstelze und Wiesenpieper.

Im Gebiet unterwegs

Für Wanderungen im Nationalpark bieten sich mehrere markierte, unterschiedlich lange Wege an, die alle beim Info-Zentrum des Nationalparks ① beginnen. Entlang der Wege sind Schutzhütten, Feuer- und Zeltstellen eingerichtet.
Auf einem Bohlenpfad gelangt man durch die malerische **Isokuru-Schlucht** (Vorsicht, bei Nässe sind die Planken glitschig, Sturzgefahr!) zum See der Heiligen Taufe (**Pyhäkasteenlampi**) ②, in den sich das Wasser des höher gelegenen kleinen Sees Karhunjuomalampi (Bärentrunksee) kaskadenartig (Wasserfall der Heiligen Taufe) stürzt.
Es gibt auch zwei Naturlehrpfade: Der eine ist etwa 5 km lang und führt größtenteils durch trockenen Kiefernheidewald mit Krähen- und Preiselbeere als Unterwuchs. Daran schließt sich der zweite, ein nur etwa 0,5 km langer Weg durch ein Aapamoor an, der an einem Vogelturm ③ vorbeiführt. Von dort oben hat man einen guten Überblick über die Moorlandschaft und einen See und kann sich zusätzlich am Bestimmen der Wat- und Möwenvögel üben, die das Feuchtgebiet bevölkern.
Durch den Nationalpark führt die Pyhätunturi-Luostotunturi-Wanderroute. Der Ausgangspunkt für den 30 km langen Weg befindet sich am Hotel Kultakero, das »Ziel« an der Talstation des Skilifts im Ferienzentrum Luostotunturi.

Praktische Tips

Anreise
Mit dem Auto erreicht man Pyhätunturi von 2 Seiten: auf der Straße Nr. 5/E 63 Kemijärvi – Sodankylä (Abzweigung bei Vuostimo zum Nationalpark) sowie auf der Straße Nr. 4/E 75 Sodankylä – Vikajärvi (Abzweigung nahe Aska). Der Nationalpark wird täglich von einem Bus aus Kemijärvi angesteuert, außerdem gibt es eine

Busverbindung von Sodankylä zum Luostotunturi.

Klima/Reisezeit
Im Nationalpark herrscht für Nordfinnland typisches kontinentales Klima; die Temperaturen im Winter liegen im Durchschnitt bei –20 °C, im Sommer bei 20 °C. Schnee liegt von Mitte Oktober bis Mitte Juni in höheren Lagen; der Sommer endet Anfang September.
Die beste Zeit für Vogelbeobachtung ist Juni/Anfang Juli, wenn alle Zugvögel aus ihren Winterquartieren zurückgekehrt sind, für die Pflanzenwelt die Zeit von Juni bis Mitte August.

Unterkunft/Information
Am Osthang des Kultakero befindet sich ein Skizentrum mit Hotel und Wohnwagenstellplätzen, dort liegt auch das vom Finnischen Institut für Waldforschung eingerichtete Nationalparkzentrum. Hier bekommt man in Form von Dioramen, Großfotos und Diavorführung einen guten Überblick über die Tier- und Pflanzenwelt des Nationalparks.
An der Straße Vuotsimo – Luosto liegt der See Pyhäjärvi, an dem es Campingmöglichkeit und Übernachtungshütten gibt. Dieser See ist auch gut geeignet als Ausgangspunkt für Wanderungen in den Nationalpark.

Karten
Wanderkarte 1:50 000 »Luosto – Pyhätunturi«, 1:25 000 »Pyhätunturi«.

Blick in die Umgebung

Der Nationalpark schließt im Nordwesten an das zirka 65 km² große **Luosto-Urwaldschutzgebiet** an, das den langgestreckten Berg- und Fjällrücken Luostotunturi und eine weite Moorlandschaft einschließt. Das Schutzgebiet wurde eingerichtet, da es eine ähnlich bemerkenswerte geologische Formation wie Pyhätunturi aufweist.

»Tykky« und Schneebruch

Die **Fichten** sind im hohen Norden schmalkronig und säulenförmig; diese für Lappland bezeichnende Wuchsform (Kerzenfichte) ist eine Anpassung an die schneereichen Winter. Auf breiten, ausladenden Ästen würde sich eine so große Schneelast ansammeln, daß die Bäume zusammenbrechen würden; auf den relativ kurzen, nach unten hängenden Ästen der Lapplandfichten hingegen kann sich nur wenig Schnee halten. Doch wenn Naßschnee und Frost einander abwechseln, kann die Menge aus Schnee, Eis und Rauhreif (finn. »tykky«), die auf den Ästen liegenbleibt, auch

Die großen winterlichen Schneemengen verwandeln die Fichten in abenteuerliche Gestalten. Doch durch ihre besondere Wuchsform können sie einer großen Last aus Schnee und Rauhreif (im Finnischen »tykky«) standhalten.

schlanke Lapplandfichten zusammenbrechen lassen. Je weiter nördlich man kommt, desto tiefer liegt die Schneebruchgrenze, oberhalb derer die Bäume regelmäßig den Schneedruck nicht mehr aushalten und abbrechen. Kommt es einmal zum Spitzenbruch, so ist das für den Baum noch kein Todesurteil. Fichten gleichen den Schaden aus, indem Seitenäste Spitzenfunktion übernehmen.

Dagegen führt Schneebruch bei **Kiefern** zu abenteuerlichen Formen. Dies ist auch ein Grund, daß sehr alte Kiefern in urwaldartigen Beständen so verschieden aussehen: Sie sind »Persönlichkeiten«, keine gleicht der anderen. Junge **Birken** sind so elastisch, daß sie sich bei hoher Schneelast mit der Spitze bis zum Boden hinunterbiegen und als lebende weiße Portale dem Winter trotzen.

Die »**Tykky-Härte**« der Bäume beeinflußt natürlich auch die Zusammensetzung der Baumarten. Die schmalkronigen Fichten sind am wenigsten betroffen, am meisten die Kiefern, die Birken liegen dazwischen. Aus diesem Grund haben ungleichaltrige Mischwaldbestände mit einem hohen Fichtenanteil die größte Widerstandskraft gegen Schneebruch; besonders gefährdet sind junge Kiefernforste. In Gebieten mit erhöhter Schneebruchgefahr ist die Fichte die vorherrschende Baumart.

25 Nationalpark Urho-Kekkonen

Weite Fjäll-, Wald- und Moorwildnis an der Nordgrenze der borealen Nadelwaldzone im Osten Lapplands; Rückzugsgebiet für die 4 Großraubtiere; artenreiche Vogelwelt.

Mit einer Fläche von 2550 km² ist der Nationalpark Urho-Kekkonen, auch Koilliskaira genannt, der zweitgrößte finnische Nationalpark. Er liegt auf dem Gebiet der Gemeinden Sodankylä, Savukoski und Inari. Der Nationalpark wurde 1983 gegründet, um die wertvolle Wald-, Moor- und Fjäll-Landschaft im Osten Lapplands zu erhalten. Der Park erstreckt sich vom Gebiet der Fjälls Raututunturi und Saariselkä im Norden bis zur russischen Grenze im Osten und zu den ausgedehnten Wäldern am Fluß Nuorttijoki im Süden. Das Gebiet des Nationalparks umfaßt 3 ganz unterschiedliche Landschaftstypen: Die Fjällgebiete im Norden weisen ausgedehnte, flechtenreiche Zwergstrauchheiden, tiefe Täler, Steilwände und Geröllfelder auf. Vom Gipfel des **Kaunispää** aus hat man einen herrlichen Blick auf die endlose Fjällwelt des Raututunturi. Das eigentliche **Saariselkä-Fjällgebiet** ④ erstreckt sich östlich des Flusses Suomojoki bis an die russische Grenze. Von den wenigen Seen im Parkgebiet lockt der Luirojärvi alljährlich mit seinen Sandstränden viele Besucher an. Auch am Unterlauf des Flusses Suomojoki gibt es eine Kette von kleinen malerischen Seen.

Die Diapensie ist in besonderem Maße an die extremen Bedingungen im Gebirge angepaßt.

Saariselkä grenzt im Südosten an den Wildnis-Fluß Jaurujoki, der teils durch fichtengesäumte Schluchten, teils durch weite Kiefernheidewälder fließt. Hier beginnt **Itäkaira**, eine ursprüngliche Wald- und Moorwildnis mit dichten Kiefern- und Fichtenwäldern auf dickem Moosteppich, die sich bis zu den Quellflüssen des Kemijoki fortsetzt. Den besten Überblick über diese lappländische Wildnis hat man von dem einzelstehenden Fjäll **Naltio** ⑥ aus.
Im Südosten fließt der fischreiche Nuorttijoki nach Rußland, der eindrucksvolle, schroffe Schluchttäler, fichtenbestandene Abhänge und riesige Kiefernwälder aufweist.
Ganz im Südosten, nahe der russischen Grenze, ragt das geheimnisumwitterte Fjäll **Korvatunturi** ⑦ auf, dem Volksglauben nach Sitz des Weihnachtsmannes. Schon weil das Betreten der Grenzzone für Besucher verboten ist, kann der Weihnachtsmann hier in Ruhe seinen Geschäften nachgehen ...
Die Landschaft entlang der Quellflüsse des **Luirojoki** im Südwestteil des Parks (Sompio) ist geprägt von riesigen Aapamooren (s.S.188), in denen einzelne Waldinseln verstreut liegen. Die Moorfläche stellt vor allem im Sommer ein schwer zu überwindendes Hindernis für Wanderer dar. Für viele Wat- und Wasservögel ist es

Die zierliche Zwergsimsenlilie ist typisch für hochgelegene Feuchtgebiete, besonders Quellmoore.

jedoch wichtiges Brut- und Rückzugsgebiet. Deshalb hat man während der Brutzeit vom 15.5. – 15.7. die Aapamoore Repo-, Paju- und Lamminaapa ⑧ für den Besucherverkehr gesperrt.
Das Gebiet des heutigen Nationalparks ist eine typische Glaziallandschaft. Die eindrucksvollsten Moränenrücken liegen entlang des Suomojoki. Endmoränen befinden sich z. B. am Oberlauf des Sarvioja im Nordosten des Nationalparks. Schmelzwasserrinnen, von der jährlich wechselnden Lage der Gletschereiskante verursacht, sind unter anderem auf dem Pikku-Tankavaara ⑩ zu sehen.

Pflanzen und Tiere

Der saure Untergrund bedingt eine relativ karge, artenarme Vegetation. Südlich des Fjäll- und Taigagebiets Saariselkä dominieren die typischen schlanken »Kerzenfichten«, die auf einer dicken Moosschicht wachsen. In den Tälern der Flüsse Suomojoki und Luttojoki stehen keine Fichten, sie erscheinen erst wieder weiter nördlich im Gebiet des Tsarmitunturi.
Nördlich von Saariselkä ist die Waldkiefer die dominierende Baumart. Der Bodenbewuchs der trockenen Kiefernheidewälder wird vor allem von Rentierflechten gebildet. Oberhalb der Nadelwaldzone erstreckt sich Fjällbirken-Heidewald, der ebenfalls meist auf flechtenbewachsenem Boden stockt.
Auf den höheren Fjälls ist die Vegetationsperiode so kurz, daß keine Baumvegetation möglich ist. Dort überleben nur niedrige Zwergsträucher wie Zwergbirke, Krähenbeere, Alpenazalee und Diapensie. An etwas geschützteren Stellen auf dem Fjäll bleibt der Schnee bis in den kurzen Sommer hinein liegen; hier gedeihen spezielle Pflanzenarten wie die Moosähnliche Cassiope (S. 198) und die Krautige Weide (S. 202), die bereits unter dem schmelzenden Schnee ihre Blüten ausbilden.
Der Nationalpark ist ein wichtiges Rückzugsgebiet für bedrohte Großtierarten, die auf weite, menschenleere Wildnis angewiesen sind. Hier leben noch zirka 20 Braunbären. Die wenigen Wölfe und Vielfraße des Nationalparks haben ihre Fortpflanzungsgebiete außerhalb des Parks.
Die Vogelwelt tritt in den Mooren und Sumpfgebieten besonders artenreich in Erscheinung. In den nassen Mooren balzen im Frühjahr der Sumpfläufer sowie die Zwergschnepfe, deren Reviergesang an entferntes Pferdegetrappel erinnert. Auch Goldregenpfeifer, Grünschenkel, Wald- und Bruchwasserläufer sowie Dunkler Wasserläufer lassen sich in den Feuchtgebieten des Nationalparks beobachten. Inmitten großer, ungestörter Moore nisten Singschwan und Saatgans, an deren bewaldeten Rändern halten sich häufig Auer- und Moorschneehühner auf.

Die Wildnislandschaft von Saariselkä ist ein beliebtes Wandergebiet.

Die Vogelwelt der Wald- und Fjällgebiete ist typisch für den Norden Finnlands. Eine Rarität der klaren Bäche ist die Flußperlmuschel.

Im Gebiet unterwegs

Saariselkä ist eines der beliebtesten Wandergebiete Lapplands. Die Erkundung des Nationalparks ermöglicht ein Netz von verschieden langen, markierten Wanderwegen. Der Park ist weiterhin gut ausgestattet mit Hütten, von denen einige unverschlossen sind; für andere muß man sich den Schlüssel reservieren. Es gibt auch einige einfache Hütten, die zum Teil von den Rentierhirten benutzt werden. Außerdem sind an vielen Plätzen Zelt- und Feuerstellen eingerichtet.
Gute Startpunkte für Touren sind **Tankavaara** (Informationszentrum) ①, **Saariselkä** (unterhalb des Skiliftes vom Kaunispää) ② und das Fjällzentrum in Kiilopää. Von

Der Bindenkreuzschnabel, kenntlich an den weißen Flügelbinden, ist der kleinste europäische Kreuzschnabel.

Lebensraum des Hakengimpels sind moosreiche, dichte Kiefernwälder mit Heidel- und Preiselbeere.

Verschiedene Torfmoosarten.

Blüte der Kleinfrüchtigen Moosbeere mit Stechmücke.

Tulppio aus führt ein zirka 15 km langer Wanderweg entlang des **Nuorttijoki** ⑨ in den Nationalpark.
In Tankavaara und Kiilopää sind je 3 Naturlehrpfade mit unterschiedlicher Länge (1/3/6 km) eingerichtet, die sowohl über Fauna und Flora als auch über Landschaft und Kulturgeschichte des Parks informieren. In Tankavaara beginnen sie beim Informationszentrum, in Kiilopää am Fjällzentrum. In den Hangmooren am **Pikku-Tankavaara** ⑩ begleiten den Wanderer im Juni die Stimmen von Bruchwasserläufer, Regenbrachvogel und Wiesenpieper; im Wald kann er unter anderem Wendehals, Hakengimpel, Unglückshäher und Lapplandmeise beobachten.
Da man sich in einer sehr geschichtsträchtigen Goldschürfgegend aufhält, sollte man einen Besuch im **Goldmuseum** des Golddorfes Tankavaara nicht versäumen, das das ganze Jahr geöffnet hat.
Aus Naturschutzgründen wurde der Nationalpark in verschiedene Zonen

Von Juli bis August blüht der Langblättrige Sonnentau in nassen Moorbereichen.

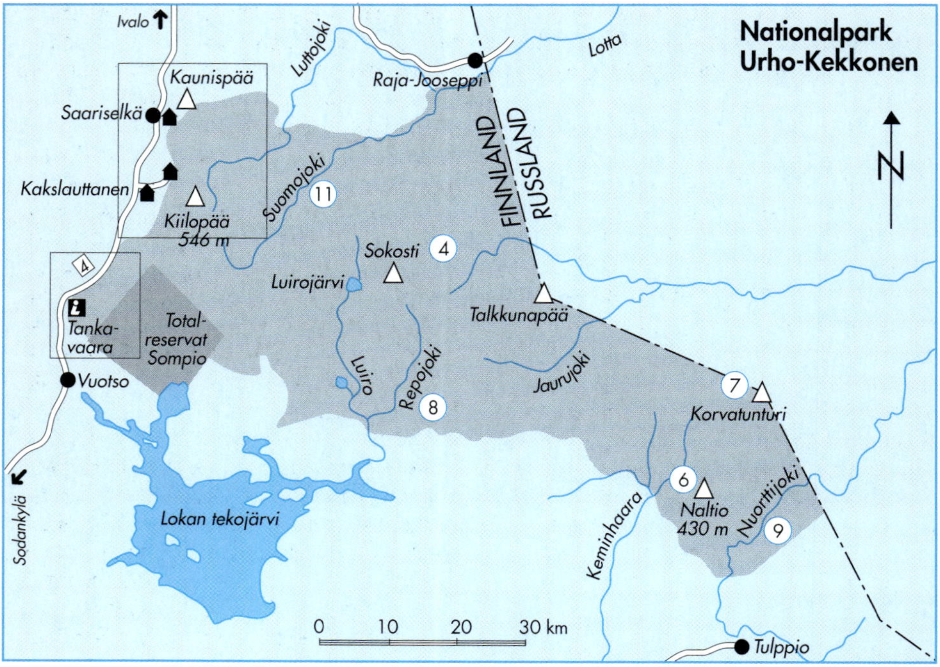

(s.S. 21) eingeteilt, die auf jeder Wanderkarte eingezeichnet sind. Für diese Zonen gelten spezielle Regelungen, was offenes Feuer und Campen anbelangt.

Praktische Tips

Anreise

Mit dem Auto erreicht man den Nationalpark über die Straße Nr. 4/E 75 Sodankylä – Ivalo, die den Park im Westen tangiert. Nach Tulppio fährt man mit dem Auto von Sodankylä aus auf der Straße Nr. 967 bis Hihnavaara, dann biegt man auf die Straße Nr. 9671 ab.
Täglich gibt es mehrere Busverbindungen auf der Strecke Rovaniemi – Sodankylä – Ivalo. Von Kemijärvi fährt täglich ein Bus nach Ruuvaoja, zweimal wöchentlich auch weiter nach Tulppio.
Von Raja-Jooseppi an der Straße Nr. 968 führt eine etwa 3km lange Holzfällerstraße an die nördliche Parkgrenze.

Klima/Reisezeit

Der Nationalpark befindet sich nicht nur sehr weit nördlich, sondern ist insgesamt auch relativ hoch gelegen; entsprechend niedrig sind die Jahrestemperaturen. Das kontinental geprägte Klima bringt es mit sich, daß im Mai oft noch viel Schnee liegt. Deshalb sollte man für Erkundungen des Parkgebiets die Zeit zwischen Mitte/Ende Juni und Mitte September wählen; im Hochsommer muß man mit Großangriffen stechender Insekten rechnen.

Unterkunft/Information

Informationszentren befinden sich in Savukoski und Tankavaara. Das Besucherzentrum Savukoski bietet eine Ausstellung über den Nationalpark und das Leben in Lappland. Das Tankavaara-Informationszentrum enthält ein Naturum, in dem je ein Modell einer nordfinnischen Waldlandschaft und einer entsprechenden Fjäll-Landschaft gestaltet sind. Darüber hinaus vermitteln meisterhafte Dioramen Lebensbilder der nordischen Tierwelt. Informationstafeln stehen in Luulampi (Info-Hütte, Café nur während der Touristensaison), in Raja-Jooseppi, am Luirojärvi, in Tulppio und Kiilopää zur Verfügung. Unterkünfte und touristischer Service werden in Parknähe an der Straße Nr. 4/E 75 zwischen Vuotso und Kaunispää, im Golddorf Tankavaara sowie in Tulppio geboten. In Kiilopää gibt es eine Jugendherberge und einen Campingplatz.

Karten

Wanderkarte 1:100 000 »Koilliskaira« mit Satellitenbild.
Von den Topographischen Karten 1:50 000 decken die Blätter 3742/2, 3744/1, 4722/2, 4724/1, 4721/2, 4723/1 und 4223/2 das gesamte Nationalparkgebiet ab.

Blick in die Umgebung

Im Südwesten des Parks schließt sich direkt das 176 km² große Totalreservat **Sompio** an. Es umfaßt das Nattastunturi-Fjäll und die umliegenden Aapamoore und weist die typische Pflanzen- und Vogelwelt der Moore auf. Sompio ist nur zu Fuß zu erreichen. Den markierten Weg darf man nicht verlassen.
Nördlich des Nationalparks Urho-Kekkonen liegt der **Inari-See**, der größte See Lapplands und der drittgrößte See Finnlands. Die Seeufer sind teils sumpfig, teils reichen Kiefernwälder bis an das felsige Ufer. Im See liegt eine große Zahl von Inseln und Inselchen mit bedeutenden Populationen von brütenden Enten (Mittel- und Zwergsäger, Schellente). Obwohl der See innerhalb der Kiefernwaldzone liegt, kommen typische Tundraarten vor wie Spornammer, Schneeammer und Falkenraubmöwe. In den Wäldern in der Umgebung des Sees und auf den Hügeln leben Wanderlaubsänger, Kiefernkreuzschnabel, Zwerg- und Waldammer, Unglückshäher und Lapplandmeise. Der See ist nur an wenigen Stellen gut zugänglich. Bei Veskoniemi, Virtaniemi und Nellimö, zwischen Ivalo und der russischen Grenze gelegen, gibt es gute Beobachtungsmöglichkeiten.

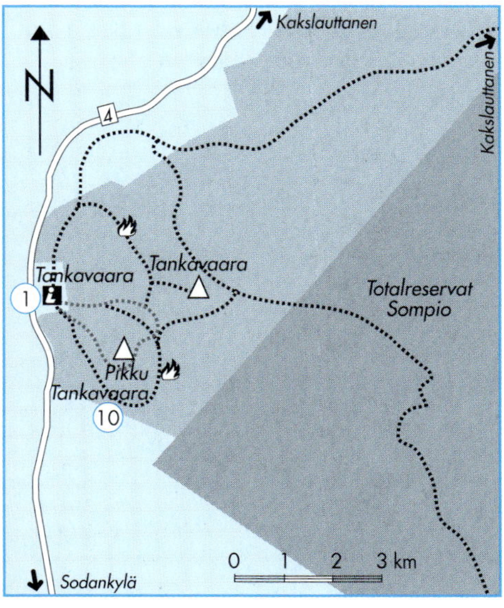

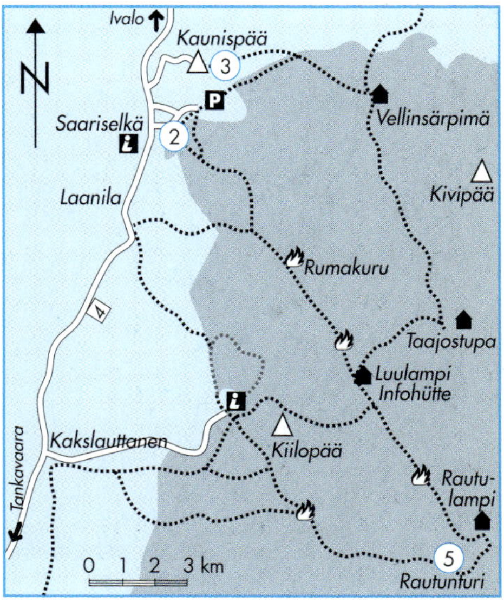

Hoch- und Aapamoor

Moore sind in Skandinavien von großer Bedeutung für die Tierwelt, denn sie bedecken oft riesige Flächen. Das Ökosystem Moor ist durch hohen Wassergehalt und eine typische, zur Bildung von Torf befähigte Vegetation gekennzeichnet. Moore können nur in Gebieten mit hohen Niederschlägen entstehen.
Die **Hochmoore**, die vor allem im nördlichen Mitteleuropa und Südskandinavien/Südfinnland vorkommen, sind vom ozeanischen Klima beeinflußt; sie sind ganz und gar abhängig von den in Niederschlägen enthaltenen Mineralstoffen, die auf sie herabregnen. Hochmoore haben ein uhrglasförmig gewölbtes Erscheinungsbild, bucklige Erhebungen (Bulten) wechseln mit vielgestaltigen Einsenkungen ab – diese treten oft als Kleinstgewässer auf (»Schlenken«), die bei größerer Ausdehnung als Blänken bezeichnet werden. Den mehr oder weniger deutlich geneigten Moorrand nennt man Randgehänge. Eine Senke, der Randsumpf oder Lagg, grenzt den Moorkomplex von der umliegenden, meist bewaldeten Landschaft ab.

Auch heute noch sind weite Flächen im Norden Fennoskandiens von Aapamooren bedeckt.

Die typischen Moore im Norden Skandinaviens und Finnlands sind **Aapamoore.** Sie sind in den kaltgemäßigten Klimazonen rund um den Nordpol verbreitet. Höhere Wälle oder Stränge sind mit hochmoorartiger, also von Niederschlagswasser ernährter (ombotropher) Vegetation bestanden: Torfmoose, Sonnentau, Moos-, Rausch-, Krähen- und Moltebeere, Rosmarinheide, Scheidiges Wollgras. Die Stränge wechseln mit meist wassergefüllten Senken (schwed. »Flarke«, finn. »Rimpis«) ab, die eine typische, von Bodenmineralstoffen ernährte (minerotrophe) Flachmoorvegetation aufweisen, z. B. Wollgräser, verschiedene Seggen, Fieberklee und Sumpfblutauge. Wenn im Winter die nasse Mooroberfläche gefriert und sich dabei ausdehnt, kommt es durch den Ausdehnungsdruck zur Aufwölbung der Stränge. Die Moore wachsen meist in sanft ansteigender Landschaft, die Stränge sind terrassenartig angeordnet.
Wegen des kühlen Klimas und der damit verbundenen geringeren Verdunstung sind Aapamoore nasser als Hochmoore. Der reichliche Schnee löst bei der Schmelze große Überschwemmungen aus, so daß Aapamoore im Frühjahr wochenlang unter Wasser stehen. Diese Verhältnisse sind jedoch den hochmoortypischen Torfmoosen, die den Torf produzieren, abträglich – sie können daher nur auf den Strängen existieren.
Trotz der größeren Nässe lassen sich Aapamoore oft leichter überqueren als Hochmoore, denn die mit Zwergsträuchern bewachsenen Stränge hängen meist irgendwie zusammen, so daß man auf ihnen, oder besser an ihrem Rand, relativ bequem die offene Moorfläche durchqueren kann. Dabei sollte man nicht nur seine eigene Gefährdung, sondern auch die Störung der Tierwelt und die Zerstörung der Pflanzendecke auf ein Mindestmaß reduzieren.

26 Nationalpark Lemmenjoki

Riesiges wegloses Wildnisgebiet im finnischen Norden mit mächtigen Fjälls, ausgedehnten Nadelwäldern und weiten Mooren; wildromantisches Schluchttal des Flusses Lemmenjoki; artenreiche Vogelwelt.

Mit gut 2800 km^2 ist der Nationalpark Lemmenjoki nicht nur der größte Nationalpark Finnlands und Europas, sondern zugleich die größte straßenlose Wildnis Finnlands. Der Nationalpark wurde 1956 gegründet und in den Jahren 1971 und 1982 erweitert. Er liegt auf den Gemeindegebieten von Inari und Kittilä.
Lemmenjoki bietet einen typischen Ausschnitt der vielfältigen Naturlandschaften Nordlapplands. Im Gebiet des Nationalparks entspringen viele ungezähmte Flüsse, wie Ivalojoki (Avveel), Repojoki (Riebanjohka), Lemmenjoki (Leämmi), Vaskojoki (Fašku) und Inarijoki-Teno (Ânarjohka-Teädnu). Als es noch keine Straßen im hohen Norden gab, dienten diese Flüsse im Sommer als unverzichtbare Verkehrswege. Heute wird die alte Tradition von den Touristen wiederbelebt, die besonders den Ivalojoki in Beschlag genommen haben.
Ein weiterer Anziehungspunkt sind die mächtigen Fjälls. Im Osten liegt die Fjällgruppe **Viipustunturi** (Viibustuoddarak; 599 m), im Norden **Maarestatunturi** (Marastaktuoddarak; 593 m); diese Gebiete sind wegen ihrer abgerundeten Kuppen und der niedrigen Fjällvegetation leicht zu durchwandern. Im Nordwesten ragt die schmale Fjällkette **Kietsimätunturi** (Skiehttšamtuoddarak; 555 m) auf; sie besteht aus Amphibolit und ist wegen ihrer

Der Wanderweg »Goldgräberrunde« führt an den eindrucksvollen Stromschnellen Ravadasköngäs vorbei.

schroffen Hänge weniger leicht zu erkunden. Die im Südwesten liegenden Fjälls **Skärritunturi** (Skierreoaivi) und **Peltotunturi** (Peäldotuoddarak; 463 m) sind deutlich niedriger und flachgipfeliger.
Mit Ausnahme des Westens und Nordwestens des Nationalparks stockt generell in den unteren Lagen Nadelwald. Zwischen den Flüssen Vaskojoki und Lemmenjoki erstrecken sich riesige unberührte Kiefernwälder. Im südlichen Teil des Parks dominieren alte, ziemlich lichte Fichtenwälder mit einem dichten Moosteppich. Weiter

Die Ohrenlerche (im Foto ein Männchen) brütet auf den trockenen, steinigen Fjällplateaus.

nördlich tragen die flachen Rücken zwischen den Flüssen spärlichen Baumbewuchs aus Kiefer und Fjällbirke. Mehrere hundert Jahre alte, stattliche Kiefern stehen in den Kiesbetten der Flüsse, vor allem entlang der Unterläufe von Vasko- und Lemmenjoki.
Die südliche Hälfte des Nationalparks wird von Mooren geprägt, die sich stellenweise zu mächtigen und nassen Aapamooren (s. S. 188) ausdehnen; das größte Moor dieses Gebiets ist das Aapamoor Naskama ⑥.
Das Tal des **Lemmenjoki** ist die bekannteste Sehenswürdigkeit des Nationalparks; der legendäre Goldgräberstrom fließt teils in einem steilwandigen, schroffen Schluchttal, teils wird er zu beiden Seiten von offener Fjäll-Landschaft gesäumt. Er trennt die beiden Fjällgruppen Maarestatunturi und Viipustunturi voneinander. An mehreren Stellen ergießen sich kleine Sturzbäche und größere Wasserfälle in den Lemmenjoki. Der größte davon ist der Ravadasjoki, der im Mündungsbereich donnernde Stromschnellen – die **Ravadasköngäs** – ausbildet. Weiter im Unterlauf verbreitert der Lemmenjoki sein Bett, hier begleiten schmale Seen seinen Lauf. Die hohen Kiesterrassen und Geröllhügel an den Ufern sind Zeugen der letzten Eiszeit.
Das Nationalparkgebiet und seine Umgebung sind traditionelles Samengebiet, an vielen Stellen trifft man auf Samendörfer und kann so Einblicke in Kultur und Lebensweise dieses nordischen Volkes gewinnen. **Lisma**, das im Park liegt, ist eines der typischsten, noch heute erhaltenen Fjäll-Samendörfer. Rentierhaltung, Fisch- und Moorschneehuhnfang sowie Beerensammeln gehören zum Alltag der Samen; die Rechte für diese dem Lebensunterhalt dienenden Aktivitäten sind auch in den Nationalpark-Statuten festgeschrieben.
Mitte der 40er Jahre wurde im Gebiet der Fjällgruppe Maarestatunturi Gold entdeckt. Bald kamen Scharen von Goldsuchern, die in den Jahren 1949 bis 1952

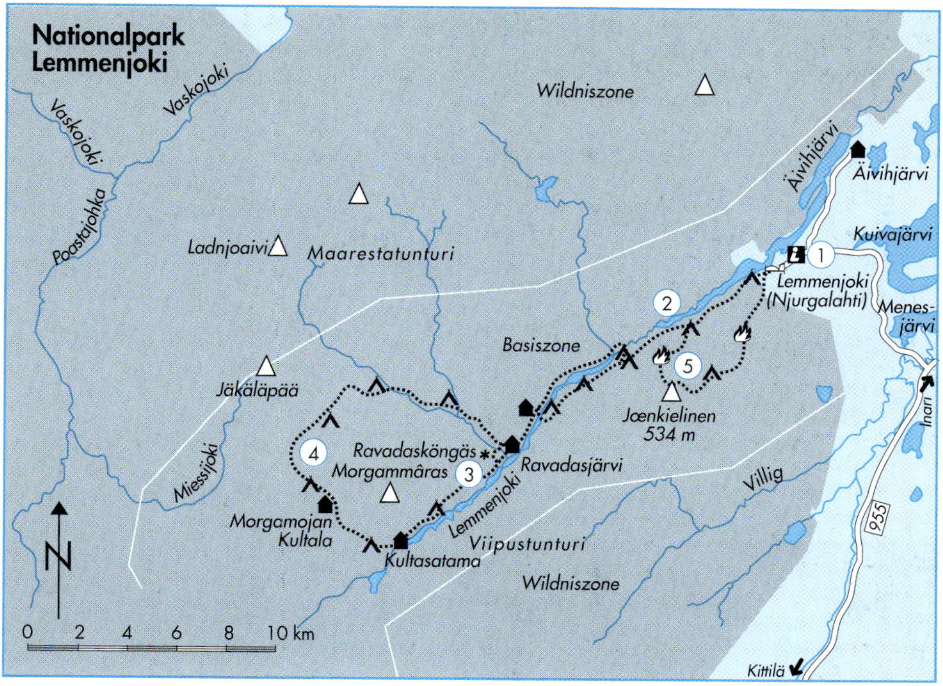

einen Boom auslösten ähnlich dem am Klondike-River in Alaska; allerdings ebbte der »finnische Goldrausch« bald wieder ab. Trotzdem gibt es auch heute noch ein paar Goldwäscher, die im Sommer in ihren Claims arbeiten; sie möchten jedoch nicht als Touristenattraktion herhalten und erwarten daher, daß man ihre Privatsphäre respektiert.

Pflanzen und Tiere

Das Nationalparkgebiet enthält viele verschiedene Vegetationstypen. Auffallend üppige Pflanzenstandorte sind die gestrüppartigen Fjällbirkenwälder entlang der Flüsse und Bäche mit Trollblume, Filziger Kratzdistel und Blauem Sperrkraut. In den westlichen und nordwestlichen Fjälls ist die Baumvegetation ausschließlich durch die anspruchslose Fjällbirke vertreten. Oberhalb der Fjällbirkenstufe erstrecken sich weite Flächen mit Blauheide (S. 80) und dichten Teppichen der rosarot blühenden Alpenazalee (S. 81).

Bis in die heutige Zeit konnten die großen Raubtiere Braunbär, Wolf und Vielfraß im Lemmenjoki-Gebiet überleben, wenn auch in jeweils geringer Anzahl. Im Gegensatz zu den extrem scheuen, da seit Jahrhunderten gnadenlos verfolgten Großraubtieren kann man Fischotter (S. 196) und Eisfuchs (S. 113) etwas leichter zu Gesicht bekommen. Weitere Säugetiere des Nationalparks sind Baummarder, Mauswiesel, Graurötelmaus und Berglemming (S. 107).

Die Vogelwelt ist wegen der vielfältigen Lebensraumtypen artenreich. Von den Greifvögeln bekommt man am ehesten Rauhfußbussard (S. 31) und Steinadler (S. 79) zu Gesicht, von den Eulen vor allem Sperbereule (S. 140) und Sumpfohreule (S. 56), die am Tag jagen. In den unzugänglichen, weil sehr nassen Mooren brüten an erhöhten Stellen neben Saatgans und Singschwan auch Moorschneehühner sowie verschiedene Watvogelarten wie Goldregenpfeifer, Regenbrachvogel, Dunkler Wasserläufer, Odinshühnchen und Kampfläufer. Die kargen Fjälls beleben häufigere Arten wie Steinschmätzer, Sporn- und Schneeammer sowie die seltene Ohrenlerche. Typisch für die Nadelwälder sind Dreizehenspecht, Seidenschwanz, Rotdrossel, Lapplandmeise, Bergfink, Birkenzeisig und Unglückshäher; das Blaukehlchen ist in den Birkenwäldern nicht selten.

Bei Odinshühnchen sind die Weibchen prächtiger gefärbt und bei der Balz die Hauptakteure.

Graurötelmaus, kenntlich am rotbraunen Rückenstreif.

Mit seinen wehmütig flötenden Rufen verzaubert der Goldregenpfeifer die kargen Moorlandschaften.

Im Gebiet unterwegs

Im Nationalpark sind mehrere markierte Rundwanderwege eingerichtet, die im Tal des **Lemmenjoki** ② und im **Maarestatunturi-Fjäll** verlaufen; sie führen an den attraktivsten Plätzen im Nordteil des Parks vorbei und berühren auch das Goldgräbergebiet. Entlang dieser Wege sind Schutzhütten sowie Zelt- und Feuerstellen ausgewiesen; sonst sind wildes Campieren und Feuermachen verboten.

Bester Ausgangspunkt für alle Wanderungen in den Nationalpark ist **Njurgalahti/ Lemmenjoki** ① am Ende der Fahrstraße. Von dort aus gelangt man entweder mit dem Schiff zum See Ravadasjärvi oder auf einem gut markierten, etwa 14 km langen Pfad entlang des Lemmenjoki. Am Ravadasjärvi befindet sich die gleichnamige Wanderhütte, Ausgangspunkt für die nur wenige hundert Meter entfernten Stromschnellen **Ravadasköngäs** ③, die eine Fallhöhe von etwa 4 m aufweisen.

Von der Ravadasjärvi-Hütte aus startet man auch zur sogenannten **Lappländischen Goldgräberrunde** ④, in deren Verlauf man Kultasatama – den Goldhafen – sowie das Grab des berühmten Goldgräbers Veikko Nevalainen oder die eindrucksvolle Schlucht **Jäkäläkuru** besuchen kann. Ab der Wanderhütte Kultasatama verläuft der

Weg nicht mehr am Lemmenjoki entlang, sondern führt in einem großen Bogen um das Morgammâras-Fjäll herum, wo er bei der Wanderhütte Ravadasjärvi wieder auf den Lemmenjoki trifft. Knapp eine Stunde hinter der Hütte Kultasatama kommt man an einer Gruppe stattlicher Kiefern vorbei, die zum Teil bis zu 600 Jahre alt sein sollen.

Von Njurgalahti aus bietet sich mit der Besteigung des **Joenkielinen-Fjälls** ⑤ eine Rundtour von gut 17 km Länge an. Zunächst folgt man dem Lemmenjoki bis zum Joenkielinen-Zeltplatz; ein kurzes Stück dahinter weist ein Wegweiser zum 4 km entfernten Gipfel. Von dort gelangt man auf dem markierten Weg wieder zurück nach Njurgalahti.

Wanderungen im weglosen südlichen Teil des Nationalparks sollten nur wildniserprobte Naturfreunde unternehmen, die mit Kompaß und Karte umgehen können. Da es hier keine Wege gibt, ist größtmögliche Rücksichtnahme auf die Tier- und Pflanzenwelt erforderlich.

Aus Naturschutzgründen ist der Nationalpark in eine Basiszone und eine Wildniszone eingeteilt, die auf den Wanderkarten eingezeichnet sind (s.S. 21).

Praktische Tips

Anreise

Mit dem Auto erreicht man den Nationalpark auf der Straße Nr. 955 Inari – Kittilä, in der Nähe von Menesjärvi zweigt die Straße Nr. 9551 nach Njurgalahti/Lemmenjoki ab. Täglich fährt auf dieser Strecke sowie auf der Straße Nr. 955 ein Bus.

Das im Nationalpark gelegene Samendorf Lisma ist über eine kleine Straße zu erreichen, die bei Repojoki von der Straße Nr. 955 abzweigt.

In Njurgalahti/Lemmenjoki verkehrt während der Sommermonate zweimal täglich ein Motorboot über den Lemmenjoki nach Ravadasjärvi und zum Goldhafen Kultasatama.

Über kalkreichem Untergrund bildet die weißblühende Silberwurz oft dichte Heiden aus.

Klima/Reisezeit

Wegen des kontinental geprägten Klimas liegt die beste Besuchszeit zwischen Juni und Mitte September; vorher kann der viele Schnee die Erkundung des Parkgeländes unmöglich machen. Von Juli bis Mitte August muß man allerdings mit Heerscharen von Mücken und Gnitzen rechnen.

Der hastige und knirschende Gesang des Steinschmätzers paßt gut zur kargen, steinigen Fjäll-Landschaft.

Die Saatgans ist ein seltener, aber typischer Brutvogel der schwer zugänglichen Moore.

Unterkunft/Information

Im nördlichen Teil des Nationalparks gibt es eine Reihe von Hütten mit Selbstverpflegung, in denen man übernachten kann. Doch sollte man beachten, daß in den Hauptwandermonaten viele Menschen unterwegs sind und die Hütten belegt sein könnten. Im südlichen Teil des Nationalparks ist man ganz auf seine eigene Ausrüstung angewiesen.
In Njurgalahti/Lemmenjoki gibt es Privatunterkünfte, ein Feriendorf und andere touristische Einrichtungen, deshalb ist dieses Dorf gut als Startpunkt für Wanderungen in den Nationalpark geeignet.
Weitere Unterkunftsmöglichkeiten findet man entlang der Straße 9551, in Aivihjärvi sowie in Menesjärvi und in Pokka an der Straße Nr. 955.
Informationen zum Nationalpark erhält man im Café Ahkun Tupa in Njurgalahti.

Durch den polsterförmigen Wuchs ist das Stengellose Leimkraut an Kälte und Trockenheit angepaßt.

Karten

Wanderkarte 1:50 000 »Lemmenjoki« und »Inari-Menesjärvi« oder 1:100 000 »Lemmenjoki«.

Blick in die Umgebung

Am **Muddusjärvi** ⑦, nordwestlich von Inari, liegt ein Forschungsinstitut der Universität Helsinki. Dort wird die Pflanzen- und Tierproduktion unter arktischen Bedingungen untersucht. In diesem Bereich gibt es 2 Naturlehrpfade.
Für Ornithologen bietet sich die Erkundung der Gegend um **Karigasniemi** an. Etwa 6 – 7 km südlich von Karigasniemi liegt die Moorlandschaft **Luomos** mit zahlreichen Watvogelarten, wie Dunklem Wasserläufer, Waldwasserläufer, Sumpfläufer, Temminckstrandläufer und Pfuhlschnepfe. Häufig sind Goldregenpfeifer und Regenbrachvogel, auf den Gewässern findet man Singschwan, Eisente und Odinshühnchen.
Nördlich von Karigasniemi liegt der 620 m hohe Berg **Ailigas**; er eignet sich gut für die Beobachtung nordischer Vogelarten wie Ohrenlerche, Rotkehlpieper, Schnee- und Spornammer, Mornellregenpfeifer und Falkenraubmöwe.
Zum nahegelegenen Inari-See s. »Blick in die Umgebung« des Hauptreiseziels 25.

27 Nationalpark Pallas-Ounastunturi

Fjäll- und Taigalandschaft an der nördlichen Verbreitungsgrenze der Fichte; flechtenbehangene Fichten- und Kiefernwälder mit weiten Aapamooren; nördliche und südliche Vogelarten nebeneinander.

Der 500 km² große Nationalpark Pallas-Ounastunturi liegt auf den Gemeindegebieten von Kittilä, Muonio und Enontekiö. Zusammen mit dem Nationalpark Pyhätunturi wurde er im Jahr 1938 als erster Nationalpark Finnlands eingerichtet.
Das in nord-südlicher Richtung verlaufende, handtuchförmige Schutzgebiet mißt in der Länge 50 km. Im nördlichen Teil des Nationalparks liegt das Fjällmassiv **Ounastunturi** ① mit eher sanft geschwungenem Profil, Fjällmooren und -seen. Der auffälligste Gipfel ist der **Pyhäkero** (=heilige Bergkuppe) mit 711 m. Zwischen dem 723 m hohen Outtakka und dem 661 m hohen Lumikero befindet sich eine Senke, die von mehreren in west-östlicher Richtung verlaufenden Schluchttälern durchschnitten wird. In der Schlucht **Pahakuru** ⑤, der »schlimmen Schlucht« (»paha« = schlecht, schlimm) liegen die »Glockentürme« (finn. »Kellotapulit«), eine Ansammlung von nah beieinanderstehenden Hügeln aus Schottermaterial.
An die Senke schließt sich nach Süden das Fjällmassiv **Pallastunturi** ② an; hier dominieren steile Hänge und schroffe Schluchten; auf den Fjällgipfeln breiten sich Blocksteinfelder aus. Mit 807 m ist der Taivaskero oder Himmelriikki (Himmelreich) der höchste Gipfel des Nationalparks.

Das Massiv Pallastunturi liegt gerade noch innerhalb des Verbreitungsgebiets der Fichte.

Der Fischotter ist an den Bächen und Flüssen des Nationalparks zu Hause.

An den Berghängen und in den Tälern breitet sich die für Lappland typische weite Taiga-Landschaft mit Wäldern und Aapamooren aus. Im Bereich des Pallastunturi-Gebietes dominiert flechtenbehangener Fichtenwald mit dichtem

Das unscheinbare weißblühende Graue Felsenblümchen wächst auf trockenem, kalkhaltigen Untergrund.

Moosteppich; im Norden zum Ounastunturi-Fjäll hin geht die Fichtentaiga in Kiefernwald über. Zwischen beiden Fjällgruppen – etwa in Höhe des Schluchttales Pahakuru – verläuft die nördliche Verbreitungsgrenze der Fichte. Je nach der Steilheit des Geländes und der Expositionsrichtung der Abhänge liegt die höhenmäßige Nadelbaumgrenze etwa zwischen 400 und 500 m. Nördlich des Nationalparks, ungefähr entlang der Straße Nr. 21, verläuft bereits die nördliche Nadelwaldgrenze.

Rentiere, Rentierhaltung und Samenkultur (s.S. 18) sind neben der Erhaltung der Naturlandschaft wichtige Schutzziele des Nationalparks und erfordern entsprechende Rücksichtnahme der Besucher.

Pflanzen und Tiere

Der Nationalpark liegt in der nördlichen Nadelwaldzone; Fichtenwald auf moosreichem Boden nimmt rund 60 % des südlichen Teils ein. Die Fichte weist die für nördliche Breiten typische Kerzenform auf. Einer der nördlichsten und hochwüchsigsten Fichtenwälder im westlichen Lappland liegt im Nationalparkgebiet westlich von Suaskuru.

In den Fichtenwäldern trifft man eine Reihe interessanter Pflanzenarten an wie Lappländisches Scharbockskraut, Langblättrige Sternmiere, Dreiblütiges Labkraut, Waldhirse und Echtes Mädesüß; von den Farnpflanzen sind Deutscher Straußfarn, Gewöhnlicher Frauenfarn und der Wurmfarn *Dryopteris austriaca* zu nennen. An offeneren Standorten gedeihen Moosähnliche Cassiope und Vielteilige Mondraute.

In feuchteren Bereichen kommen die riesige Erzengelwurz (S. 77) sowie verschiedene Weidenröschenarten wie Mierenblättriges, Hornemanns und Sumpf-Weidenröschen dazu. Entlang der Bäche wuchert schwer durchdringbares Weiden-

dickicht, das vor allem von Lapplandweide und Myrthenblättriger Weide gebildet wird. Aufgelockert wird es unter anderem von Gelbling und Alpenhelm.
In den nährstoffarmen Aapamooren des Nationalparks mit vielen Schlenken und mit Strängen, auf denen Zwergbirken, Torfgränke (S. 159) und Moltebeere (S. 166) wachsen, findet man als insektenfressende Pflanzenarten Sonnentau sowie Alpen- (S. 173) und Gewöhnliches Fettkraut. In nährstoffreicheren Mooren wachsen Goldblumiger Steinbrech und Filzige Kratzdistel. Die Seen sind auffallend artenarm.
In der Fjällbirkenstufe wachsen neben den in Nordeuropa weit verbreiteten und häufigen Zwergstraucharten Heidelbeere, Preiselbeere (S. 116) und Krähenbeere auch typisch lappländische Zwergsträucher wie Alpenbärentraube und Blauheide (S. 80). An geschützteren Lagen kommen Alpenazalee (S. 81), Besenheide (S. 155) und Dreiblattbinse dazu. Während der Zeit der »Ruska« (s. S. 199) tauchen unzählige Bärentraubensträucher die Fjäll-Landschaft in ein leuchtendes Scharlachrot.
Auf dem lebensfeindlichen Hochfjäll können sich nur arktische Arten halten, die an langdauernde Schneelagen angepaßt sind. Einjährige Pflanzenarten kommen auf diesen Extremstandorten nicht zurecht. Beispiele für Pflanzen, die an diese Bedingungen gut angepaßt sind, sind neben Krustenflechten und Moosen die hübsche Diapensie (S. 182); in Schneetälchen können Zwergruhrkraut und die nur wenige Zentimeter hohe Krautige Weide überleben, über kalkhaltigem Untergrund breiten sich Silberwurzheiden (S. 193) aus. Zur höhentauglichen Vegetation gehören auch Polarweide und Zweiblütige Miere. Lebermoose wachsen auf den allerhöchsten Graten, wo andere Pflanzen nicht mehr überleben können. An den unwirtlichen Steilabhängen findet man Alpenhornkraut, Arktischen Steinbrech (S. 121) und das Graue Felsenblümchen.

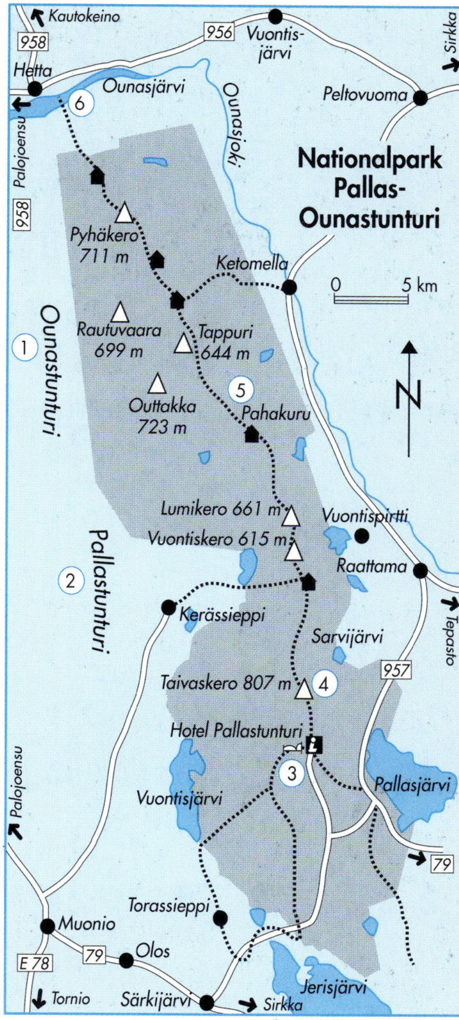

Insgesamt hat man im gesamten Fjällgebiet des Nationalparks ungefähr 180 Arten von Samenpflanzen gefunden.
Die Tierwelt des Nationalparks ist wegen der unterwuchsreichen Wälder an den Hängen relativ vielfältig. Von den größeren Raubtieren hat der Bär »ständigen Wohnsitz« im Parkgelände; Wolf und Vielfraß treten nur unregelmäßig und, wie es scheint, immer seltener in Erscheinung.

Die Moosähnliche Cassiope bildet dichte Matten auf Schneeböden und an Bachufern.

Die zahlenmäßig häufigsten Säugetiere sind natürlich kleine Arten wie Graurötelmaus und verschiedene Spitzmausarten, die in den Wäldern und Mooren leben. Kleinstes Säugetier ist die im Pallastunturi-Gebiet nachgewiesene Knirpsspitzmaus. In den Fichtenwäldern am Rand des Flusses Pyhäjoki, der in den See Pallasjärvi fließt, leben 7 der 10 in Finnland heimischen Wühlmausarten. Nur während der Massenwanderungen kommt hier auch als 8. Art der buntgemusterte Berglemming dazu (s.S.107); im Nationalpark legen diese Nager häufig ihre Nester auf einem Moospolster im Weidengestrüpp an.

Die Vogelwelt ist ungemein artenreich. Ein bemerkenswertes Phänomen ist die ungewöhnliche Mischung aus südlichen und nördlichen Vogelarten. Für Südfinnland typische Vogelarten wie Buchfink, Rotkehlchen, Singdrossel und Zilpzalp wagen sich hier weit in den Norden vor; Voraussetzung dafür sind sicher die üppig bewachsenen Waldhänge. Sie treffen hier auf nördliche Arten wie Bergfink, Unglückshäher, Lapplandmeise (S.135) und Bindenkreuzschnabel (S.184). In den Fichtenwäldern brütet das Auerhuhn, der größte Waldvogel; dort jagen aber auch Sperbereule (S.140) und Habicht (S.157). Der Bartkauz (s.S.205) kommt zwar selten, aber regelmäßig im Nationalpark vor. In den Mooren und an kleinen Seen leben Kraniche (S.163), Singschwäne (S.129), Zwergsäger (S.169) und verschiedene Entenarten. Von den Watvögeln findet man die für diese nördliche Breite typischen Arten (s.S.192).

Die Schneeammer, das Symbol des Nationalparks, brütet wie die sehr seltene und daher stark bedrohte Ohrenlerche (S.190)

Die Filzige Kratzdistel ist nicht stachelig; auf der Blüte sitzt ein Gebänderter Pinselkäfer.

Die hochnordische Spornammer (im Foto ein Männchen) brütet im Nationalpark nur auf dem Ounastunturi.

Farbenfrohe »Ruska«-Zeit

Die schönste Wanderzeit im Norden beginnt Ende August, wenn sich die Blätter der Laubbäume, Sträucher und Zwergsträucher von Grün in Gelb oder Rot verfärben. In höheren Lagen sind es vor allem die Fjällbirken, die die Landschaft in ein Meer von Orangetönen verwandeln. In tieferen Lagen prangen zwischen gelben Birken rote Ebereschen oder Aspen, die über Gelb in Lachsrot umfärben. Moore flammen im Feuerrot der Zwergbirken, in ähnlichen Farben leuchten auch Heidelbeere, Rauschbeere und Alpenbärentraube. Ein intensives Rot legen Arktische Brombeere, Schwedischer Hartriegel und Sumpfporst an.
Diese Zeit der Laubverfärbung wird vor allem in Finnland »Ruska« genannt.
Die »Ruska«-Zeit ist die Vorbereitungsperiode der Pflanzen auf den nahenden Winter. Dazu wird im Herbst das Chlorophyll, der photosynthetisch aktive grüne Farbstoff in den Blättern, abgebaut und zusammen mit essentiellen Mineralstoffen und Proteinen im Holz oder in den Wurzeln eingelagert. Jetzt können die anderen Farbstoffe zur Geltung kommen, die vorher vom Blattgrün verdeckt waren. Vorherrschend sind Carotinoide, die die Gelbfärbung bewirken. Die Anthocyane, eine andere Farbstoffgruppe, werden im Herbst überwiegend neu gebildet – sie sind im Zellsaft gelöst und verursachen die roten und violetten Farbtöne.
Jedes Jahr setzt die Herbstfärbung etwa zur gleichen Zeit ein. Hieran ist weniger die Witterung im Sommer schuld als vielmehr die Tageslänge, die als Zeitgeber für den herbstlichen Blattabwurf und die vorangehende Verfärbung verantwortlich ist.

Die Schneeammer (im Foto ein Männchen) ist der Singvogel, der weltweit am weitesten nördlich brütet.

und das Alpenschneehuhn auf dem Kahlfjäll; sie trifft von den Zugvögeln als erste bereits Mitte April ein; im Mai folgen dann Mornell- und Goldregenpfeifer, die ebenfalls typische Arten der hochgelegenen Gebiete des Parks sind. Dort liegen auch Lebensraum und Jagdgebiet von Schnee-Eule und Steinadler.
Erwähnenswert ist auch noch, daß in Pahakuru das nördlichste Vorkommen der Kreuzotter liegt.

Die Kreuzotter hat im Nationalpark ihr nördlichstes Vorkommen in Finnland.

Im Gebiet unterwegs

Pallastunturi ist seit langem ein beliebtes Ziel von Wanderern und Touristen. Den Nationalpark kann man in seiner ganzen Länge (rund 55 km) von Enontekiö (schwedisch Hetta) bis zum Hotel Pallastunturi ③ auf einem gut markierten Wanderweg durchwandern. Entlang der Route gibt es mehrere Übernachtungsmöglichkeiten in Schutzhütten. In 3 der Hütten gibt es auch ein Nottelefon, bei einer Hütte ist eine Sauna dabei (Hannukurun tunturitupa). Für die Outdoor-Schläfer sind mehrere Zelt- und Feuerstellen entlang der Wanderroute eingerichtet. Geeignete Ausgangspunkte für diese Tour sind entweder das **Hotel Pallastunturi** oder – am anderen Ende – das Dorf **Enontekiö**. Beginnt man am Hotel Pallastunturi, führt einen der Weg zuerst auf den höchsten Berg, den 807 m hohen **Taivaskero** ④, von dessen steinigem Hochplateau aus man eine herrliche Fernsicht genießen kann. Danach fällt der Weg erst sanft, gegen Ende jedoch steil ab, bis man die mit Birken und Fichten bestandene Rihmakuru-Talmulde erreicht hat; nach einem erneuten sanften Anstieg gelangt man zur **Nammalakuru-Wanderhütte**. Der Weg führt weiter durch die Lumikuru-Schlucht, über den Berg Lumikero (herrliche Fernsicht!) und dann abwärts in die Suaskuru-Schlucht. Nach der Überquerung eines kleinen Baches steigt der Weg wieder langsam an, bis man den Kamm des Suastunturi erreicht hat. Hinter den Schutzhütten **Hannukuru** und **Pahakuru** gelangt man durch einen lichten Wald, in dem sich kleine Weiher, Senken, Spalten und kleine Kiesrücken abwechseln. Im weiteren Verlauf

Die Falkenraubmöwe, die nur im Ounastunturi-Gebiet vorkommt, jagt vor allem Berglemminge.

der Tour muß man den Berg Pyhäkero bewältigen, doch dann geht es sanft bergab, links am hochgelegenen Pyhäjärvi (= heiliger See) vorbei, durch dichten, zum Teil stark sumpfigen Wald zum **Café Pyhäkero**, das zwischen Mitte Juni und Mitte August geöffnet hat. Der letzte Abschnitt des Weges verläuft vielfach auf Bohlen bis zum Ufer des großen, langgestreckten **Ounasjärvi** ⑥. An einer Bank befindet sich eine große, leuchtendgrüne Fahne, die man hissen muß, wenn man mit einem Boot abgeholt werden möchte.

Praktische Tips

Anreise

Durch den südlichen Teil des Nationalparks führt die Straße Nr. 957, die in Särkijärvi von der Nr. 79 Muonio – Kittilä abzweigt. Von dieser Straße biegt man zum Hotel Pallastunturi ③ ab.
Für Wanderungen im Nordteil des Nationalparks biegt man in Palojoensuu von der E 78 Tornio – Kilpisjärvi auf die Straße Nr. 958 Richtung Enontekiö (Hetta) ab.

Klima/Reisezeit

Im Nationalpark herrscht kontinentales Klima mit kalten Wintern und warmen Sommern. Der Sommer beginnt in den Tälern im Mai und endet wieder Ende August, dann setzt die Ruska-Zeit ein. Ab Oktober liegt Schnee.
Die beste Wander- und Besuchszeit ist zwischen Ende Mai und Mitte September. Im Mai und Anfang Juni ist die Pflanzenwelt noch im Frühjahrsschlaf, die Birken treiben meist erst Mitte Juni aus. Ab dann muß man auch mit Mücken und mit zahlreichen Wanderern rechnen.

Unterkunft/Information

Im Nationalpark bietet sich die Übernachtung im Hotel Pallastunturi an, dort gibt es auch einen Campingplatz. In Enontekiö findet man verschiedene Hotels, Pensionen sowie einen Campingplatz.
Entlang des Weges von Enontekiö zum Hotel Pallastunturi sind verschiedene Schutzhütten eingerichtet, die zum Teil allgemein zugänglich, zum Teil verschlossen sind. Den Schlüssel kann man entweder im Hotel Pallastunturi oder im Touristenhotel in Enontekiö reservieren.
Neben dem Hotel Pallastunturi befindet sich das Informationszentrum des Nationalparks, eine Art naturhistorisches Museum mit botanischen, zoologischen und

Die Fjällbirke bildet in den meisten Gebirgsgegenden Fennoskandiens die Baumgrenze.

Die Polarweide (Foto) bildet im Gegensatz zur Krautigen Weide (unten) behaarte Früchte aus.

Der Kuckuck ist in Skandinavien in den meisten Gebieten häufig.

Die kriechende Krautige Weide bildet mattenartige Bestände; sie ist typisch für Schneeböden.

Mittelsäger-Männchen.

geologischen Exponaten sowie einer Tonbildschau (auch auf deutsch). Das Informationszentrum ist vom zeitigen Frühjahr bis in den Sommer geöffnet.
Beim Café Pyhäkero an der Hauptwanderroute bekommt man ebenfalls Informationen über den Nationalpark, in Enontekiö kann man sich an die Nationalpark-Aufsicht wenden.

Karten
Wanderkarten 1:50 000 »Hetta-Outtakka« sowie »Pallas-Ollos« und »Pallas-Keimiö«.

Blick in die Umgebung

Kommt man aus südlicher Richtung über Rovaniemi zum Nationalpark Pallas-Ounastunturi, so sollte man auf keinen Fall einen Besuch des Tierparks in **Ranua** versäumen. In weitläufigen Freigehegen bieten sich sehr gute Möglichkeiten zur Beobachtung der in Finnland heimischen Tierwelt, beispielsweise Bären, Eisfüchse, Vielfraße, Biber, Elche und sogar Lemminge. Die Gehege sind so angelegt, daß man von oben hineinschaut und daher gute Fotografiermöglichkeiten hat.

N 1 Nationalpark Ånderdalen

Im Jahr 1970 wurde auf der Insel Senja um den See Åndervatn ein 68 km² großes Gebiet als Nationalpark ausgewiesen, um die unberührte Küstenlandschaft mit ihren urwüchsigen Kiefern- und Birkenwäldern zu schützen. Das Nationalparkgebiet besteht zu 2/3 aus Kahlfjell und ist von hohen Bergen wie von einer Mauer umstanden. Nur im Osten öffnet sich die Landschaft. Der höchste Gipfel ist der Kaperfjell mit 853 m. Bis auf den markanten, 852 m hohen Henrikshodet sind alle Fjells abgerundet.
In seiner ganzen Länge durchfließt der **Ånderelva** den Nationalpark, ruhige Flußabschnitte wechseln mit tosenden Stromschnellen ab. An seinem Lauf liegen die 2 größten Seen des Parks, der Kapervatnet und der Åndervatnet. Südlich des Sees Åndervatnet wird die Landschaft von tiefen Felsschluchten geprägt. Das wildeste Gebiet ist das enge, schluchtartige **Trolldalen**, in dem ein eindrucksvoller Kiefernurwald mit seltsam verdrehten Stämmen zu sehen ist. Die ältesten Bäume sind 500 Jahre alt. Auch der Fjällbirkenwald im Trolldalen ist nahezu unberührt.
In den Mooren dominieren Torfmoose, Seggen und Wollgras. An den Moorrändern und entlang der Bäche wachsen neben Alpenhelm, Sumpfveilchen, Herzblatt und Geflecktem Knabenkraut auch seltenere Arten wie die Orchideen Korallenwurz oder Widerbart.
Die häufigsten Säugetiere des Parks sind Fischotter, Rotfuchs und Hermelin.
Um auf die Insel Senja zu kommen, biegt man in Moen von der E 6 ab auf den RV 855 nach Finnsnes.

Blick vom Vogelturm auf den Siikalahti, den wohl berühmtesten Vogelsee Finnlands (N 15).

N 2 Nationalpark Øvre Dividal

Mit seinen mächtigen Fjells, den schneebedeckten Gipfeln, kuppigen Hochflächen und weiten bewaldeten Tälern zählt der Nationalpark Øvre Dividal zu den schönsten in Norwegen. Er wurde im Jahr 1971 gegründet, um auf 741 km² Fläche vor allem den Lebensraum der »Großen Vier« (s. S. 60) zu erhalten.
Das Tal des Flusses Divielva teilt den Park in zwei Teile. Im westlichen Teil dominiert das Tal des Anjavasselva, zu beiden Seiten erheben sich mächtige Fjells über 1000 m Höhe. Mit 1633 m ist das Kistefjell die höchste Erhebung. Nördlich und östlich des Skakterdalen wechseln über weite Strecken wellige Hochebenen und Heiden mit Tälern ab.
Im Herzen des Nationalparks liegt **Havgavuobmi,** eine breite Senke mit echtem Urwald, der zusammen mit den umgebenden Fjells konsequenteren Schutz genießt als die anderen Bereiche des Nationalparks: Hier ist z. B. jegliche Art von Jagd verboten.
Kiefernwald bedeckt nur ungefähr 5% in den Tälern des Divielva und Anjavasselva, an den Hängen stockt bis etwa in 700 m Höhe Birkenwald. Beide Waldarten sind über trockenem Boden geprägt von Flechten und Heiden. Über feuchterem Untergrund wechselt der Unterwuchs des Birkenwalds zu artenreichen Hochstaudenfluren mit beispielsweise Holunderblättrigem Baldrian und Zweifarbiger Kratzdistel.
Charakterpflanzen oberhalb der Baumgrenze über kalkreichem Boden sind Lappland-Alpenrose (S. 143), Arktischer Mohn und Lappland-Spitzkiel.
Øvre Dividal ist einer der wenigen Nationalparke in Norwegen, in dem jedes Jahr Spuren der vier großen Raubtiere gefunden werden.
Den Park erreicht man über den RV 87 und 857, die von der E 6 abzweigen; in Øvergård führt ein Fahrweg entlang des Flusses Divielva über Frihetsli bis Gambekken. Mehrere Wanderwege führen in den Nationalpark und durchqueren ihn.

N 3 Nationalpark Øvre Anarjåkka

Im Herzen Lapplands liegt der knapp 1400 km² große Nationalpark Øvre Anarjåkka, der zusammen mit dem im Osten angrenzenden finnischen Nationalpark Lemmenjoki eine riesige weglose Wildnis aus unberührten Wäldern, Gewässern und Mooren bildet.
Der Park liegt in einer welligen Hochebene; die höchste Erhebung ist mit 591 m der Berg Muoddahasoaivve im Westen des Gebiets. Im Nationalpark gibt es neben ungefähr 700 größeren und kleineren Seen mehrere große Flüsse, die hier entspringen: Anarjåkka, Karasjåkka, Bavtajåkka und Skieč'čanjåkka. Die Hauptader des Nationalparks ist natürlich der Anarjåkka.
Obwohl ungefähr die Hälfte des Nationalparkgeländes Moore und baumlose Hochebenen ausmachen, ist der erste Eindruck eher der eines Waldlandes. 5/6 der Wälder bestehen aus Birkenwald, nur 1/6 sind Kiefernwald oder Mischwald; die Fichte ist sehr selten. Die Kiefern sind alt und besitzen mächtige Stämme. Ihre Verjüngung wird so gut wie ganz von den zahlreichen Elchen verhindert.
Auf den großen sumpfigen Ebenen und an den Ufern der Flüsse steht dichtes Weidengestrüpp, das häufig die Durchquerung der Flüsse behindert. Charakterpflanze der Moore ist neben der Moltebeere das Wollgras *Eriophorum russeolum;* an manchen Stellen gedeiht das Karlszepter.
Als Brutvögel trifft man hier Singschwan, Saatgans, Zwergschnepfe, Pfuhlschnepfe und Dunklen Wasserläufer an.
Wegen der geringen Schneedecke im Winter finden die vielen Rentiere im Øvre Anarjåkka gute Winterweiden. Ihnen folgen neben Kolkraben und Vielfraßen ge-

Der Bartkauz

Der Bartkauz, eine sehr große nordische Eule mit auffallend großem Kopf, erreicht fast die Größe eines Uhus, aber nur die Hälfte dessen Gewichts; die lockere Befiederung von Kopf und Rumpf läßt ihn trotzdem dick erscheinen. Der fast runde Gesichtsschleier besteht aus konzentrischen dunklen Linien, in der Mitte befinden sich die kleinen gelben Augen, darüber liegen breite weiße Brauen; diese Kombination in Verbindung mit den stechenden, starren Augen hinterlassen beim Betrachter einen diabolischen Eindruck.

Der beinahe uhugroße Bartkauz fängt fast ausschließlich Erd- und Rötelmäuse.

Im Sommerhalbjahr ist der Bartkauz häufig tagsüber zu beobachten. Lebensraum ist die von Mooren und Lichtungen durchzogene Taiga – hochstämmiger Fichten- oder Kiefernwald, der an offene Flächen, auch Kahlschläge grenzt. Die Taigazone Eurasiens und Nordamerikas ist sein Verbreitungsgebiet; in Europa kommt die große Eule in Nordrußland, Finnland und Nordostschweden vor, in Norwegen nur im Bereich des Flusses Pasvikelva, jedoch kommt es dort nur in manchen Jahren zu Bruten. Aus dem vorigen Jahrhundert gibt es auch Nachweise aus Mittelnorwegen (Junkerdalen).
Der Kauz ernährt sich fast ausschließlich von Wühlmäusen, vor allem Erdmäusen, aber auch Rötelmäusen sowie von Waldspitzmäusen; gelegentlich erbeutet er auch Vögel und Frösche. Im Winter harrt der Bartkauz in seinen hochnordischen Revieren aus. Er ist so gut an hohe Schneelagen angepaßt, daß er seine Beutetiere auch unter dem Schnee noch sicher lokalisieren kann. Dabei hilft ihm sein ausgezeichnetes Gehör; der riesige Gesichtsschleier wirkt als Parabolspiegel, der die feinen Laute der Wühlmäuse verstärkt.
Bartkäuze nisten in alten Greifvogelhorsten, meist von Habichten oder Bussarden, oder auch offen auf abgebrochenen Bäumen.
Im Frühjahr hört man am Rande von einsamen Mooren den dumpfen Reviergesang des Männchens, der schwer zu orten ist. Störenfriede in Brutplatznähe werden mit tiefen, langgezogen knurrenden Rufen gewarnt. Diese Drohung sollte man unbedingt ernst nehmen und schleunigst die Nestumgebung verlassen, sonst erfolgt ein Angriff, der zu ernsthaften Kopf- und Gesichtsverletzungen führen kann.

legentlich auch Wölfe. Hin und wieder kann man auch die Spuren von Bären finden. In guten Nagerjahren besuchen das Nationalparkgebiet auch Sperbereulen, Sumpfohreulen und Rauhfußbussarde. Die Waldvögel entsprechen in ihrem Artenspektrum dem des Hauptreiseziels 26. Zum Nationalpark gelangt man auf einer Schotterstraße entlang des Anarjåkka, die östlich von Karasjok vom RV 92 abzweigt und bis zum Caskenjåkka führt. Von dort sind es etwa 10 km Fußmarsch in den Nationalpark, in dem es keine markierten Wanderwege gibt.

N 4 Nationalpark Øvre Pasvik

Im äußersten Nordosten Norwegens liegt der 63 km^2 große Nationalpark Øvre Pasvik. Er wurde 1970 gegründet, um einen der großflächigsten Kiefernurwälder Norwegens zu schützen.
Die Landschaft ist flach und niedrig, waldbedeckte Hügel und weite Moore und Seen wechseln miteinander ab. Ungefähr 1/4 des Gebiets besteht aus Wasserflächen; das größte Seensystem ist Ellenvatn im nördlichen Teil. Mit 213 m ist der Hareryggen im Westen der höchste Punkt des Natio-

Nationalpark Linnansaari (N 14): Blick von der Anhöhe Linnavuori, im Norden der Insel Linnansaari gelegen.

nalparks. Hier stand bis 1896 die älteste Kiefer des Parks; sie wurde 830 Jahre alt! Das prägende Element des Parks sind trockene, dünnstämmige Kiefernwälder. Dieser Wald konnte sich hier ohne nennenswerte menschliche Eingriffe in Jahrtausenden entwickeln. Der älteste Baum ist heute zirka 420 Jahre alt. In diese Kiefernwälder sind große vegetationslose Geröllfelder eingestreut.
Über feuchteren Stellen gedeiht spärlicher Fichtenwald, der sich hier nur deshalb behaupten konnte, weil ihn der feuchte Untergrund vor Bränden schützt. Entlang von Bächen und Seen wird der Kiefernwald von Laubwald mit Birken, Weiden, Grauerlen und Ebereschen abgelöst. Die Hängebirke, die vereinzelt zwischen den Kiefern steht, hat im Nationalpark ihre nördliche Verbreitungsgrenze.
Die Tier- und Pflanzenwelt entspricht im großen und ganzen der von anderen Wald- und Moorlandschaften entsprechender Breite, etwa dem Hauptreiseziel 25. Neben ausgeprägt nordischen Arten findet man im Øvre Pasvik einige Arten, deren Hauptverbreitung viel weiter östlich liegt. Bei den Pflanzen sind dies z. B. der Sumpfporst, die Arktische Brombeere, die Nabelmiere *Moehringia lateriflora* sowie das Lappländische Scharbockskraut. Typisch östliche Tierarten sind Maskenspitzmaus, Bartkauz (S. 205), Dunkler Wasserläufer oder Zwergsäger.
Da das Nationalparkgebiet nur wenige auffällige Landmarken aufweist, die eine Orientierung erleichtern, ist es unbedingt notwendig, einen Kompaß mitzuführen; auf das erhältliche Kartenmaterial kann man sich nur bedingt verlassen.
Zum Nationalpark gelangt man über den RV 885. Etwa 2 km südlich vor Vaggetem biegt ein offener (im Winter nicht geräumter) Waldfahrweg in südwestlicher Richtung ab, der an das Nordende des Sees Sortbrysttjern führt. Im Park gibt es keine markierten Wanderwege.

N 5 Naturreservat Haparanda Sandskär

An der Spitze des Bottnischen Meerbusens liegt ein Archipel, das im Jahre 1960 als 42,5 km^2 großes Naturreservat Haparanda Sandskär unter Schutz gestellt wurde. Die Hauptinsel Sandskär verdankt ihre Existenz der Landhebung (s. S. 86) und ihre Form dem anschließenden Spiel von

Wind und Wellen, die auf das neuerstandene Eiland einwirkten. Die Meeresbrandung hat Sand, der an anderer Stelle abgetragen wurde, in Form einer 3 km langen Landzunge (Nordrevet) aufgeschichtet. Sehenswert sind auch die vom Wind zusammengeblasenen Sanddünengebiete: »Östra und Västra Stadion«, letztere ist 20 m hoch.
Sandskär ist während der Frühjahrs- und Herbstwanderung traditioneller Rastplatz für große Scharen von Zugvögeln. Seit Anfang der 80er Jahre gibt es hier eine Beringungsstation, in der schwedische und finnische Ornithologen zusammenarbeiten. Von den rund 200 Vogelarten, die man im Naturreservat nachgewiesen hat, sind die meisten Durchzügler. Während der Zugzeiten wimmelt es in den Birkenwäldern von rastenden Kleinvögeln.
Auch auf Brutvögel üben die Inseln große Anziehung aus, denn die Vielfalt der Landschaftsformen bietet Nistmöglichkeiten für viele Arten. Graugänse, einige Tauch- und Schwimmenten sowie alle 3 Sägerarten brüten ebenso auf Sandskär wie mehrere Watvogelarten, z. B. das zierliche Odinshühnchen (S.192).
Das bedeutendste und schützenswerteste Waldgebiet der Insel ist der zentralgelegene, rund 10 ha große Aspen-Urwald, der als Unterwuchs hohe Gräser und Kräuter wie Waldhirse, Waldhyazinthe und Maiglöckchen (S.147) aufweist.
Bestände von Strandroggen und Strandplatterbse sind neben dem konkurrenzschwachen Sanddorn die auffälligsten Pflanzenarten der Sandstrandvegetation. Auf der Insel wächst auch der Bottnische Beifuß, der für das Gebiet des Bottnischen Meerbusens endemisch ist.
Auf der Insel Sandskär gibt es keine Übernachtungsmöglichkeiten; beim Campieren im Zelt sollte man jedoch auf die störanfällige Tier- und Pflanzenwelt größtmögliche Rücksicht nehmen. Bootsüberfahrten können in den Touristenbüros von Haparanda oder Kalix geordert werden.

N 6 Naturreservat Lamburträsk

Rund 30 km östlich von Arvidsjaur liegt das 372 ha große Naturreservat Lamburträsk. Das Herzstück des Schutzgebiets ist ein in früherer Zeit regulierter See. Die umgebenden Feuchtgebiete, die Wälder und der See selbst bieten einer artenreichen Vogelfauna Nahrung und Lebensraum.
Das Naturreservat liegt in einem alten Siedlungsraum. Die damaligen Bauern konnten ihr Vieh nur über den Winter retten, wenn sie das Futter für die Tiere aus oft weitabgelegenen Feuchtgebieten holten. Hauptgrasarten des Lamburträsk sind die Segge *Carex aquatilis,* die Schnabelsegge und der Teichschachtelhalm; dies sind auch die Arten, die früher als Winterfutter für das Vieh verwendet wurden. Noch bis in die 40er Jahre mähte man die Seggenbestände des Lamburträsk.
Um den See bilden Birken und Weiden einen Gestrüppgürtel, in dem die Orchideen Korallenwurz, Herzzweiblatt und Fleischrotes Knabenkraut gedeihen. Der Karlszepter ist eine Charakterpflanze von Lamburträsk. Die trockenen Bereiche um den See sind mit flechtenbehangenen Kiefern- und Fichtenwäldern bestanden.
Lamburträsk hat große Bedeutung als Rast- und Brutgebiet für Gänse, Enten und Watvögel. Während der Zugzeiten kann man auf dem See und in dessen Umgebung erstaunlich viele Vögel antreffen. Kranich, Singschwan, Kanadagans, Zwergsäger, Rohrweihe und Mäusebussard sind Brutvögel der Seeumgebung. Lamburträsk bietet eine fantastische Möglichkeit, die meisten Entenvögel Nordskandinaviens zu erleben.
Am Lamburträsk parkt man vor einem kleinen Informationszentrum, dem Naturum. Von dort führt ein markierter Weg zu 2 Beobachtungstürmen, die sehr gute Möglichkeiten zum Studium der Vogelwelt bieten. Wegen der großen Seefläche empfiehlt sich die Benutzung eines Fern-

Vom Vogelturm aus hat man einen fantastischen Überblick über den Vogelsee Lamburträsk.

rohres, beziehungsweise – für Fotografen – eines langbrennweitigen Teleobjektivs. Man erreicht den Vogelsee, indem man vom RV 94 Arvidsjaur – Älvsbyn dem Wegweiser »Lamburträskets naturreservat« folgt.

N 7 Naturreservat Storforsen

Storforsen ist die größte Stromschnellenstrecke Nordeuropas. Auf einer Länge von 5 km fällt das Wasser des Flusses Piteälven um 82 m.
Der Piteälven war lange Zeit wichtiger Transportweg für Holz, und noch bis in die 80er Jahre dieses Jahrhunderts flößte man Baumstämme auf dem Fluß. Damit sich die Stämme nicht im Flußbett verfingen, nahm man an einigen Stellen des Flusses entsprechende Verbauungen vor. Durch die Absperrung des einen Flußarmes entstand der trockengefallene »Döda fallet«, der tote Wasserfall, in dem man die Gesteinsarten und die durch das tosende Wasser hervorgerufenen Erosionsformen studieren kann.
Für botanisch interessierte Naturfreunde hat das Naturreservat Storforsen einiges zu bieten: Die prächtigen Orchideenarten Norne und Frauenschuh trifft man beispielsweise im Gebiet an. Häufig ist die Arktische Brombeere, Landschaftsblume der Provinz Norrbotten. Der Piteälven ist im Bereich des Naturreservates von Kiefernwald umgeben. Regelmäßige Brutvögel sind unter anderem Falkenbussard (östliche Unterart *vulpinus* des Mäusebussards), Turmfalke, Habichtskauz, Kranich, Kampfläufer und Raubwürger. Während der Zugzeiten kann man hier rastende Singschwäne, Gänse, verschiedene Enten und Watvögel beobachten.
Nördlich von Piteå bei Öjebyn wählt man den RV 374 Richtung Älvsbyn und Jokkmokk. Der Storforsen befindet sich rund 40 km nordwestlich von Älvsbyn und ist von der Straße aus zu sehen.

N 8 Naturreservat Serri

15 km östlich von Jokkmokk liegt das 35 km² große Nadelurwaldgebiet Serri oder Sierre, das stark an die Muddus-Wälder erinnert. Die Landschaft ist hügelig und enthält auch einige kleinere Berge, dazwischen liegen kleinere und größere Seen und Moore. Die ältesten Bäume – meist Kiefern – erreichen hier ein Höchstalter von 250 Jahren. In den älteren fichtendominierten Beständen, die feuchteren, nährstoffreicheren Untergrund vorziehen, ist der Anteil der Birken recht hoch. Kiefern stocken vor allem an trockeneren Standorten und in Gebieten mit nur dünner Erdschicht.
Auf den Moränenrücken, die sich durch die Waldlandschaft ziehen, steht prächtiger Kiefernwald, in dem sich gerne Auerhühner aufhalten. Die unberührten Wälder von Serri sind ausgezeichneter Lebensraum für mehrere Spechtarten. In den sumpfigen Waldpartien, beispielsweise entlang der Bäche, trifft man die Waldammer an. Von der Säugetierfauna bekommt man öfter Spuren von Ren, Elch, Schneehase und Rotfuchs zu sehen, mit etwas Glück auch den Verursacher selbst.
Zum Serri kommt man relativ einfach; 6 km nördlich von Jokkmokk biegt man mit dem Auto vom RV 45 nach rechts (Osten) ab und folgt der Beschilderung bis zum Naturreservat.

N 9 Nationalpark Sarek

Sarek ist der berühmteste und eindrucksvollste Nationalpark in Schweden (S.11), manchmal bekommt er auch das Attribut »Europas letzte Wildnis«. Bereits 1910 wurde das 1970 km² große, sagenumsponnene Fjällgebiet als Nationalpark ausgewiesen. Sarek ist schwer zugänglich. Um das Wildnisgebiet möglichst weitgehend im Naturzustand zu erhalten, wurden keinerlei touristische Einrichtungen geschaffen. Die Erkundung des Sarek ist also nichts für Normaltouristen, sondern sollte nur Ziel von Naturfreunden sein, die über sehr gute Ausrüstung und Kondition sowie große Fjällerfahrung verfügen und die gewillt sind, größtmögliche Rücksicht auf die Natur zu nehmen. Fast jedes Jahr kommt es zu dramatischen Unglücksfällen, vor allem in Zusammenhang mit Durchquerungen hochwasserführender Fließgewässer.
Da eine Sarek-Tour heutzutage in einschlägigen, statusorientierten Bergsportlerkreisen schon zum »guten Ton« gehört, wird der Nationalpark im Sommer von mehreren tausend Fjällwanderern besucht, oder besser gesagt heimgesucht, was mit den Zielen des Naturschutzes nur schwer in Einklang zu bringen ist.
Die zentralen Teile des Sarek-Gebiets sind von mehreren hohen Bergmassiven geprägt, die gletschergefüllte Nischen aufweisen und von tiefen Schluchttälern getrennt werden. Die höchste Erhebung ist mit 2089 m der Sarektjåkko.
Im Parkgebiet leben einige stark bedrohte Tierarten und mindestens 3 der 4 großen Raubtiere. Die Bestände der Greifvögel und Falken sind erfreulich groß. Die Pflanzenwelt des Nationalparks ist nicht gerade sehr artenreich und hält einem Vergleich mit dem Nachbar-Nationalpark Padjelanta nicht stand.
Im Randbereich des Nationalparks gibt es einige Gebiete, die einen Besuch wert sind und zu denen auch Wege hinführen.
Das Feuchtgebiet **Pårekslätten** mit vielen kleinen Seen und einer artenreichen Vogelwelt erreicht man über einen kleinen, ebenfalls markierten Pfad, der vom Kungsleden zum Påreks lappläger abzweigt.
Das Fjällzentrum **Aktse** ist ein guter Ausgangspunkt für Wanderungen zur steilen Abbruchkante des Berges **Skierfe.** Von dort aus hat man einen überwältigenden Ausblick über das Rapa-Delta.
In der Mitte des U-förmigen Rapadalen liegt **Nammatj,** ein markanter isolierter

Berg, der sich 300 m über den Talboden erhebt. Vom Nammatj aus flußabwärts spaltet sich der Fluß Rapaälven (Rapaätno) in mehreren Armen auf, die ständig ihren Lauf ändern. Kleine Seen, Altwasser, Flußarme und Weidendickicht ergeben ein sehr abwechslungsreiches Mosaik. Von Aktse aus werden auch Bootstouren auf dem Rapaälven bis zum Nammatj angeboten, dort beginnen oder beenden viele Sarek-Wanderer ihre Tour. Es gibt jedoch keinen markierten Weg im Rapadalen, auch wenn dort mit den Jahren ein Trampelpfad entstanden ist.
Von Aktse aus führt der Kungsleden nordwärts bis zur Saltoluokta fjällstation (s.S.127) am Nationalpark Stora Sjöfallet. Von dort setzt man mit dem Boot über zum »Vägen västerut«, auf dem täglich Busse nach Gällivare fahren.

Nationalpark Sarek: Blick über das berühmte U-förmige Tal Rapadalen in östlicher Richtung.

N 10 Naturreservat Sjaunja

Sjaunja (S. 212) ist ein international bedeutungsvolles Feuchtgebiet, das von der »Convention of Wetlands« anerkannt wurde. Es ist nicht nur der größte Moorkomplex Schwedens, sondern auch Europas. Die Wald- und Moorflächen im Osten des Reservates gehen nach Westen zu allmählich ins Bergland bis zum Hochfjäll über. Die Tierwelt von Sjaunja ist einzigartig – es gibt in ganz Schweden kein entsprechend reichhaltiges Gebiet. Mehr als 150 Vogelarten wurden hier nachgewiesen, rund 25 Arten von Säugetieren kommen vor. Bär, Luchs, Vielfraß und Otter halten sich regelmäßig im Reservat auf. Die riesigen Aapamoore sind ebenfalls einzigartig, vor allem, was botanische Kostbarkeiten anbelangt. Die Moore ziehen viele Watvogelarten an; der Bruchwasserläufer ist Charakterart, aber auch Grünschenkel und Kampfläufer sind nicht selten.
Das Sjaunja-Reservat wurde in 3 Teilgebiete aufgespalten: Das westliche umfaßt hochalpine Bereiche; es soll in unberührtem Zustand erhalten werden. Der zentrale Teil setzt sich aus Mooren und niedrigeren Fjällgebieten zusammen. Diese Region versucht man wegen ihrer großen Bedeutung für die Wissenschaft von Aktivitäten freizuhalten, die Vögel und Säugetiere stören könnten. Der östliche Teilbereich dagegen ist verschiedenen Freizeitaktivitäten vorbehalten, wie kontrolliertem Angeln und Jagen. Dieses Gebiet umfaßt Moore und Wälder.
Wo der »Vägen västerut« (Straße westwärts) den Fluß Sjaunjaätno überquert, befindet sich eine Informationstafel über das Naturreservat, weitere Tafeln sind rund um das Schutzgebiet angebracht.

N 11 Kebnekaise-Massiv

Das Fjällgebiet um den höchsten Berg Schwedens, den Kebnekaise (Südspitze 2117 m), bietet rund 200 markante Gipfel und 50 Gletscher. Das Kerngebiet wird von 3 tiefen Tälern begrenzt, die zusammen ein Dreieck bilden: im Süden das Ladtjovagge, das Ausgangstal für Fjäll-

Naturreservat Sjaunja (N 10): Der See Saiva ist für die Samen ein heiliger Ort.

wanderungen, im Nordwesten das Tjäktjavagge mit dem Kungsleden und im Nordosten das mit dichtem Birkenwald bestandene Vistasvagge. In der hochalpinen Stufe liegen mehrere Seen, die nicht jeden Sommer eisfrei werden.

Eines der interessantesten Täler ist das trogartige Tarfalavagge, das von 13 Berggipfeln umgeben ist, die alle über 2000 m aufragen. Mehrere große Gletscher münden in dieses Tal. Dieses Gebiet erscheint richtig »dynamisch«, man erlebt sozusagen hautnah mit, wie die Landschaft durch Gletscher geformt wird. Vor der Gletscherfront liegen »frischgebildete« Kieshügel und Endmoränen. Seit 1946 ist Tarfala Zentrum für Gletscher- und Klimaforschung, die in der mitten im Tal gelegenen Forschungsstation betrieben wird.

Im Tal Ladtjovagge verläuft der Wanderweg unterhalb eines artenreichen Südhangs, genannt Tarfalaålke, der unter anderem Standort für den seltenen und geschützten Straußsteinbrech ist. In dem Tal findet man auch Silberwurzheiden mit Lappland-Alpenrose, Rauhhaarigem Läusekraut und Kronloser Nelke. Die pflanzenreichsten Gebiete des Kebnekaise-Gebiets liegen in Tälern, die von Westen ins Tjäktjavagge münden.

Von den 20 im Gebiet festgestellten Säugetierarten sind Ren, Elch, Schneehase und Rotfuchs nicht selten. Die großen Beutegreifer Luchs und Vielfraß lassen sich hier nur gelegentlich sehen.

Rund 100 Vogelarten wurden im Kebnekaisefjäll nachgewiesen. Die beiden Schneehuhnarten sind meist auffällig, in manchen Jahren sieht man sie jedoch so gut wie nicht. Von den Greifvögeln und Falken ist nur der Rauhfußbussard häufig, gelegentlich sieht man einen Steinadler.

Seit Anfang des Jahrhunderts ist das Kebnekaisefjäll begehrtes Ziel von Wintersportlern; bereits 1907 baute man am Fuße eines Berghanges im Ladtjovagge auf 690 m Höhe ein Wintersportzentrum.

In Kiruna verläßt man die E 10 und fährt Richtung Nikkaluokta, das auch Ziel einer täglich verkehrenden Buslinie ist. In Nikkaluokta, am Ende der Straße, beginnt ein 19 km langer, leichter Wanderweg. Im Gebiet gibt es mehrere Fjällhütten und einige markierte Wanderwege.

Nationalpark Vadvetjåkka: Das Deltagebiet Tjunoluobbal eignet sich hervorragend zur Vogelbeobachtung.

N12 Nationalpark Vadvetjåkka

Vadvetjåkka, im äußersten Nordwesten Schwedens gelegen, gehört zu den entlegensten Gebieten des Landes. Der Nationalpark wurde 1920 mit dem Ziel eingerichtet, eine hochnordische Fjäll-Landschaft mit ungewöhnlichem Pflanzenreichtum in ihrem natürlichen Zustand zu bewahren. Die Fläche des Schutzgebiets umfaßt heute 26,3 km^2.

Der in Nord-Süd-Richtung verlaufende Fjällrücken wird im Westen, Süden und Osten durch tiefeingeschnittene Täler mit schwer zu bewältigenden Fließgewässern begrenzt. Zwei markante Berggipfel liegen im Park, im Norden der Tjunotjåkka mit 1247 m und im Süden der Vadvetjåkka mit 1115 m. An der Ostseite des Tjunotjåkka liegt Schwedens niedrigster Gletscher. Die großen Eismengen in verhältnismäßig tiefen Höhenlagen sind eine Folge der großen Niederschlagsmengen im Vadvetjåkka-Gebiet.

Vom Gipfel des Vadvetjåkka aus hat man eine fantastische Sicht über das Deltagebiet Tjunoluobbal, wo der mäandrierende Vadvejåkka in den Fluß Njuoraätno mündet; deren vereinte Wassermassen schlängeln sich weiter Richtung Torneträsk.

Der Nationalpark ist ungewöhnlich reich an seltenen Pflanzen. So haben sich etwa am Südhang über dem Delta verschiedene kalkliebende Pflanzengesellschaften ausgebildet. Hier findet man beispielsweise artenreiche Silberwurzheiden (S. 193) mit Zwergorchis, Nordischer Primel, Felsenehrenpreis (S. 143) und Rotem Steinbrech. An den nährstoffreichen Berghängen gedeihen Mückenhändelwurz, Gewimperter Steinbrech (S. 30) und Gezähnter Moosfarn. Weiterhin trifft man hier Zweifarbige Segge, Lappländische Schmiele und Erzengelwurz (S. 77) an.

Für Ornithologen ist vor allem das Deltagebiet mit zahlreichen Enten- und Watvogelarten interessant.

Der Nationalpark ist schlecht zugänglich, denn man muß – von allen Richtungen kommend – tosende Flüsse überqueren. Von den Haltestellen Låktatjåkka, Kopparåsen und Tornehamn an der Eisenbahnlinie Kiruna – Narvik führen Wanderwege an die Parkgrenzen heran.

N 13 Nationalpark Östlicher Finnischer Meerbusen

Der Nationalpark Itäinen Suomenlahti (Östlicher Finnischer Meerbusen) ist einer von 3 in der Ostsee gelegenen Nationalparken. Er wurde 1982 eingerichtet, seine Landfläche beträgt 5 km².
Der Park besteht aus Hunderten von größeren und kleineren Inseln, Schären und Klippen, die über ein großes Meeresgebiet verteilt sind und weit vom Festland und den bewohnten Inseln entfernt liegen. Die meisten der kleinen Inseln sind baumlose Schären; meist weisen sie eine Steilküste auf, an der die Brandungswellen des tieferen Wassers hart auftreffen. Auf zirka 20 Inseln stockt magerer Kiefernheidewald mit flechtenbehangenen Bäumen, die krüppeligen Wuchs aufweisen. Im Inneren der Insel Ulko-Tammio findet man einen üppigen Laubwald und weite Moore. Auch auf Kilpisaari sowie einigen anderen Schären wächst Laubwald. Bemerkenswert ist die 2 km lange Insel Pitkäviiri im westlichen Teil des Nationalparks: Sie ist der Rücken eines weit ins Meer reichenden Sockels, der durch die Landhebung aus dem Meer aufgetaucht ist.
Schutzziel des Nationalparks ist vor allem die Erhaltung der Seevögel und Robben. Im Bereich des Nationalparks liegt eines der wichtigsten Schutz- und Fortpflanzungsgebiete der Kegelrobbe in der Ostsee; hier wird in manchen Jahren auch ein Großteil des Nachwuchses der Population geboren. Einige Inseln, so Vaihkari, Vähä Eteläkari, Luppi, Lalouri und Suuri-Lakka, dürfen in der Zeit vom 1.2. – 15.8. nicht betreten werden.
An den felsigen Küsten brüten Gryllteisten (S. 48) und Tordalken; Trottellummen (S. 46) sowie verschiedene Seeschwalben- und Möwenarten kann man dort ebenfalls beobachten.
Erwähnenswert ist die Insel **Vilkkiläntura**, in deren Umgebung viele Trupps von Sing- und Zwergschwänen Nahrung suchen. Ein anderes Vogelparadies ist das Naturreservat **Aspskär**, das ungefähr 15 km westlich des Nationalparks liegt. Hier nisten über 500 Paare Tordalken – die größte Brutkolonie Finnlands; außerdem liegt dort die einzige finnische Brutkolonie der Trottellumme (55 Paare).
Von Kotka aus gibt es regelmäßige Schiffsverbindungen zu einigen Inseln des Nationalparks; von Kotka und Mäntylahti aus kann man per Boot die Insel Ulko-Tammio erreichen, auf der der einzige geschützte Hafen sowie eine Wildmarkhütte liegt.

N14 Nationalpark Linnansaari

Der 36 km² große Nationalpark Linnansaari wurde 1956 gegründet und 1982 erweitert, um eine ungewöhnlich laubwaldreiche Inselgruppe inmitten des großen Binnensees Haukivesi zu schützen, der Teil des Saimaa-Seensystems ist. Zum Park gehören neben der 4 km langen Hauptinsel Linnansaari (S. 206) ungefähr 130 Inseln mit mehr als 1 ha Fläche sowie unzählig viele kleine Inseln, Schären und Klippen, die sich auf einer Länge von 40 km im See verteilen. Die Inseln sind sehr vielgestaltig, keine gleicht der anderen, was die Struktur und Ufergestaltung anbelangt.
Auf der Hauptinsel liegt das Gehöft Louhimaa, das im Stil der Jahrhundertwende restauriert wurde. Zusammen mit den von Legsteinmauern gesäumten Feldern und Wiesen läßt es auf anschauliche Weise frühere Formen der Landbewirtschaftung wieder lebendig werden. Bis zur Jahrhundertwende wurde hier geschwendet, d. h. Land für den Ackerbau durch Brandrodung urbar gemacht. Dies ist auch der Grund für den hohen Laubwaldanteil. Um die artenreichen Wiesen und Laubwälder und deren typische Tierwelt zu erhalten, gehört das Schwenden auch heute noch zu den Biotopschutzmaßnahmen im Nationalpark.

Die Vogelwelt ist zum einen typisch für große Gewässer, zum anderen aber auch charakteristisch für Laubwälder. Bemerkenswert ist der Fischadlerbestand, denn der elegante Fischjäger hat hier eine seiner größten Brutpopulationen des Landes. Berühmt ist der Nationalpark aber vor allem als Zufluchtstätte für die gefährdete Saimaa-Ringelrobbe, eine Unterart der meeresbewohnenden Eismeer-Ringelrobbe. Das Saimaa-Seensystem wurde nach der letzten Eiszeit durch Landhebung von der Ostsee abgeschnitten; damit waren auch ihre aquatischen Bewohner »gefangen«. Ungefähr die Hälfte des Gesamtbestandes dieser Ringelrobbenform, nämlich rund 170 Tiere, leben im Schutzgebiet. Der Nationalpark ist nur über das Wasser zu erreichen. Regelmäßige Schiffsverbindungen gibt es von Savonlinna, Mustalahti (bei Rantasalmi) und Oravi aus.

N 15 Naturschutzgebiet Siikalahti

Südlich von Savonlinna, nahe der Ortschaft Parikkala, befindet sich eine der bedeutendsten Vogelfreistätten Finnlands, das Naturschutzgebiet Siikalahti. Das flache, zirka 400 ha große Feuchtgebiet ist durch 2 Wasseroberflächenabsenkungen aus einer Bucht des Sees Simpelejärvi entstanden. Es ist nicht nur ein sehr wichtiges Rastgebiet für Kraniche, Schwäne, Gänse, Enten und Watvögel auf dem Frühjahrs- und Herbstzug, sondern bietet auch im Sommer vielen Vogelarten Lebensraum – nahezu 70 Arten brüten hier. In Siikalahti werden mehrere finnische und internationale Schutzprogramme durchgeführt. Große ornithologische Bedeutung kommt dem Gebiet auch deshalb zu, weil hier für einige östliche Vogelarten die äußerste Westgrenze ihrer Verbreitung liegt, so für Terekwasserläufer, Buschrohrsänger und Weidenammer.
Vom Parkplatz aus gelangt man auf einem markierten Pfad zu einem Vogelturm, der auf einer Laubwaldinsel mit üppigem Farnunterwuchs steht. Vom Vogelturm aus eröffnet sich ein herrlicher Blick auf den Vogelsee und die Umgebung (S. 203). Typische Brutvögel sind Rohrammer, Schilfrohrsänger, Sprosser, Hauben- und Ohrentaucher, Löffel- und Knäkente sowie verschiedene Tauchenten. Teich- und Drosselrohrsänger beleben die Schilfzonen, im Weidendickicht singen Karmingimpel und Gartengrasmücke, Pirol und Ortolan werden regelmäßig gesichtet; der Sumpfrohrsänger hat hier eines seiner nördlichsten Vorkommen. Im Frühjahr hört man nicht selten den dumpfen Ruf der Rohrdommel, 4 Rallenarten (außer Bläß- und Teichhuhn auch Wasserralle und Tüpfelsumpfhuhn) brüten im Schutzgebiet; unter den häufigen Lachmöwen kann man die eine oder andere Zwergmöwe entdecken. Fischadler und Rohrweihen sieht man fast ständig über den Wasser- und Schilfflächen.
Am Weg durch das Naturschutzgebiet liegt ein Informationsgebäude, das vom WWF-Finnland eingerichtet wurde. Das Naturschutzgebiet erreicht man von der Straße Nr. 6 Lappeenranta – Joensuu aus; kurz vor der Ortschaft Parikkala weist ein Wegweiser den Weg Richtung Kaukola/ Siikalahti Lintujärvi. An der Straße, die das Naturschutzgebiet quert, liegt der Parkplatz.

N 16 Nationalpark Petkeljärvi

Der nur 6,3 km² große Nationalpark Petkeljärvi liegt in einer ungewöhnlich schönen Hügellandschaft, die sich in einer Ausdehnung von rund 10 km bis nach Rußland hinein erstreckt. Als sich die Gletscher vor etwa 9000 Jahren zurückzogen, hinterließen die Schmelzwassermassen sandige Ablagerungen in Form von niedrigen Hügeln. Die Täler dazwischen sind heute ausgefüllt von kleineren und größeren, flachen Seen. An manchen Stel-

Neben dem beeindruckenden Cañon bietet Kevo (N 19) auch Fjäll-Landschaft mit Seen und Mooren.

len bilden die eiszeitlichen Ablagerungen jedoch überraschend steile Hänge. Ein weiteres Erbe der Eiszeit sind Toteislöcher, die heute von Weihern, Sumpfwiesen oder Mooren gefüllt sind.

Etwa 80 % der Fläche ist von lichtem, kargen Kiefernheidewald bedeckt, das Alter der Bäume liegt zwischen 100 und 150 Jahren. Bei Petraniemi stehen etwa 200-jährige Kiefern. Über weite Strecken ist der Boden mit verschiedenen Rentierflechtenarten sowie Preisel- und Krähenbeere bedeckt. An feuchteren Stellen findet man Fichtenwald; hier gedeihen Orchideen wie die zweiblättrige Waldhyazinthe.

Im Nationalpark Petkeljärvi.

Die Vogel- und Pflanzenwelt ist typisch für Kiefernheidewälder im Süden Finnlands. Auffällig sind die vielen Höhlenbewohner. Auf den ziemlich großen *Sphagnum*-Mooren im Nordwesten des Parks wachsen verkrüppelte Kiefern, Charakterart ist hier die Moltebeere. Am Bach Tuomipuro, im Westen des Nationalparks, wächst die seltene Karelische Rose.

An vielen Gewässern des Nationalparks trifft man auf Spuren von Bibern – in der Tat eignet sich Petkeljärvi sehr gut für die Beobachtung der großen Nager. Auch Spuren von Elchen findet man recht oft, während eine Begegnung mit dem Waldren (s.S.168) Glückssache ist. Im Winter trifft man hin und wieder auf eine Luchsfährte, dann werden auch regelmäßig Wölfe festgestellt, die nicht selten von Rußland her in den Park wechseln. Die Bären im Petkeljärvi kann man als Stand-

Die Hangmoore im Nationalpark Riisitunturi sind bereits seit langem Gegenstand biologischer Forschung.

wild bezeichnen – es wurden schon Weibchen mit Jungen gesichtet.
Mit dem Auto erreicht man den Park über die Landstraße Nr. 5004 Ilomantsi – Möhkö, von der ein zirka 6 km langer Weg in den Nationalpark abzweigt, der am Parkplatz vor dem Informationszentrum Petraniemi endet. Das Zentrum hat nur im Sommer geöffnet. Auf markierten Rundwegen sowie 2 Naturlehrpfaden läßt sich der Park bequem erkunden.

N 17 Nationalpark Hiidenportti

Im Jahre 1982 wurde der knapp 43 km² große Nationalpark Hiidenportti auf dem Gebiet der Gemeinde Sotkamo eingerichtet. Er besteht aus einem Mosaik von zahlreichen Seen und Weihern, Mooren und Heidewäldern im Naturzustand; manche Kiefern sind ungefähr 400 Jahre alt. Die bekannteste Sehenswürdigkeit ist jedoch die Schlucht von Hiidenportti. Diese »Teufelspforte« weist fast senkrechte, stellenweise über 20 m hoch aufragende Felswände auf. Durch die Schlucht fließt in nordwestlicher Richtung der Fluß Porttijoki, teils in tosenden Stromschnellen, teils ruhig mit seenartigen Ausbuchtungen, die von kargen Mooren umgeben sind.
Im Nationalpark gibt es ein markiertes Wanderpfadenetz. Der Weg durch die Schlucht ist Teil des UKK-Weitwanderwegs, auf dem man nach ungefähr 3 km Wanderung in östlicher Richtung das Moorschutzgebiet **Teerisuo-Lososuo** erreicht, das mit urwaldartigen Wäldern und den unterschiedlichsten Moor- und Sumpfgebieten aufwartet.
Der Nationalpark Hiidenportti ist nicht mit öffentlichen Verkehrsmitteln zu erreichen. Mit dem Auto kommt man auf der Landstraße Sotkamo – Tipasoja bis auf 1 km an die Parkgrenze heran.

N 18 Nationalpark Riisitunturi

Zum 77 km² großen Nationalpark gehören neben dem namengebenden Riisitunturi auch die Fjälls Noukavaara und Tolvanvaara. Der Park liegt fast ausschließlich höher als 300 m.
Bemerkenswert sind spezielle Formen eines kargen Hochmoortyps, den man an den Hängen und im Bereich des Gipfels

antrifft. Aufgrund der ungewöhnlich reichlichen Niederschläge sind die Moore über quarzithaltigem Untergrund als sogenannte Decken- oder Hangmoore ausgebildet, die am Riisitunturi ihre größte Ausdehnung in Finnland haben. Diese Form des Hochmoores gibt es im übrigen Europa nur noch an den Westküsten, beispielsweise in den baumlosen Heiden in Irland. Die Moore am Riisitunturi sind bereits seit der Jahrhundertwende Gegenstand wissenschaftlicher Untersuchungen, weshalb sich im Nationalpark auch die Außenstelle der Biologischen Station von Oulanka befindet.
Die Tierwelt hat ein typisches nördliches Gepräge. So gibt es hier auch Berglemminge, die in 2 Schüben während dieses Jahrhunderts eingewandert sind. Die bunten Wühlmäuse bevorzugen als Winternahrung feuchte Vegetation, die an Stellen gedeiht, die lange unter dem Schnee liegen; diese Verhältnisse finden sie jedoch kaum im Riisitunturi, und so brach ihre Population bald wieder zusammen.
Mit dem Auto erreicht man den Park auf einer Straße, die am nordwestlichen Ufer des Sees Yli-Kitka entlangführt; von der Ortschaft Tolva sind es noch etwa 3 km bis zur Parkgrenze. Die Straße zwischen Tolva und Niirokumpu, das an der Straße Posio – Maaninkavaara liegt, führt im nordöstlichen Teil durch den Park.

N 19 Naturreservat Kevo

Das Wildnisgebiet Kevo (S. 216) ist mit einer Fläche von 710 km² das größte Naturreservat Finnlands. Es ist eines von 20 Totalreservaten (s. S. 21). Im Naturreservat gibt es bislang nur einen zirka 40 km langen Wanderpfad, der entlang des Kevojoki durch den Cañon führt; diesen Pfad darf man nicht verlassen. Ein Endpunkt des Wanderpfades liegt auf dem Parkplatz an der Straße Nr. 4 Karigasniemi – Inari, der andere Endpunkt befindet sich ebenfalls auf einem Parkplatz – an der Straße Nr. 970 Utsjoki – Inari bei Kevo. Auf beiden Parkplätzen gibt es Karten und Wegweiser. Im Naturreservat selbst gibt es keine Schutzhütten, man ist also auf das Zelt angewiesen. Von der Straße Utsjoki – Inari aus bieten sich auch Tagestouren an den Rand der Schlucht an.
Im Zentrum des Naturreservates liegt die gewaltige Schlucht des Kevojoki, die diese Wildnis in 2 Teile teilt. Der Cañon entstand vor Millionen von Jahren durch ein Erdbeben. Die Eiszeiten haben das Aussehen dieser Schlucht noch einmal verändert; als Erinnerung daran trifft man hier Findlinge, am Boden kann man Polygone und das Phänomen der Solifluktion studieren (s. S. 139). Die Schlucht ist über 30 km lang, die höchsten Steilwände ragen fast 200 m senkrecht auf und machen den Kevo-Cañon damit einzigartig in ganz Finnland. An einigen Stellen münden die Nebenflüsse in Form von Wasserfällen in den Fluß Kevojoki. Der beeindruckendste davon ist mit 25 m Fallhöhe der Fiellujoki-Wasserfall. Den faszinierendsten Ausblick auf den Kevojoki hat der Wanderer vom südlichen Beginn des Tales – der »Kevo-Mauer« – aus, ab der sich der Grabenbruch in nordöstlicher Richtung erstreckt. Zu beiden Seiten des Cañons erstreckt sich karge Zwergstrauchlandschaft ohne höhere Bäume, die bereits einen Vorgeschmack auf die Tundra gibt. Westlich und südwestlich davon liegt ein Fjällhochland mit den höchsten Gipfeln Kâmaoaivi (553 m) und Kuivi (641 m).
Im Fjäll und in den Zwergstrauchheiden leben Berglemming und Hermelin, Steinadler, Rauhfußbussard, Alpenschneehuhn und Goldregenpfeifer; die Singvögel sind mit Spornammer, Schneeammer und Birkenzeisig vertreten. In der Birkenzone kommt neben häufigeren Arten wie Blaukehlchen und Rotdrossel auch der seltene Wanderlaubsänger vor. Eine echte Rarität ist der Blauschwanz, der in manchen Jahren in Kiefernwaldbereichen singt.

Reiseplanung

Vor der Reise

Informationen

Wenn Sie während Ihrer Reisevorbereitung ganz spezielle Fragen haben, können Sie sich an die entsprechenden Fremdenverkehrsämter und Touristenbüros wenden. Dort bekommen Sie Auskünfte, werden im Bedarfsfall weiterverwiesen und erhalten auch Karten, Prospekte oder Broschüren.

Deutschland:

- Norwegisches Fremdenverkehrsamt, Mundsburger Damm 27, 22087 Hamburg, Tel. 040/227108-10;
- Schwedisches Touristik-Amt, Burchardstraße 22, 20095 Hamburg, Tel. 040/330185 und 330599;
- Finnische Zentrale für Tourismus, Darmstädter Landstraße 180, 60598 Frankfurt, Tel. 069/9612360.

Österreich:

- Königlich Norwegische Botschaft, Bayerngasse 2, A-1037 Wien, Tel. 0222/7156692-94;
- Für Schweden: ÖAMTC-Reisen, Schubertring 1-3, A-1010 Wien, Tel. 0222/71199.

Schweiz:

- Königlich Norwegische Botschaft, Dufourstraße 29, CH-3005 Bern, Tel. 031/441649;
- Schwedische Touristik-Information, Wiesenstraße 9, CH-8008 Zürich, Tel. 01/3834130;
- Finnische Zentrale für Tourismus, Schweizergasse 6, CH-8001 Zürich, Tel. 01/2111340.

Im jeweiligen Land selbst bekommt man in fast allen größeren und kleineren Städten sowie in Hotels, auf Campingplätzen und in den Informationszentren der im Buch erwähnten Schutzgebiete ebenfalls Informationen und Auskünfte.

Einreise

Zur Einreise in die 3 Länder benötigen Touristen aus Deutschland, Österreich und der Schweiz einen gültigen Personalausweis oder Reisepaß. Für Kinder unter 16 Jahren ist ein Kinderausweis erforderlich, sofern sie nicht im Ausweis ihrer Eltern eingetragen sind.
Autofahrer sollten neben den üblichen Papieren die grüne Versicherungskarte mit sich führen. Bitte denken Sie an das Nationalitätenkennzeichen!

Gesundheit

Reisende unterliegen keinerlei Impfvorschriften. Empfehlenswert ist, sich vor Antritt der Reise bei der eigenen Krankenversicherung zu erkundigen, wie der Auslandskrankenschutz geregelt ist; gegebenenfalls sollten Sie eine private Auslandskrankenversicherung abschließen bzw. Auslandskrankenscheine anfordern.
Auf keinen Fall sollten Mücken- und Sonnenschutzmittel (für Gletscher- oder Fjälltouren mit hohem Schutzfaktor!) sowie Verbandszeug fehlen.
Nach dem Reaktorunglück von Tschernobyl 1986 wurden aus einigen Regionen Fennoskandiens stark erhöhte Strahlenwerte gemeldet. Inzwischen ist aber die Strahlenbelastung soweit zurückgegangen, daß keine ernste Gefährdung für die Bevölkerung mehr besteht. Trotzdem raten wir von übermäßigem Verzehr von Beeren und Pilzen ab.

Devisen und Zollbestimmungen

Ein- oder Ausfuhrbeschränkungen für Zahlungsmittel bestehen in keinem der 3 Länder. In allen Ländern kann man mit Reise- oder Euroschecks Geld bei Banken bekommen bzw. mit Postsparbüchern bei der Post. Kreditkarten und Reiseschecks werden in vielen Hotels, Restaurants,

Die Mitternachtssonne kann man am Tanafjord auf Varanger von Mitte Mai bis Ende Juli erleben.

Autovermietungen, Tankstellen und einigen Läden akzeptiert.
Bei der Einreise in die 3 Länder dürfen Gegenstände des persönlichen Gebrauchs ohne Probleme mitgeführt werden. Auf den Fähren bekommt man z. B. Broschüren mit den erlaubten Mengenangaben für Lebensmittel, Tabak oder Alkohol. Fleisch darf nicht in Form von Frischfleisch eingeführt werden, nur als Konserve oder anderweitig haltbar gemacht.
Probleme können auftauchen mit Alkohol und Tabak, da diese Artikel in den 3 Ländern sehr teuer sind. In Zweifelsfällen erkundigen Sie sich vor Antritt der Reise über eventuell geänderte Zollbestimmungen.

Reisezeit

Die Hauptwandermonate in Fennoskandien sind in der Regel Mai bis Oktober im Süden der 3 Länder, Juni bis September im Norden; vorher und nachher muß man mit Schnee rechnen. Im Juni/Juli können stechende und beißende Insekten lästig werden. Wanderungen im Herbst sind besonders wegen der prachtvollen Laubverfärbung empfehlenswert (s. »Ruska«, S. 199). Im Sommer lockt natürlich die Periode der Mitternachtssonne, eine Zeit, in der die Sonne nicht mehr untergeht (vgl. Tabelle S. 221 oben).
Entsprechend herrscht nördlich des Polarkreises im Winter eine gewisse Zeit »ewi-

Dauer der Mitternachtssonne

Norwegen	
Bodø	4.6. - 8.7.
Tromsø	20.5. - 22.7.
Alta	16.5. - 26.7.
Lofoten	28.5. - 15.7.
Vardø	14.5. - 28.7.
Nordkap	11.5. - 31.7.
Schweden	
Kebnekaise	23.5. - 22.7.
Gällivare	1.6. - 12.7.
Riksgränsen	26.5. - 18.7.
Porjus	9.6. - 4.7.
Abisko	12.6. - 14.7.
Kiruna	31.5. - 14.7.
Finnland	
Ivalo	22.5. - 22.7.
Rovaniemi	6.6. - 7.7.
Kemi	18.6. - 24.6.
Utsjoki	17.5. - 27.7
Sodankylä	30.5. - 14.7.
Kuusamo	13.6. - 30.6.

ge« Nacht, in der zwar keine Sonne scheint, es aber trotzdem nicht völlig dunkel wird. Ab Oktober erhellt den nordischen Himmel manchmal ein besonderes Lichtphänomen, das Nord- oder Polarlicht (s. S. 49).
Ornithologisch Interessierte, die z. B. den Vogelzug oder winterliche Vogelschwärme miterleben wollen, müssen sich natürlich nach den Zugzeiten der verschiedenen Vogelarten richten. Die besten Zeiten dazu finden Sie in den einzelnen Reisezielen. Für Pflanzenfreunde sind dort entsprechend die botanisch interessanten Zeiten angegeben.
Für weitere Informationen über Schutzgebiete wenden Sie sich bitte an folgende Adressen:

Norwegen:
- Direktoratet for naturforvaltning, Tungasletta 2, N-7004 Trondheim.

Schweden:
- Naturskyddsföreningen (Schwedische Naturschutzvereinigung), Box 4625, S-11691 Stockholm;
- Domänverket (Staatsforstverwaltung), S-79181 Falun;
- Statens Naturvårdsverket (Staatliche Naturschutzbehörde), Box 1302, S-17125 Solna.

Finnland:
- Metsähallitus (Staatsforstverwaltung), PL 233, SF-00121 Helsinki;
- Metsäntutkimuslaitos (Finnisches Waldforschungsinstitut), Unioninkatu 40 A, SF-00170 Helsinki;
- Suomen Luonnonsuojeluliitto (Finnischer Naturschutzverband), Perämiehenkatu 11A8, SF-00151 Helsinki.

Anreise/Reisen im Land

Mit dem Auto

Die meisten Touristen werden mit dem Auto anreisen, denn viele Gebiete sind mit öffentlichen Verkehrsmitteln nicht oder nur schlecht erreichbar.
Um eines der 3 Länder zu erreichen, wird man in der Regel mit der Fähre anreisen (s. Tabelle S. 222). Möchten Sie während der Hauptreisezeit gen Norden fahren, empfiehlt sich eine rechtzeitige Buchung der Fähre, um längere Wartezeiten zu vermeiden.
In Schweden und Norwegen gelten die Mitteleuropäische Zeit (MEZ) bzw. die Mitteleuropäische Sommerzeit (MESZ). In Finnland muß man die Uhr generell um 1 h vorstellen.
Auch am Tage muß Abblendlicht eingeschaltet sein. Geschwindigkeitsüberschreitungen sowie Alkohol (0,5 Promille, in Schweden 0,2) und Medikamente am Steuer können empfindliche Geld- wenn nicht sogar Haftstrafen oder Führerscheinentzug zur Folge haben.
Ein besonderes Problem auf Skandinaviens Straßen sind Kollisionen mit Elchen

Die wichtigsten Fährverbindungen

Fährverbindungen

Strecke	Fahrzeit
Deutschland – Dänemark	
Puttgarden-Rødby	1 h
Rostock-Gedser	2 h
Deutschland – Norwegen	
Kiel-Oslo	17 h
Deutschland – Schweden	
Saßnitz-Trelleborg	3 h 45 Min.
Travemünde-Trelleborg	7 - 9,5 h
Rostock-Trelleborg	5 h
Kiel-Göteborg	14 h
Lübeck/Travemünde-Malmö	12 - 15 h
Deutschland – Finnland	
Travemünde-Helsinki	22 - 38 h▲❑
Dänemark – Norwegen	
Hirtshals-Oslo	9 h
Hirtshals-Kristiansand	4,5 h
Frederikshavn-Oslo	11 h
Kopenhagen-Oslo	16 h
Dänemark–Schweden	
Helsingør-Helsingborg	25 Min.
Dragør-Malmö	55 Min.
Grenå-Varberg	4,5 h
Frederikshavn-Göteborg	3 h 15 Min.
Schweden – Finnland	
Stockholm-Helsinki	12,5 h
Stockholm-Turku	10 - 12 h
Kappelskär-Naantali	8 - 11 h
Umeå-Vaasa	4 - 5,5 h

▲ = Fahrzeit variiert je nach Tages- und Jahreszeit
❑ = die Finnjet-Route soll bald geändert werden

und Rentieren. Da Elche bis zu 600 kg schwer werden, können Unfälle mit ihnen schwere Folgen haben. Die meisten Unfälle mit Elchen geschehen während der Dämmerung, da die Tiere dann unterwegs sind. Entlang der großen Straßen gibt es vor allem in Südschweden hohe Wildzäune; da diese jedoch an kleineren Straßen fehlen, ist dort ganz besondere Vorsicht geboten.
Rentiere, die sich auf der Fahrbahn befinden, flüchten oft in Panik, wenn sich ein Auto nähert. Häufig laufen sie auf der Straße vor dem Auto her, anstatt in den Straßengraben auszuweichen. Scheuchen Sie die Tiere nicht, halten Sie lieber an und warten Sie, bis die Tiere die Fahrbahn verlassen haben.

Mit der Bahn
Dies ist sicher eine der umweltfreundlichsten Möglichkeiten, den Norden Europas zu erreichen. Nach Oslo, Stockholm und Helsinki kommt man ohne weiteres mit dem Zug. Für weiterführende Züge sollten Sie sich jedoch bereits am Heimatort gründlich informieren. Wenn Reiseziele mit der Bahn erreichbar sind, finden Sie entsprechende Angaben im Text.

Mit dem Flugzeug
Von vielen Städten in Deutschland, Österreich und der Schweiz aus bestehen Flugverbindungen zu Städten in Norwegen, Schweden und Finnland. Innerhalb der 3 Länder gibt es ein gut ausgebautes Netz an Flugverbindungen.

Sonstiges

Kleidung/Ausrüstung
Ein Naturfreund, der Nordskandinavien und Finnland erkunden möchte, wird um hohe Gummistiefel mit Profilsohle nicht herumkommen, es sei denn, man unternimmt eine Hochfjäll- oder Gletschertour. Selbst wenn bekannt ist, daß die Route nur

auf trockenem Boden bzw. über Bohlen durch Feuchtgebiete verläuft, kann nach starken Regenfällen, im Frühjahr nach der Schneeschmelze oder durch alterungsbedingten Bohlenbruch wasserdichter Fußschutz notwendig werden. Als Faustregel gilt also: im Zweifelsfalle immer Gummistiefel! Da das Wetter in Skandinavien sehr schnell wechseln kann, sollten ein Regenschutz und warme Kleidung nie fehlen. Sinnvoll ist auch ein Regenschutz für den Rucksack. Für Gletschertouren empfiehlt sich eine gute Sonnenbrille.

Unterkunft

Skandinavien ist **das** Land für Campingfreunde. In allen 3 Ländern stehen eine Vielzahl an Campingplätzen in allen Kategorien zur Verfügung. Dort kann man auch Hütten mieten. Da die Saison im Norden recht kurz ist, können bereits im Herbst viele Campingplätze geschlossen haben.

In vielen Schutzgebieten stehen den Wanderern auch offene Hütten zur Verfügung. Von geschlossenen Hütten kann man sich den Schlüssel reservieren lassen. Informationen dazu erhalten Sie bei den Wandervereinen:

- ➪ DNT Den Norske Turistforeningen (Norwegische Touristenvereinigung), Stortingsgaten 28, N-0125 Oslo, Tel. 0047/22/832550.
- ➪ STF Svenska Turistföreningen (Schwedische Touristenvereinigung), Box 25, S-10120 Stockholm.
- ➪ Matkailun Edistämiskeskus (Finnische Touristenzentrale), Töölönkatu 11, SF-00100 Helsinki.

In den sogenannten »Jugendherbergen« (schwed. »vandrarhem«, norweg. »vandrerhjem«) gibt es keine Altersbegrenzung, hier können also auch Erwachsene übernachten. Bei Bettenknappheit werden Wanderer oder Radfahrer den motorisierten Touristen vorgezogen.

Telefon

In **Norwegen** kann man aus öffentlichen Telefonzellen oder Telegrafenämtern telefonieren. Die Vorwahlen:

- ➪ nach Deutschland: 09549,
- ➪ nach Österreich: 09543,
- ➪ in die Schweiz: 09541.

Von **Schweden** aus können Sie zum Telefonieren neben öffentlichen Telefonzellen auch sogenannte Telebutiken benutzen. Die Vorwahlen:

- ➪ nach Deutschland: 00949,
- ➪ nach Österreich: 00943,
- ➪ in die Schweiz: 00941.

In **Finnland** telefonieren Sie von öffentlichen Telefonzellen aus, von Postämtern sowie Hotels. Die Vorwahlen:

- ➪ nach Deutschland: 99049,
- ➪ nach Österreich: 99043,
- ➪ in die Schweiz: 99041.

Diese Vorwahlnummern sollen schon bald dem internationalen Standard angepaßt werden.

Diplomatische Vertretungen

Sollten Sie einmal in besondere Schwierigkeiten geraten, aus denen Ihnen auch die lokalen Informationsbüros, Touristikunternehmen oder administrativen Stellen nicht herauszuhelfen vermögen, können Sie sich an die Botschaft Ihres Landes wenden. Hier die Adressen:

<u>In Norwegen</u>

- ➪ Botschaft der Bundesrepublik Deutschland, Oscarsgate 45, N-0258 Oslo, Tel. 0047/22/552010;
- ➪ Botschaft der Republik Österreich, Sophus Lies Gate 2, N-0244 Oslo, Tel. 0047/22/552348;
- ➪ Botschaft der Schweiz, Bygdøy Allé 78, N-0268 Oslo, Tel. 0047/22/430590.

<u>In Schweden</u>

- ➪ Botschaft der Bundesrepublik Deutschland, Skarpögatan 9, S-11527 Stockholm, Tel. 0046/08/6631380;

Viele Nordlandreisende empfinden ihre Tour nur dann als erfolgreich, wenn sie auch einen Elch gesehen haben.

- Botschaft der Republik Österreich, Kommendörsgatan 35, S-11458 Stockholm, Tel. 0046/08/233490;
- Botschaft der Schweiz, Birger Jarlsgatan 64, S-11130 Stockholm, Tel. 0046/08/231550.

In Finnland

- Botschaft der Bundesrepublik Deutschland, Fredrikinkatu 61, SF-00100 Helsinki, Tel. 00358/0/6943355;
- Botschaft der Republik Österreich, Etelä Esplanadi 18, SF-00130 Helsinki, Tel. 00358/0/171322;
- Botschaft der Schweiz, Uudenmaankatu 16 A, SF-00120 Helsinki, Tel. 00358/0/649422.

Finnisches Sachwörterbuch

autiotupa = Wildnishütte
etelään = südlich
harju = Landrücken
huippu = Gipfel
itään = östlich
järvi = See
joensuu = Flußmündung
joki = Fluß
kämppä = Hütte
kannas = Landenge
kansallispuisto = Nationalpark
kero = kahler Gipfel
keskus = Zentrum
koski = Wasserfall
kuru = Schlucht
laakso = Tal
lahti = Bucht
lampi = Waldsee
länteen = westlich
lautta, lossi = Fähre
leirintäalue = Campingplatz
lintutorni = Vogelturm
luonnonsuojelualue = Naturschutzgebiet
luontopolku = Naturlehrpfad
maja = Hütte
mäki = Hügel
meri = Meer
mies, miehet = Mann, Männer
nainen, naiset = Frau, Frauen
niemi = Halbinsel
opastus = Information
päivätupa = Tageshütte
pohjoiseen = nördlich
puhelin = Telefon
puro = Bach
putous = Wasserfall
raja = Grenze
rakka = kantiger Gesteinsschutt
ranta = Strand
rautatieasema = Bahnhof
retkeilymaja = Jugendherberge
retkeilyreitti = Wanderroute
saari = Insel
satama = Hafen
silta = Brücke
suo = Sumpf, Moor
suojamaja = Schutzhütte
suu = Mündung
telttailu = zelten
tunturi = Fjäll, baumloser Berg
varaustupa = Reservierhütte
vuori = Berg
vuoristo = Gebirge

Samisches Sachwörterbuch

áhpi / ape = großes Moor
alip / alep / aleb = westlicher, höher
ålke = Nebengipfel
årjeb / årjep = südlich(er)
bajip / pajep / pajeb = oberhalb, höher
bákti / pakte = steile Felswand
čoalmi / tjålme = Meerenge
čohkka / tjåkka / tjåkkå / tjåkke = Berggipfel
čorru / tjårro = Bergrücken
eatnu / ätno = Fluß
gáisi / kaise = hoher, steiler Berg
gaska / kaska = zwischen
gorsa / kårsa / kårså = Schlucht
jåkåtj / jukketje = Bach
jávri / jaure = See
jávrraš / jaurasj / jauratj = kleiner See
jeaggi / jiegge / jägge = Moor
jietnja / jietna / jiekna = Gletscher
johka / jåkka / jåkkå / jukke = kleiner Fluß
láhku / lako = weite Bergtundra
lule / lulip / lulep / luleb = östlicher
luokta = Bucht
luoppal / luobbal = seeartige Flußerweiterung
luspi / luspe = Ausfluß (eines Flusses aus einem See)
njárga / njarka = Landzunge
njunni / njunnje / njuone = Fjällausläufer
nuortab / nuortap = nördlicher
oaivi / åive = kopfförmiger Berg
puolta = flacher Berghang
riehppi / rieppe = schwerzugängliches enges Tal, oft mit Gletscherwasser
sáiva / saiva = See
savvun / savon = Stillwasser
skáidi / skaite = Landzunge zwischen zwei zusammenfließenden Flüssen
stuor = groß
suolu / suolo / suoli = Insel
tjärro / tjärre = Bergrücken
tjavelg = Bergrücken
unna / uttse = klein
vággi / vagge = U-Tal
varaš / varasj = kleiner Berg
várdu / vardo = niedriger Berg mit Aussicht
várri / vare = Berg
vuolip / vuolep / vuolle = unterhalb, tiefer
vuopme = Laubwaldgebiet

Bildnachweis

Biofoto/Bentzen: 2/3, 124

Biofoto/Halberg: 66

Biofoto/U. Koustrup: 27

Biofoto/St. Lund: 33

Biofoto/Thomsen: 202or

H. Diedrich: 54, 105u, 167o, 193u, 198u

K. Griehl: 199

T. Grüner: 135o, 149o, 164u

S. Halling: 1, 11, 19o, 25o, 26o, 26u, 30, 31, 37o, 37u, 39, 43u, 45o, 48o, 50, 51, 53o, 53u, 55o, 55 ul, 57u, 62, 65o, 65u, 72u, 73o, 73 M, 76, 77o, 77u, 79o, 79u, 80u, 81o, 81u, 82, 84, 85ol, 85ur, 86, 88ul, 88/89, 92 (alle), 93o, 94, 96, 99, 100o, 103o, 103u, 104, 105o, 108l, 108r, 110, 112ol, 112/113, 113or, 113u, 114, 116o, 117o, 117u, 118, 120, 121 (alle), 122, 125o, 125u, 126, 128M, 130o, 130u. 131, 134o, 134u, 135u, 136, 140o, 143 (alle), 144, 145, 147, 149u, 152o, 152u, 155M, 155u, 157, 158, 159o, 159u, 163, 164o, 166u, 167u, 173, 174u, 176, 178, 183, 185or, 194o, 194u, 198o, 198M, 201o, 201u, 202ol, 202u, 205, 212, 213

P. Hamunen: 180, 206/207

H. Hautala: 17, 74, 80o, 90, 128u, 129, 132o, 132u, 156, 159M, 161o, 170, 171, 217

P. Helo: 15o, 18u, 23, 25u, 29, 34, 43o, 45u, 56, 59u, 73u, 88ur, 100u, 109 l, 112u, 151o, 151u, 174o, 175 (alle), 182, 185 ol, 185u, 190, 196u, 200u

J. Jurka: 46, 75

B. Kiesewetter: 138, 211

A. Lang: 22, 44, 59o, 63, 162, 188, 203

P. Mertz: 139, 184o, 189

E. Pott: 16o, 32, 47, 48u, 55ur, 202M

L. Rustand: 93u, 180/181, 192u

D. Singer: 40, 41, 97o, 97u, 101, 109r, 116u, 146, 150, 166o, 193o, 196o, 200o, 209, 216u

K. Steinberger: 15u, 60, 71o, 142

H.-J. Vermehren: 36

K. Wernicke: 72/73, 97M, 192o

W. Wisniewski: 57o, 68, 69, 71u, 85Mr, 168, 220, 224

K. Wothe: 35, 64, 107, 128o, 135M, 140u, 155o, 161u, 169, 177o, 177u, 184M, 184u, 192M, 195, 216o

P. Zeininger: 16u, 88ol

W. Zepf: 19u

Literatur

ABRAHAMSSON, Tore (1989): Detta är Vindelfjällen. Bonniers, Uddevalla.

AICHELE, Dietmar & Heinz-Werner SCHWEGLER (1988): Unsere Gräser. Franckh'sche Verlagshandlung, Stuttgart.

BERG, Bengt (1938): Mein Freund der Regenpfeifer. Dietrich Reimer Verlag, Berlin.

BINGMAN, Ingvar (Hrsg.) (1983): Sveriges Nationalparker. Naturvårdsverket, Solna.

CHRISTIANSEN, Mogens Skytte & Verner HANCKE (1993): Gräser. BLV Verlagsgesellschaft mbH, München.

DEY, Reinhold & Johannes WENDLAND (1991): Nationalparks in Skandinavien. Wanderungen in Norwegen, Schweden und Finnland. Leopold Stocker Verlag, Graz.

FITTER, Alastair (1987): Bonniers Naturbibliotek: Blommor i Nordeuropa. Bonnier Fakta Bokförlag AB, Stockholm.

GREY-WILSON, Christopher & Marjorie BLAMEY (1980): Pareys Bergblumenbuch. Verlag Paul Parey, Hamburg, Berlin.

HEDGREN, Stellan (1987): Värt att se i Sveriges Natur. Bonnier Fakta Bokförlag AB, Stockholm.

HOLMÅSEN, Ingmar (1974): Växter och djur i fjällen. Albert Bonniers Förlag AB, Stockholm.

JAHNS, Hans Martin (1987): Farne, Moose, Flechten Mittel-, Nord- und Westeuropas. BLV Verlagsgesellschaft mbH, München.

JOHANSSON (HALLING), Sven K.-J., Per SIMONSSON & Bertil Charlie WALLIN (1984): Skuleskogen, nationalparken i Höga Kusten. CEWE-Förlaget, Bjästa.

JONSSON, Lars (1992): Die Vögel Europas und des Mittelmeerraumes. Franckh'sche Verlagshandlung, Stuttgart.

LANG, Angelika (1991): Spuren und Fährten unserer Tiere. BLV Verlagsgesellschaft mbH, München.

LID, Johannes (1985): Norsk, svensk, finsk Flora. Det Norske Samlaget, Oslo.

MOSSBERG, Bo & Sven NILSSON (1977): Nordens orkidéer. Wahlström & Widstrand, Stockholm.

MUUS, Bent J. & Preben DAHLSTRÖM (1993): Süßwasserfische. BLV Verlagsgesellschaft mbH, München.

NATURSKYDDSFÖRENINGEN, Medlemspublikation: Sveriges Natur (Zeitschrift der schwedischen Naturschutzvereinigung), Stockholm.

NICOLAI, Jürgen, Detlef SINGER & Konrad WOTHE (1986): Linnut (Vögel, finnische Ausgabe). Gräfe und Unzer GmbH, München / Kannasprint, Helsinki.

NICOLAI, Jürgen, Detlef SINGER & Konrad WOTHE (1990): Bokklubbens naturhåndbøker: Fugler (Vögel, norwegische Ausgabe). Gräfe und Unzer GmbH, München / J.W. Cappelens Forlag, Oslo.

NIETHAMMER, Jochen & Franz KRAPP (Hrsg.) (1978-93): Handbuch der Säugetiere Europas, Bd. I, II, III, V, VI). Aula-Verlag, Wiesbaden.

OLSSON, Olle G. & Bo NYLÉN (1985): Fjällflora. Rutsker Verlag, Kiel.

OY VALITUT PALAT (1989): Finland, Land of Natural Beauty. Reader's Digest AB, Helsinki.

POLLMANN, Bernhard & Thomas KEUCHEL (1992): Norwegen. Wandern in grandioser Urlandschaft. Verlag J. Berg, München.

POTT, Eckart & Werner KÜPKER (1991): Reiseführer Natur Südliches Skandinavien. BLV Verlagsgesellschaft mbH, München.

RYVARDEN, Leif (1989): Norges Nasjonalparker. Universitetsforlaget, Oslo.

SCHAUER, Thomas & Claus CASPARI (1993): Der große BLV Pflanzenführer. BLV Verlagsgesellschaft mbH, München.

SCHILLING, Detlef, Detlef SINGER & Helmut DILLER (1983): BLV Bestimmungsbuch Säugetiere. BLV Verlagsgesellschaft mbH, München.

SCHROTH-JAKOBSEN, Anja (1985): Norwegen, Beschreibung eines Landes. NORDIS-Verlag GmbH, Essen.

SIIVONEN, Lauri (1976): Nordeuropas Däggdjur (Säugetiere). P. A. Norstedt & Söners förlag, Stockholm.

STENBERG, Lennart, Bo MOSSBERG & Stefan ERICSSON (1992): Den Nordiska Floran. Wahlström & Widstrand, Stockholm.

SVENSSON, Lars (1979): Fågellokaler i Sverige. Bonnier Fakta Bokförlag AB, Stockholm.

TOLLEFSRUD, Jan Inge, Even TJØRVE & Pål HERMANSEN (1991): Perler i Norsk Natur. – En veiviser. H. Aschehoug & Co, Oslo.

ZENTRALAMT FÜR FORSTWIRTSCHAFT, NATURSCHUTZ (1992): Finnische Nationalparks (3. Aufl.). Metsähallitus, Helsinki.

Karten

Neben Wanderkarten mit großem Maßstab (1:20 000, 50 000 oder 100 000) benötigt man für die Zusammenstellung der Reise Übersichts- und Straßenkarten mit kleinem Maßstab :

Norwegen

- Kümmerly & Frey: Straßenkarte 1:1 000 000 Nordskandinavien.
- Kümmerly & Frey: Straßenkarte 1:400 000, Kartenblätter 3–5, Mittel- und Nord-Norwegen.

Schweden

- Kümmerly & Frey: Straßenkarte 1:1 000 000 Nordskandinavien.
- Sverige Turistkarta (Länskarta): 1:300 000, Kartenblätter 5–10.
- Nya Bil-och Turistkarta: 1:400 000, Kartenblätter 6–8.

Finnland

- RV Große Länderkarte: 1:800 000 Finnland.
- Kümmerly & Frey: Straßenkarte 1:400 000 Süd-, Mittel-, Nord-Finnland.

Wörterbuch
Deutsch/Wissenschaftlich

Pilze

Birkensaftporling/Piptoporus betulinus
Echter Zunderschwamm/Fomes fomentarius
Hallimasch/Armillariella mellea
Kleiner Stinkschwindling/Micromphale perforans
Rotrandporling/Fomitopsis pinicola
Stinkschwindling, Kleiner/Micromphale perforans
Zunderschwamm, Echter/Fomes fomentarius

Pflanzen

(einschl. Farne, Moose, Flechten)
Alpenazalee/Loiseleuria procumbens
Alpenbärentraube/Arctostaphylos alpinus
Alpenbärlapp/Diphasium alpinum
Alpenehrenpreis/Veronica alpina
Alpenfettkraut/Pinguicula alpina
Alpenfrauenmantel/Alchemilla alpina
Alpengänsekresse/Arabis alpina
Alpenhaarsimse/Scirpus hudsonianus
Alpenhelm/Bartsia alpina
Alpenhornkraut/Cerastium alpinum
Alpen-Milchlattich/Cicerbita alpina
Alpenpechnelke/Lychnis (Viscaria) alpina
Alpenrose, Lappland-/Rhododendron lapponicum
Alpenscharte, Echte/Saussurea alpina
Alpenspitzkiel/Oxytropis campestris ssp. sordida
Alpentragant/Astragalus alpinus
Alpenwiesenraute/Thalictrum alpinum
Arktische Brombeere/Rubus arcticus
Arktische Glockenblume/Campanula uniflora
Arktischer Mohn/Papaver radicatum (siehe auch Svartis-Mohn)
Arktischer Steinbrech/Saxifraga nivalis
Armleuchteralge/Nitella spec.
Arnika, Schmalblättrige/Arnica alpina (= A. angustifolia)
Aspe/Populus tremula
Baldrian, Holunderblättriger/Valeriana sambucifolia
Bärentraube, Echte/Arctostaphylos uva-ursi
Beifuß, Bottnischer/Artemisia bottnica
Beinbrech/Narthecium ossifragum
Bergranunkel/Ranunculus nivalis
Besenheide/Calluna vulgaris
Binse, Kastanienbraune/Juncus castaneus
Blaubeere = Heidelbeere
Blaues Sperrkraut/Polemonium caeruleum
Blaugrüne Weide/Salix glauca
Blauheide/Phyllodoce caerulea
Blumenbinse/Scheuchzeria palustris
Blutauge/Potentilla palustris
Blutaugenflechte/Haematomma ventosum
Blutweiderich/Lythrum salicaria
Bogensegge/Carex maritima
Brachsenkraut, Stachelsporiges/Isoetes echinospora
Brandläusekraut/Pedicularis flammea
Braune Lungenflechte/Lobaria pulmonaria
Braunes Reitgras/Calamagrostis purpurea
Braunes Torfmoos/Sphagnum fuscum
Breitblättriger Rohrkolben/Typha latifolia
Breitschötchen, Linienförmiges/Braya linearis
Brombeere, Arktische/Rubus arcticus
Buchenfarn/Thelypteris phegopteris
Buntes Läusekraut/Pedicularis oederi
Cassiope, Moosähnliche/Cassiope hypnoides
Cassiope, Vierkantige/Cassiope tetragona
Christophskraut, Rotbeeriges/Actaea erythrocarpa
Christophskraut, Schwarzbeeriges/Actaea spicata
Deutsche Tamariske/Myricaria germanica
Deutscher Straußfarn/Matteuccia struthiopteris
Diapensie/Diapensia lapponica
Dorniger Wurmfarn/Dryopteris carthusiana
Drahtschmiele /Deschampsia flexuosa
Drahtsegge/Carex diandra
Dreiblattbinse/Juncus trifidus
Dreiblütiges Labkraut / Galium triflorum
Eberesche/Sorbus aucuparia
Echte Alpenscharte/Saussurea alpina
Echte Bärentraube/Arctostaphylos uva-ursi
Echtes Löffelkraut/Cochlearia officinalis
Echtes Mädesüß/Filipendula ulmaria
Ehrenpreis, Langblättriger/Veronica longifolia
Einbeere/Paris quadrifolia
Einblatt/Microstylis monophyllos
Einblütiges Wintergrün/Moneses uniflora
Eisenhut, Nördlicher/Aconitum septentrionale
Erzengelwurz/Angelica archangelica
Fadensegge/Carex lasiocarpa
Fadenwurzelsegge/Carex chordorrhiza
Felsenblümchen, Graues/Draba incana
Felsenblümchen, Lappländisches/Draba lactea
Felsenehrenpreis/Veronica fruticans
Felsenschaumkresse/Cardaminopsis petraea
Felsensegge/Carex rupestris
Fettkraut, Zottiges/Pinguicula villosa
Fichte/Picea abies
Fieberklee/Menyanthes trifoliata
Filzige Kratzdistel/Cirsium helenioides (=heterophyllum)
Fingerkraut, Vielspaltiges/Potentilla multifida
Fjällbirke/Betula pubescens var. tortuosa
Fladnitzer Hungerblümchen/Draba fladnizensis
Flattergras = Waldhirse
Fleischrotes Knabenkraut/Dactylorhiza incarnata
Fliegenragwurz/Ophris insectifera
Frauenschuh/Cypripedium calceolus
Gabelförmige Nelke/Silene furcata
Gebirgsfrauenfarn/Athyrium distentifolium
Geflecktes Knabenkraut/Dactylorhiza maculata
Gelbe Teichrose/Nuphar lutea
Gelbes Veilchen/Viola biflora
Gelbling/Sibbaldia procumbens
Gelbsegge, Große/Carex flava
Gemsheide = Alpenazalee
Gewimperter Steinbrech/Saxifraga aizoides
Gewöhnliches Fettkraut/Pinguicula vulgaris
Gewöhnliches Ruchgras/Anthoxanthum odoratum
Gezähnter Moosfarn/Selaginella selaginoides
Gilbweiderich/Lysimachia vulgaris
Glänzende Seerose/Nymphaea candida
Gletscherhahnenfuß/Ranunculus glacialis
Gletscherlinse/Astragalus frigidus
Glockenblume, Arktische/Campanula uniflora
Glockiges Sperrkraut/Polemonium acutiflorum
Goldblumiger Steinbrech/Saxifraga hirculus
Goldrute/Solidago virgaurea
Grauerle/Alnus incana
Graues Felsenblümchen/Draba incana
Grönlandsegge/Carex scirpoidea
Großes Zweiblatt/Listera ovata
Grüne Hohlzunge/Coeloglossum viride
Haarmützenmoos/Polytrichum commune
Haarsimse, Rasige/Trichophorum cespitosum
Hahnenfuß, Scharfer/Ranunculus acris
Hainsternmiere/Stellaria nemorum
Hängebirke/Betula pendula (B. verrucosa)
Hartriegel, Schwedischer/Cornus suecica
Hasel/Corylus avellana
Heidelbeere/Vaccinium myrtillus
Herzblatt/Parnassia palustris
Herzzweiblatt/Listera cordata
Himmelsleiter = Sperrkraut
Holunderblättriger Baldrian/Valeriana sambucifolia
Hornemanns Weidenröschen/Epilobium hornemannii
Hornklee, Gewöhnlicher/Lotus corniculatus
Hungerblümchen, Fladnitzer/Draba fladnizensis
Islandknöterich/Koenigia islandica
Jämtland-Segge/Carex jemtlandica
Johannisbeere, Nordische/Ribes spicatum
Johanniskraut, Vierkantiges/Hypericum maculatum
Karelische Rose/Rosa acicularis
Karlszepter/Pedicularis sceptrum-karolinum
Kastanienbraune Binse/Juncus castaneus
Katzenpfötchen, Zweihäusiges/Antennaria dioica
Kiefer/Pinus sylvestris
Kleine Teichrose/Nuphar pumila
Kleinfrüchtige Moosbeere/Oxycoccus microcarpus
Knabenkraut, Fleischrotes/Dactylorhiza incarnata
Knabenkraut, Geflecktes/Dactylorhiza maculata
Knabenkraut, Lappländisches/Dactylorhiza lapponica
Knöllchenknöterich/Polygonum viviparum
Kohlröschen, Schwarzes/Nigritella nigra
Korallenwurz/Corallorhiza trifida
Krähenbeere, Schwarze/Empetrum nigrum
Krähenbeere, Zwittrige/Empetrum hermaphroditum
Kratzdistel, Filzige/Cirsium helenioides (=C.heterophyllum)
Kratzdistel, Zweifarbige = Kratzdistel, Filzige
Krauser Rollfarn/Cryptogramma crispa
Krautige Weide/Salix herbacea
Kriechstendel/Goodyera repens
Kronlose Nelke/Melandrium apetalum = Silene wahlbergella
Kugelsegge/Carex globularis
Labkraut, Dreiblütiges/Galium triflorum
Laichkraut, Schwimmendes/Potamogeton natans
Landkartenflechte/Rhizocarpon geographicum
Langblättrige Sternmiere/Stellaria longifolia
Langblättriger Ehrenpreis/Veronica longifolia
Langblättriger Sonnentau/Drosera anglica
Lappland-Alpenrose/Rhododendron lapponicum
Lappland-Läusekraut/Pedicularis lapponica
Lappland-Spitzkiel/Oxytropis lapponica
Lappländisches Felsenblümchen/Draba lactea
Lappländisches Scharbockskraut/Ranunculus lapponicus
Lapplandweide/Salix lapponum

Lattich, Sibirischer/Lactuca sibirica
Läusekraut, Buntes/Pedicularis oederi
Läusekraut, Rauhhaariges/Pedicularis hirsuta
Lebermoose/Hepaticae
Leimkraut, Stengelloses/Silene acaulis
Linienförmiges Breitschötchen/Braya linearis
Löffelkraut, Echtes/Cochlearia officinalis
Lungenflechte, Braune/Lobaria pulmonaria
Mädesüß, Echtes/Filipendula ulmaria
Mähnenflechte/Bryoria fuscescens
Maiglöckchen/Convallaria majalis
Mertensie/Mertensia maritima
Miere, Zweiblütige/Minuartia biflora
Mierenblättriges Weidenröschen/Epilobium alsinifolium
Milchlattich, Alpen-/Cicerbita alpina
Mohn, Arktischer/Papaver radicatum
Moltebeere/Rubus chamaemorus
Mondraute, Vielteilige/Botrychium multifidum
Moorbirke/Betula pubescens
Moorweide/Salix myrtilloides
Moosähnliche Cassiope/Cassiope hypnoides
Moosbeere/Oxycoccus palustris
Moosbeere, Kleinfrüchtige/Oxycoccus microcarpus
Moosfarn, Gezähnter/Selaginella selaginoides
Moosflechte, Schnee-/Cetraria nivalis
Moosglöckchen, Nordisches/Linnea borealis
Mückenhändelwurz/Gymnadenia conopsea
Mummel = Gelbe Teichrose
Myrsineweide/Salix myrsinites
Myrthenblättrige Weide/Salix phylicifolia
Nacktried/Elyna (Kobresia) myosuroides
Nelke, Gabelförmige/Silene furcata
Nelke, Kronlose/Melandrium apetalum (= Silene wahlbergella)
Netzblatt = Kriechstendel
Netzweide/Salix reticulata
Nickendes Perlgras/Melica nutans
Nickendes Wintergrün/Pyrola (Orthilia) secunda
Niederliegendes Sandkraut/Arenaria humifusa
Nordische Calypso = Norne
Nordische Johannisbeere/Ribes spicatum
Nordische Primel/Primula skandinavica
Nordisches Moosglöckchen/Linnea borealis
Nordisches Schaumkraut/Cardamine bellidiflora
Nördlicher Eisenhut/Aconitum septentrionale
Norne/Calypso bulbosa
Norwegisches Sandkraut/Arenaria norvegica
Perlgras, Nickendes/Melica nutans
Pfeifengras/Molina caerulea
Pfeilkraut/Sagittaria sagittifolia
Pferdezunge = Mertensie
Polarsandkraut/Arenaria pseudofrigida
Polarweide/Salix polaris
Prachtnelke/Dianthus superbus
Primel, Nordische/Primula skandinavica
Purpurbreitschötchen/Braya purpurea
Rasensteinbrech/Saxifraga cespitosa
Rasige Haarsimse/Trichophorum cespitosum
Rauhhaariges Läusekraut/Pedicularis hirsuta
Rauschbeere/Vaccinium uliginosum
Rentierflechte (Kuppelförmige)/Cladonia stellaris
Rippenfarn, Wald-/Blechnum spicant
Rispelstrauch/Myricaria germanica
Rohrkolben, Breitblättriger/Typha latifolia
Rollfarn, Krauser/Cryptogramma crispa
Rosen-Berufkraut/Erigeron borealis
Rosenwurz/Sedum rosea
Rosmarinheide/Andromeda polifolia
Roter Steinbrech/Saxifraga oppositifolia
Rotes Straußgras/Agrostis tenuis
Ruchgras, Gewöhnliches/Anthoxanthum odoratum
Sackflechte, Ziegelrote/Solorina crocea
Salweide/Salix caprea
Salzmiere/Honckenya peploides
Sanddorn/Hippophae rhamnoides
Sandkraut, Niederliegendes/Arenaria humifusa
Sandkraut, Norwegisches/Arenaria norvegica
Sauerklee = Waldsauerklee
Säuerling/Oxyria digyna
Schafschwingel/Festuca ovina
Scharbockskraut, Lappländisches/Ranunculus lapponicus
Scharfer Hahnenfuß/Ranunculus acris
Schattenblümchen/Maianthemum bifolium
Schaumkraut, Nordisches/Cardamine bellidiflora
Scheidiges Wollgras/Eriophorum vaginatum
Scheuchzers Wollgras/Eriophorum scheuchzeri
Schildhahnenfuß/Ranunculus peltatus
Schilf/Phragmites communis
Schirmmoos, Gelbes/Splachnum luteum
Schmalblättrige Arnika/Arnica alpina
Schmalblättriges Wollgras/Eriophorum angustifolium
Schmiele, Lappländische/Deschampsia atropurpurea
Schnabelsegge/Carex rostrata
Schnee-Enzian/Gentiana nivalis
Schnee-Moosflechte/Cetraria nivalis
Schwanenblume/Butomus umbellatus
Schwarzerle/Alnus glutinosa
Schwarzkopfsegge = Sonderbare Segge
Schwarzweide/Salix nigricans
Schwedischer Hartriegel/Cornus suecica
Schwimmendes Laichkraut/Potamogeton natans
Seerose, Glänzende/Nymphaea candida
Seerose/Nymphaea alba
Segge, Jämtland-/Carex jemtlandica
Segge, Starre/Carex bigelowii
Segge, Wenigblütige/Carex pauciflora
Segge, Zweifarbige/Carex bicolor
Seidelbast/Daphne mezereum
Sibirischer Lattich/Lactuca sibirica
Sibirisches Veilchen = Torfveilchen
Siebenstern/Trientalis europaea
Silberwurz/Dryas octopetala
Sonderbare Segge/Carex appropinquata
Sonnentau, Langblättriger/Drosera anglica
Sperrkraut, Blaues/Polemonium caeruleum
Sperrkraut, Glockiges/Polemonium acutiflorum
Spitzahorn/Acer platanoides
Spitzkiel, Lappland-/ Oxytropis lapponica
Stachelsporiges Brachsenkraut/Isoetes echinospora
Starre Segge/Carex bigelowii
Steinbrech, Arktischer/Saxifraga nivalis
Steinbrech, Gewimperter/Saxifraga aizoides
Steinbrech, Goldblumiger/Saxifraga hirculus
Steinbrech, Roter/Saxifraga oppositifolia
Stengelloses Leimkraut/Silene acaulis
Sternmiere, Hain-/Stellaria nemorum
Sternmiere, Langblättrige /Stellaria longifolia
Strandplatterbse/Lathyrus maritimus
Strandroggen/Elymus arenarius
Straußgilbweiderich/Lysimachia thyrsiflora
Straußfarn, Deutscher/Matteuccia struthiopteris
Straußgras, Rotes/Agrostis tenuis
Straußsteinbrech/Saxifraga cotyledon
Strunkflechte/Stereocaulon alpinum
Stumpfe Waldhyazinthe/Platanthera obtusata
Sumpfbrachsenkraut/Isoetes lacustris
Sumpfcalla/Calla palustris
Sumpfporst/Ledum palustre
Sumpfschachtelhalm/Equisetum palustre
Sumpfveilchen/Viola palustris
Sumpfweidenröschen/Epilobium palustre
Svartis-Mohn/Papaver radicatum subglobosum
Taigafrauenfarn/Diplazium sibiricum
Tamariske, Deutsche/Myricaria germanica
Tannenbärlapp/Huperzia selago
Tannenwedel/Hippuris vulgaris
Tausendblatt, Wechselblütiges/Myriophyllum alterniflorum
Teichrose, Gelbe/Nuphar lutea
Teichrose, Kleine/Nuphar pumila
Teichschachtelhalm/Equisetum fluviatile
Teichsimse, Gewöhnliche/Schoenoplectus (Scirpus) lacustris
Teufelsabbiß/Succisa pratensis
Torfbinse/Scirpus hudsonianus
Torfgränke/Chamaedaphne calyculata
Torfmoos, Braunes/Sphagnum fuscum
Torfveilchen/Viola epipsila
Traubenkirsche/Prunus padus
Trauerblume = Alpenhelm
Trollblume/Trollius europaeus
Veilchen, Gelbes/Viola biflora
Veilchen, Zweiblütiges = Gelbes Veilchen
Vielchen, Sibirisches = Torfveilchen
Vielspaltiges Fingerkraut/Potentilla multifida
Vielteilige Mondraute/Botrychium multifidum
Vierkantige Cassiope/Cassiope tetragona
Vierkantiges Johanniskraut/Hypericum maculatum
Vogelbeere = Eberesche
Vogelwicke/Vicia cracca
Wald-Rippenfarn/Blechnum spicant
Walderdbeere/Fragaria vesca
Waldfrauenfarn/Athyrium filix-femina
Waldhirse/Milium effusum
Waldhyazinthe/Platanthera bifolia
Waldhyazinthe, Stumpfe/Platanthera obtusata
Waldkiefer/Pinus silvestris
Waldsauerklee/Oxalis acetosella
Waldschachtelhalm/Equisetum silvaticum
Waldstorchschnabel/Geranium sylvaticum
Waldwachtelweizen/Melampyrum sylvaticum
Waldweidenröschen/Epilobium angustifolium
Wasserhahnenfuß/Ranunculus aquatilis
Wasserlobelie/Lobelia dortmanna
Wasserschierling/Cicuta virosa
Wechselblütiges Tausendblatt/Myriophyllum alterniflorum
Weichwurz/Hammarbya paludosa
Weide, Blaugrüne/Salix glauca
Weide, Krautige/Salix herbacea
Weide, Myrthenblättrige/Salix phylicifolia
Weide, Schwarz-/Salix nigricans
Weidenröschen, Hornemanns/Epilobium hornemannii
Weidenröschen, Mierenblättriges/Epilobium alsinifolium
Weißzüngel/Leucorchis albida

Wenigblütige Segge/Carex pauciflora
Widerbart/Epipogium aphyllum
Wiesenkerbel/Anthriscus sylvestris
Wiesenknautie/Knautia arvensis
Wiesensauerampfer/Rumex acetosa
Wiesenschachtelhalm/Equisetum pratense
Wiesensegge/Carex nigra var. juncella
Wiesenwachtelweizen/Melampyrum pratense
Wintergrün, Einblütiges/Moneses uniflora
Wintergrün, Nickendes/Pyrola (Orthilia) secunda
Wollgras, Scheidiges/Eriophorum vaginatum
Wollgras, Scheuchzers/Eriophorum scheuchzeri
Wollgras, Schmalblättriges/Eriophorum angustifolium
Wurmfarn, Dorniger/Dryobteris carthusiana
Wurmflechte/Thamnolia vermicularis
Ziegelrote Sackflechte/Solorina crocea
Zierlicher Enzian/Gentianella tenella
Zitterpappel = Aspe = Espe/Populus tremula
Zottiges Fettkraut/Pinguicula villosa
Zweiblatt, Großes/Listera ovata
Zweiblütige Miere/Minuartia biflora
Zweiblütiges Veilchen = Gelbes Veilchen
Zweifarbige Kratzdistel/Cirsium helenioides
Zweifarbige Segge/Carex bicolor
Zweihäusiges Katzenpfötchen/Antennaria dioica
Zwergorchis/Chamorchis alpina
Zwergruhrkraut/Gnaphalium supinum
Zwergsimsenlilie/Tofielda pusilla
Zwergwimperfarn/Woodsia glabella

Säugetiere

Bartrobbe/Erignathus barbatus
Baummarder/Martes martes
Berglemming/Lemmus lemmus
Biber, Eurasiatischer/Castor fiber
Biber, Nordamerikanischer/Castor canadensis
Birkenmaus/Sicista betulina
Bisamratte/Ondatra zibethicus
Braunbär/Ursus arctos
Buckelwal/Megaptera novaeanglia
Dachs/Meles meles
Eichhörnchen/Sciurus vulgaris
Eisfuchs/Alopex lagopus
Eismeer-Ringelrobbe/Phoca hispida
Elch/Alces alces
Finnwal/Balaenoptera physalus
Fischotter/Lutra lutra
Gleithörnchen/Pteromys volans
Graurötelmaus/Clethrionomys rufocanus
Hermelin/Mustela erminea
Igel/Erinaceus europaeus
Kegelrobbe/Halichoerus grypus
Kleintümmler = Schweinswal
Knirpsspitzmaus/Sorex minutissimus
Luchs/Felis lynx
Maskenspitzmaus/Sorex caecutiens
Mauswiesel/Mustela nivalis
Mink/Mustela vison
Nordfledermaus/Eptesicus nilssoni
Nordische Wühlmaus/Microtus oeconomus
Ostsee-Ringelrobbe/Phoca hispida botnica
Pottwal/Physeter catodon
Ren/Rangifer tarandus
Ringelrobbe, Eismeer-/Phoca hispida
Rotfuchs/Vulpes vulpes
Saimaa-Ringelrobbe/Phoca hispida saimensis
Sattelrobbe/Pagophilus groenlandicus (Phoca groenlandica)
Schneehase/Lepus timidus
Schweinswal/Phocoena phocoena
Schwertwal (»Killerwal«)/Orcinus orca
Seiwal/Balaenoptera borealis
Taigaspitzmaus/Sorex isodon
Vielfraß/Gulo gulo
Virginiahirsch = Weißwedelhirsch
Waldlemming/Myopus schisticolor
Waldren/Rangifer tarandus fennicus
Wasserspitzmaus/Neomys fodiens
Weißwedelhirsch/Odocoileus virginianus
Wolf/Canis lupus
Zwergwal/Balaenoptera acutorostrata

Vögel

Alpenschneehuhn/Lagopus mutus
Alpenstrandläufer/Calidris alpina
Auerhuhn/Tetrao urogallus
Austernfischer/Haematopus ostralegus
Bachstelze/Motacilla alba
Bartkauz/Strix nebulosa
Baßtölpel/Sula bassana
Baumfalke/Falco subbuteo
Baumpieper/Anthus trivialis
Bekassine/Gallinago gallinago
Bergente/Aythya marila
Bergfink/Fringilla montifringilla
Berghänfling/Carduelis flavirostris
Bindenkreuzschnabel/Loxia leucoptera
Birkenzeisig/Carduelis flammea
Birkhuhn/Tetrao tetrix
Bläßhuhn/Fulica atra
Blaukehlchen/Luscinia svecica
Blauschwanz/Tarsiger cyanurus
Braunkehlchen/Saxicola rubetra
Bruchwasserläufer/Tringa glareola
Buchfink/Fringilla coelebs
Buntspecht/Dendrocopos major
Buschrohrsänger/Acrocephalus dumetorum
Dickschnabellumme/Uria lomvia
Doppelschnepfe/Gallinago media
Dreizehenmöwe/Rissa tridactyla
Dreizehenspecht/Picoides tridactylus
Dunkler Wasserläufer/Tringa erythropus
Eichelhäher/Garrulus glandarius
Eiderente/Somateria mollissima
Eisente/Clangula hyemalis
Eismöwe/Larus hyperboreus
Eissturmvogel/Fulmarus glacialis
Elfenbeinmöwe/Pagophila eburnea
Elster/Pica pica
Erlenzeisig/Carduelis spinus
Falkenbussard/Buteo buteo vulpinus
Falkenraubmöwe/Stercorarius longicaudus
Feldlerche/Alauda arvensis
Fichtenkreuzschnabel/Loxia curvirostra
Fischadler/Pandion haliaetus
Fitis/Phylloscopus trochilus
Flußseeschwalbe/Sterna hirundo
Flußuferläufer/Actitis hypoleucos
Gänsesäger/Mergus merganser
Gartengrasmücke/Sylvia borin
Gartenrotschwanz/Phoenicurus phoenicurus
Gerfalke/Falco rusticolus
Gimpel/Pyrrhula pyrrhula
Goldammer/Emberiza citrinella
Goldregenpfeifer/Pluvialis apricaria
Graureiher/Ardea cinerea
Grauschnäpper/Muscicapa striata
Großer Brachvogel/Numenius arquata
Grünschenkel/Tringa nebularia
Gryllteiste/Cepphus grylle
Habicht/Accipiter gentilis
Habichtskauz/Strix uralensis
Hakengimpel/Pinicola enucleator
Haselhuhn/Bonasa bonasia
Haubenmeise/Parus cristatus
Heckenbraunelle/Prunella modularis
Heringsmöwe/Larus fuscus
Kampfläufer/Philomachus pugnax
Karmingimpel/Carpodacus erythrinus
Kiebitz/Vanellus vanellus
Kiefernkreuzschnabel/Loxia pytyopsittacus
Kleinspecht/Dendrocopos minor
Kohlmeise/Parus major
Kolkrabe/Corvus corax
Kormoran/Phalacrocorax carbo
Kornweihe/Circus cyaneus
Krähenscharbe/Phalacrocorax aristotelis
Kranich/Grus grus
Krickente/Anas crecca
Kuckuck/ Cuculus canorus
Küstenseeschwalbe/Sterna paradisaea
Lachmöwe/Larus ridibundus
Lapplandmeise/Parus cinctus
Mantelmöwe/Larus marinus
Mauersegler/Apus apus
Meerstrandläufer/Calidris maritima
Mehlschwalbe/ Delichon urbica
Merlin/Falco columbarius
Misteldrossel/Turdus viscivorus
Mittelsäger/Mergus serrator
Moorschneehuhn/Lagopus lagopus
Mornellregenpfeifer/Charadrius morinellus
Nebelkrähe/Corvus corone cornix
Nordische Schafstelze/Motacilla flava thunbergi
Odinshühnchen/Phalaropus lobatus
Ohrenlerche/Eremophila alpestris
Ohrentaucher/Podiceps auritus
Papageitaucher/Fratercula arctica
Pfeifente/Anas penelope
Pfuhlschnepfe/Limosa lapponica
Polarbirkenzeisig/Carduelis hornemanni
Polarmöwe/Larus glaucoides
Prachteiderente/Somateria spectabilis
Prachttaucher/Gavia arctica
Raubwürger/Lanius excubitor
Rauchschwalbe/Hirundo rustica
Rauhfußbussard/Buteo lagopus
Rauhfußkauz/Aegolius funereus
Regenbrachvogel/Numenius phaeopus
Reiherente/Aythya fuligula
Ringdrossel/Turdus torquatus
Rohrammer/Emberiza schoeniclus
Rotdrossel/Turdus iliacus
Rothalstaucher/Podiceps grisegena
Rotkehlchen/Erithacus rubecula
Rotkehlpieper/Anthus cervinus
Rotschenkel/Tringa totanus
Saatgans/Anser fabalis
Samtente/Melanitta fusca
Sandregenpfeifer/Charadrius hiaticula
Schafstelze/Motacilla flava
Scheckente/Polysticta stelleri
Schellente/Bucephala clangula
Schilfrohrsänger/Acrocephalus schoenobaenus
Schmarotzerraubmöwe/Stercorarius parasiticus
Schnee-Eule/Nyctea scandiaca
Schneeammer/Plectrophenax nivalis

Schwarzspecht/Dryocopus martius
Seeadler/Haliaeetus albicilla
Seidenschwanz/Bombycilla garrulus
Silbermöwe/Larus argentatus
Singdrossel/Turdus philomelos
Singschwan/Cygnus cygnus
Spießente/Anas acuta
Sperbereule/Surnia ulula
Sperlingskauz/Glaucidium passerinum
Spornammer/Calcarius lapponicus
Star/Sturnus vulgaris
Steinadler/Aquila chrysaetos
Steinschmätzer/Oenanthe oenanthe
Steinwälzer/Arenaria interpres
Sterntaucher/Gavia stellata
Stockente/Anas platyrhynchos
Strandpieper/Anthus petrosus
Sturmmöwe/Larus canus
Sturmschwalbe/Hydrobates pelagicus
Sumpfläufer/Limicola falcinellus
Sumpfohreule/Asio flammeus
Sumpfrohrsänger/Acrocephalus palustris
Tannenmeise/Parus ater
Temminckstrandläufer/Calidris temminckii
Tordalk/Alca torda
Trauerente/Melanitta nigra
Trauerschnäpper/Ficedula hypoleuca
Trottellumme/Uria aalge
Unglückshäher/Perisoreus infaustus
Wacholderdrossel/Turdus pilaris
Waldammer/Emberiza rustica
Waldlaubsänger/Phylloscopus sibilatrix
Waldschnepfe/Scolopax rusticola
Waldwasserläufer/Tringa ochropus
Wanderfalke/Falco peregrinus
Wanderlaubsänger/Phylloscopus borealis
Wasseramsel/Cinclus cinclus
Weidenammer/Emberiza aureola
Weidenmeise/Parus montanus
Wellenläufer/Oceanodroma leucorhoa
Wendehals/Jynx torquilla
Wiesenpieper/Anthus pratensis
Wintergoldhähnchen/Regulus regulus
Zilpzalp/Phylloscopus collybita
Zwergammer/Emberiza pusilla
Zwerggans/Anser erythropus
Zwergmöwe/Larus minutus
Zwergsäger/Mergus albellus
Zwergschnäpper/Ficedula parva
Zwergschnepfe/Lymnocryptes minimus
Zwergstrandläufer/Calidris minuta

Amphibien, Reptilien, Fische
Äsche/Thymallus thymallus
Barsch/Perca fluviatilis
Blindschleiche/Anguis fragilis
Felchen = Renke
Forelle/Salmo trutta
Große Schwebrenke/Coregonus lavaretus
Hecht/Esox lucius
Kreuzotter/Vipera berus
Lachs/Salmo salar
Laube = Ukelei
Quappe/Lota lota
Renke/Coregonus spec.
Ringelnatter/Natrix natrix
Rutte = Quappe
Seeforelle/Salmo trutta lacustris
Seesaibling/Salvelinus alpinus
Teichmolch/Triturus vulgaris
Ukelei/Alburnus alburnus

Wirbellose Tiere
Buchdrucker/Ips typographus
Fichtenborkenkäfer/Pityophthorus microgra-phus
Fjällbirkenspanner/Oporinia autumnata
Graue Schließmundschnecke/Bulgarica cana
Harzrüßler/Pissodes harcyniae
Kupferstecher/Pityogenes chalcographus
Rindenschröter/Ceruchus chrysomelinus
Zottenbock/Tragosoma depsarium

Schwedisch/Deutsch

Växter/Pflanzen
åkerbär/Arktische Brombeere
älggräs/Echtes Mädesüß
ängsnycklar/Fleischrotes Knabenkraut
ängsull/Schmalblättriges Wollgras
asp/Zitterpappel
bågstarr/Bogensegge
bergslok/Nickendes Perlgras
björnbrodd/Zwergsimsenlilie
blåbär/Heidelbeere
bladvass/Schilf
blåtåtel/Pfeifengras
blomvass/Schwanenblume
borsttistel/Filzige Kratzdistel
bottenhavsmalört/Bottnischer Beifuß
brandspira/Brandläusekraut
bredkaveldun/Breitblättriger Rohrkolben
brokstarr/Zweifarbige Segge
brudborste/Zweifarbige Kratzdistel
brudkulla/Kohlröschen *(Gymnigritella runei)*
brudsporre/Mückenhändelwurz
brun vitmossa/Braunes Torfmoos
brunkulla/ Schwarzes Kohlröschen
bruntåg/Kastanienbraune Binse
dvärgbjörk/Zwergbirke
dvärgdraba/Felsenblümchen *(D. crassifolia)*
dvärgfingerört/Gelbling
dvärglummer/Gezähnter Moosfarn
dvärgnäckros/Kleine Teichrose
dvärgsyra/Islandknöterich
dvärgtätört/Zottiges Fettkraut
dvärgtranbär/Kleinfrüchtige Moosbeere
dvärgvide/Krautige Weide
dvärgyxne/Zwergorchis
ekorrbär/Schattenblümchen
enaxig sävstarr/Nacktried
fackelblomster/Blutweiderich
fårsvingel/Schafschwingel
finnskräppa/Ampfer *(R. pseudonatronatus)*
fjällarnika/Schmalblättrige Arnika
fjällbjörk/Fjällbirke
fjällblära/Kronlose Nelke
fjällbräken/Gebirgsfrauenfarn
fjällbräsma/Nordisches Schaumkraut
fjällbrud/Straußsteinbrech
fjällgentiana/Schnee-Enzian
fjällglim/Stengelloses Leimkraut
fjällgröna/Diapensie
fjällkåpa/Alpenfrauenmantel
fjällklocka/Arktische Glockenblume
fjällkrassing/Linienförmiges Breitschötchen
fjällkvanne/Erzengelwurz
fjällnejlika/Alpenpechnelke
fjällnoppa/Zwergruhrkraut
fjällnycklar/Lappländisches Knabenkraut
fjällruta/Alpenwiesenraute
fjällsippa/Silberwurz
fjällskära/Echte Alpenscharte
fjällsmörblomma/Bergranunkel
fjällspira/Rauhhaariges Läusekraut
fjällsyra/Säuerling
fjälltätört/Alpenfettkraut
fjällummer/Alpenbärlapp
fjällvallmo/Arktischer Mohn
fjällvedel/Alpentragant
fjällveronika/Alpenehrenpreis
fjällviva/Nordische Primel
fjällyxne/Weißzüngel *(ssp. straminea)*
flaskstarr/Schnabelsegge
garnlav/Fadenflechte
glansvide/Myrsineweide
glasbjörk/Moorbirke
gråal/Grauerle
gran/Fichte
groddlummer/Tannenbärlapp
grönkulla/Grüne Hohlzunge
grusnarv/Niederliegendes Sandkraut
guckusko/Frauenschuh
gul näckros/Gelbe Teichrose
gullbräcka/Gewimperter Steinbrech
gulldraba/Felsenblümchen *(D. alpina)*
gullris/Goldrute
gullspira/Buntes Läusekraut
hägg/Traubenkirsche
hårslinga/Wechselblütiges Tausendblatt
harsyra/Waldsauerklee
hassel/Hasel
hässlebrodd/Waldhirse
hästsvansört/Tannenwedel
havtorn/Sanddorn
hjortron/Moltebeere
hönsbär/Schwedischer Hartriegel
hundkäx/Wiesenkerbel
isranunkel/Gletscherhahnenfuß
isvedel/Gletscherlinse
jämtstarr/Jämtland-Segge
jungfru Marie nycklar/Geflecktes Knabenkraut
kambräken/Waldrippenfarn
kantljung/Vierkantige Cassiope
kärrviol/Sumpfveilchen
kartlav/Landkartenflechte
klippstarr/Felsensegge
klippveronika/Felsenehrenpreis
klynnetåg/Dreiblattbinse
knagglestarr/Große Gelbsegge
knärot/Kriechstendel
korallrot/Korallenwurz
kråkbär/Schwarze Krähenbeere
kranssvalting/Gemeiner Froschlöffel
kruståtel/Drahtschmiele
krypljung/Alpenazalee
Kung Karls spira/Karlszepter
kvanne/Erzengelwurz
långskägg/Bartflechte *(Usnea longissima)*
lappfela/Stumpfe Waldhyazinthe
lappgentiana/Zierlicher Enzian
lappljung/Blauheide
lappnycklar/Lappländisches Knabenkraut
lappranunkel/Lappländisches Scharbocks-kraut
lappspira/Lappland-Läusekraut
lapptåtel/Lappländische Schmiele
lappvide/Lapplandweide
lapsk alpros/Lappland-Alpenrose
liljekonvalj/Maiglöckchen
lingon/Preiselbeere
linnea/Nordisches Moosglöckchen
ljung/Besenheide
lönn/Spitzahorn
lundarv/Hainsternmiere

mångfingerört/Vielspaltiges Fingerkraut
masklav/Wurmflechte
midsommarblomster/Waldstorchschnabel
missne/Sumpfcalla
mjölkört/Waldweidenröschen
mjölon/Echte Bärentraube
myggblomster/Weichwurz
myrbräcka/Goldblumiger Steinbrech
myrlilja/Beinbrech
nattviol/Waldhyazinthe
nordisk stormhatt/Nördlicher Eisenhut
nordnäckros/Glänzende Seerose
norna/Norne
norrlandslav/Blattflechte *(Nephroma arcticum)*
odon/Rauschbeere
ögonpyrola/Einblütiges Wintergrün
ormbär/Einbeere
ormrot/Knöllchenknöterich
pilblad/Pfeilkraut
polarblära/Gabelförmige Nelke
polarnarv/Polarsandkraut
polarvide/Polarweide
praktnejlika/Prachtnelke
purpurbräcka/Roter Steinbrech
purpurkrassing/Purpurbreitschötchen
raggfingerört/Fingerkraut *(Potentilla hyparctica)*
ripbär/Alpenbärentraube
ripvide/Blaugrüne Weide
rödven/Rotes Straußgras
rönn/Eberesche
rosenbinka/Rosenberufkraut
rosenrot/Rosenwurz
rosling/Rosmarinheide
saffranslav/Ziegelrote Sackflechte
sälg/Salweide
saltarv/Salzmiere
säv/Gewöhnliche Teichsimse
sjöfräken/Teichschachtelhalm
skogsfräken/Waldschachtelhalm
skogsfru/Widerbart
skogskovall/Waldwachtelweizen
skogsnäva/Waldstorchschnabel
skogsstjärna/Siebenstern
sköldmöja/Schildhahnenfuß
skörbjuggsört/Echtes Löffelkraut
skorplavar/Krustenflechten
skrednarv/Norwegisches Sandkraut
skvattram/Sumpfporst
slåtterblomma/Herzblatt
slinke/Armleuchteralge *(Nitella)*
smörbollar/Trollblume
smultron/Walderdbeere
snip/Alpenhaarsimse
snölav/Schnee-Moosflechte
snömärkeslav/Schüsselflechte *(Parmelia olivacea)*
spindelblomster/Herzzweiblatt
sprängört/Wasserschierling
storsileshår/Langblättriger Sonnentau
strandtrav/Felsenschaumkresse
strandvial/Strandplatterbse
strängstarr/Fadenwurzelsegge
strutlav/Moosflechte *(Cetraria cucullata)*
styltstarr/Wiesensegge
styvstarr/Starre Segge
svarthö/Alpenhelm
svartvide/Myrsineweide
tagellavar/Fadenflechten
tagelstarr/Sonderbare Segge
taggstarr/Wenigblütige Segge
tall/Waldkiefer
tätört/Gewöhnliches Fettkraut
tibast/Seidelbast
topplösa/Straußgilbweiderich
torta/Alpen-Milchlattich
trådstarr/Fadensegge
tranbär/Moosbeere
trindstarr/Drahtsegge
trolldruva/Schwarzbeeriges Christophskraut
tuvbräcka/Rasensteinbrech
tuvsäv/Rasige Haarsimse
tuvull/Scheidiges Wollgras
tvåblad/Großes Zweiblatt
ullsäv/Alpenhaarsimse
ullvide/Wollige Weide
vänderot/Holunderblättriger Baldrian
vårbrodd/Gewöhnliches Ruchgras
vårtbjörk/Hängebirke
vårtsporigt braxengräs/Sumpfbrachsenkraut
vattenklöver/Fieberklee
videört/Gilbweiderich
vindlav/Blutaugenflechte
vinterlav/Schüsselflechte *(Parmelia centrifuga)*
vit näckros/Seerose

Däggdjur/Säugetiere

älg/Elch
bisam/Bisamratte
björn, brunbjörn/Braunbär
ekorre/Eichhörnchen
europeisk bäver/Eurasiatischer Biber
fjällämmel/Berglemming
fjällräv/Eisfuchs
gråsiding/Graurötelmaus
hermelin/Hermelin
järv/Vielfraß
lappnäbbmus/Maskenspitzmaus
lo, lodjur/Luchs
mård/Baummarder
mellansork/Nordische Wühlmaus
mindre dvärgnäbbmus/Knirpsspitzmaus
mink/Mink
nordisk fladdermus/Nordfledermaus
rådjur/Reh
ren/Ren
rödräv/Rotfuchs
skogshare/Schneehase
skogslämmel/Waldlemming
skogssork/Rötelmaus
taiganäbbmus/Taigaspitzmaus
utter/Fischotter
vanlig näbbmus/Waldspitzmaus
varg/Wolf
vattennäbbmus/Wasserspitzmaus
vessla/Mauswiesel

Fåglar/Vögel

alfågel/Eisente
ängspiplärka/Wiesenpieper
backsvala/Uferschwalbe
bergand/Bergente
bergfink/Bergfink
berglärka/Ohrenlerche
berguv/Uhu
björktrast/Wacholderdrossel
blå kärrhök/Kornweihe
blåhake/Blaukehlchen
bläsand/Pfeifente
bofink/Buchfink
brushane/Kampfläufer
buskskvätta/Braunkehlchen
dalripa/Moorschneehuhn
domherre/Gimpel
drillsnäppa/Flußuferläufer
dubbelbeckasin/Doppelschnepfe
dubbeltrast/Misteldrossel
duvhök/Habicht
dvärgbeckasin/Zwergschnepfe
enkelbeckasin/Bekassine
fiskmås/Sturmmöwe
fisktärna/Flußseeschwalbe
fjällabb/Falkenraubmöwe
fjällpipare/Mornellregenpfeifer
fjällripa/Alpenschneehuhn
fjälluggla/Schnee-Eule
fjällvråk/Rauhfußbussard
gluttsnäppa/Grünschenkel
gök/Kuckuck
göktyta/Wendehals
grå flugsnappare/Grauschnäpper
grå kråka/Nebelkrähe
gransångare/Zilpzalp
gräsand/Stockente
gråsiska/Birkenzeisig
grönbena/Bruchwasserläufer
grönsiska/Erlenzeisig
gulärla/Schafstelze
havsörn/Seeadler
hökuggla/Sperbereule
hussvala/Mehlschwalbe
jaktfalk/Gerfalke
järnsparv/Heckenbraunelle
järpe/Haselhuhn
jorduggla/Sumpfohreule
kärrsnäppa/Alpenstrandläufer
knipa/Schellente
korp/Kolkrabe
kråka/Aaskrähe
kricka/Krickente
kungsfågel/Wintergoldhähnchen
kungsörn/Steinadler
ladusvala/Rauchschwalbe
lappmes/Lapplandmeise
lappsparv/Spornammer
lappuggla/Bartkauz
lavskrika/Unglückshäher
ljungpipare/Goldregenpfeifer
lövsångare/Fitis
mindre hackspett/Kleinspecht
mindre korsnäbb/Fichtenkreuzschnabel
morkulla/Waldschnepfe
mosnäppa/Temminckstrandläufer
myrsnäppa/Sumpfläufer
nordsångare/Wanderlaubsänger
nötskrika/Eichelhäher
orre/Birkhuhn
pärluggla/Rauhfußkauz
pilgrimsfalk/Wanderfalke
ringtrast/Ringdrossel
rödhake/Rotkehlchen
rödstjärt/Gartenrotschwanz
rödstrupig piplärka/Rotkehlpieper
rödvingetrast/Rotdrossel
ryssvråk/Falkenbussard
sädesärla/Bachstelze
sädgås/Saatgans
salskrake/Zwergsäger
sångsvan/Singschwan
sävsångare/Schilfrohrsänger
sävsparv/Rohrammer
sidensvans/Seidenschwanz
silvertärna/Küstenseeschwalbe
sjöorre/Trauerente

skata/Elster
skogssnäppa/Waldwasserläufer
slaguggla/Habichtskauz
smalnäbbad simsnäppa/Odinshühnchen
smålom/Sterntaucher
småskrake/Mittelsäger
småspov/Regenbrachvogel
snösparv/Schneeammer
sparvhök/Sperber
sparvuggla/Sperlingskauz
spillkråka/Schwarzspecht
stenfalk/Merlin
stenskvätta/Steinschmätzer
stjärtand/Spießente
stjärtmes/Schwanzmeise
storlom/Prachttaucher
större hackspett/Buntspecht
större korsnäbb/Kiefernkreuzschnabel
större strandpipare/Sandregenpfeifer
storskrake/Gänsesäger
strömstare/Wasseramsel
svärta/Samtente
svartmes/Tannenmeise
svartsnäppa/Dunkler Wasserläufer
svartvit flugsnappare/Trauerschnäpper
talgoxe/Kohlmeise
tallbit/Hakengimpel
talltita/Weidenmeise
taltrast/Singdrossel
tjäder/Auerhuhn
tofsmes/Haubenmeise
tofsvipa/Kiebitz
trädgårdssångare/Gartengrasmücke
trädkrypare/Waldbaumläufer
trädpiplärka/Baumpieper
trana/Kranich
tretåig hackspett/Dreizehenspecht
varfågel/Raubwürger
videsparv/Waldammer
vigg/Reiherente

Fiskar/Fische
abborre/Flußbarsch
gädda/Hecht
harr/Äsche
havsöring/Seeforelle
lake/Quappe
lax/Lachs
öring/Forelle
röding/Saibling
sik/Große Schwebrenke

Norwegisch/Deutsch

Planten/Pflanzen
åkerbær/Arktische Brombeere
alperublom/Fladnitzer Hungerblümchen
ballblom/Trollblume
bergfrue, fjelldronningen/Straußsteinbrech
bjønneskjegg/Rasige Haarsimse
bjønnkam/Waldrippenfarn
blåtopp/Pfeifengras
blokkevier/Moorweide
brannmyrklegg/Brandläusekraut
brudespore/Mückenhändelwurz
dverggråurt/Zwergruhrkraut
dvergmaigull/Zwergmilzkraut
engmarihand/Fleischrotes Knabenkraut
finnmarkspors/Sumpfporst
fjellfiol/Gelbes Veilchen
fjellfrøstjerne/Alpenwiesenraute
fjellmarikåpe/Alpenfrauenmantel
fjellnøkleblomst/Nordische Primel
fjellpryd/Diapensie
fjellsklokke/Arktische Sonnenblume
fjellsolblomst/Schmalblättrige Arnika
fjelltjæreblomst/Alpenpechnelke
fjellvalmue/Arktischer Mohn
flekkmarihånd/Geflecktes Knabenkraut
flueblom/Fliegenragwurz
grepplyng/Alpenazalee
gulaks/Gewöhnliches Ruchgras
gullris/Goldrute
gulmjelt/Gletscherlinse
gulsildre/Gewimperter Steinbrech
gulstorr/Große Gelbsegge
hegg/Traubenkirsche
hesterumpe/Tannenwedel
hestespreng/Krauser Rollfarn
høgfjellsklokke/Arktische Glockenblume
issoleie/Gletscherhahnenfuß
jåblom/Herzblatt
kantlyng/Vierkantige Cassiope
kastanjesev/Kastanienbraune Binse
klåved/Deutsche Tamariske
kongsspir/Karlszepter
krekling/Schwarze Krähenbeere
kvann/Erzengelwurz
kvitbladtistel/Zweifarbige Kratzdistel
kvitlyng/Rosmarinheide
lappflokk/Glockiges Sperrkraut
lapprose/Lappland-Alpenrose
lappsoleie/Lappländisches Scharbockskraut
lappvier/Lapplandweide
linnea/Moosglöckchen
lodnemyrklegg/Rauhhaariges Läusekraut
mjødurt/Echtes Mädesüß
moselyng/Moosähnliche Cassiope
musøyre/Krautige Weide
myrfiol/Sumpfveilchen
myrsildre/Goldblumiger Steinbrech
myrtevier/Myrsineweide
olavsstake/Einblütiges Wintergrün
reinmjelt/Lappland-Spitzkiel
reinrose/Silberwurz
rogn/Eberesche
rome/Beinbrech
rosekarse/Linienförmiges Breitschötchen
rosenrot/Rosenwurz
røssljung/Besenheide
rypebær/Alpenbärentraube
savartisvalmue/Svartis-Mohn
selje/Salweide
setermjelt/Alpentragant
sibirturt/Sibirischer Lattich
skeggstorr/Segge *(Carex nardina)*
skogmarimjelle/Waldwachtelweizen
skogstjerne/Siebenstern
skogstorkenebb/Waldstorchschnabel
skrubbær/Schwedischer Hartriegel
snøsoleie/Bergranunkel
stivstorr/Starre Segge
storveronika/Langblättriger Ehrenpreis
strutsveng/Deutscher Straußfarn
svarttopp/Alpenhelm
svartvier/Schwarzweide
sveltstorr/Wenigblütige Segge
sveltull/Alpenhaarsimse
sølvvier/Blaugrüne Weide
tjønnaks/Schwimmendes Laichkraut
tranebær/Moosbeere
trefingerurt/Gelbling
turt/Alpen-Milchlattich
tuvesildre/Rasensteinbrech
tyrihjelm/Nördlicher Eisenhut
vendelrot/Holunderblättriger Baldrian
villrips/Nordische Johannisbeere

Pattedyr/Säugetiere
bever/Biber
bjørn/Braunbär
blåsel/Bartrobbe
ekorn/Eichhörnchen
elg/Elch
finnhval/Finnwal
fjellrev/Eisfuchs
fjellrotte/Nordische Wühlmaus
gaupe/Luchs
gråsidemus/Graurötelmaus
grønlandssel/Sattelrobbe
hare/Schneehase
havert/Kegelrobbe
jerv/Vielfraß
knølhval/Buckelwal
lappspissmus/Maskenspitzmaus
lemen/Berglemming
mår/Baummarder
mink/Mink
nise/Schweinswal
nordisk flaggermus/Nordfledermaus
oter/Fischotter
rådyr/Reh
rein/Ren
ringsel/Eismeer-Ringelrobbe
rødrev/Rotfuchs
røyskatt/Hermelin
seihval/Seiwal
snømus/Mauswiesel
spekkhogger/Schwertwal
steinkobbe/Seehund
ulv/Wolf
vågehval/Zwergwal
villrein/Wildren

Fugler/Vögel
alke/Tordalk
ærfugl/Eiderente
bergand/Bergente
bjørkefink/Bergfink
blåstrupe/Blaukehlchen
boltit/Mornellregenpfeifer
brunnakke/Pfeifente
brushane/Kampfläufer
buskskvett/Braunkehlchen
dobbeltbekkasin/Doppelschnepfe
dompap/Gimpel
dvergfalk/Merlin
dverggås/Zwerggans
dvergsnipe/Zwergstrandläufer
dvergspett/Kleinspecht
enkeltbekkasin/Bekassine
fiskemåke/Sturmmöwe
fiskeørn/Fischadler
fjæreplytt/Meerstrandläufer
fjellerke/Ohrenlerche
fjelljo/Falkenraubmöwe
fjellmyrløper/Sumpfläufer
fjellrype/Alpenschneehuhn
fjellvåk/Rauhfußbussard
flaggspett/Buntspecht
fossekall/Wasseramsel
fuglekonge/Wintergoldhähnchen
furukorsnebb/Kiefernkreuzschnabel
gjøk, gauk/Kuckuck
gluttsnipe/Grünschenkel

gråfluesnapper/Grauschnäpper
gråhegre/Graureiher
gråmåke/Silbermöwe
grankorsnebb/Fichtenkreuzschnabel
granmeis/Weidenmeise
gråsisik/Birkenzeisig
gråtrost/Wacholderdrossel
grønnsisik/Erlenzeisig
grønnstilk/Bruchwasserläufer
gulerle/Schafstelze
gulnebblom/Gelbschnabeltaucher
hagesanger/Gartengrasmücke
haukugle/Sperbereule
havelle/Eisente
havhest/Eissturmvogel
havsule/Baßtölpel
havørn/Seeadler
heilo/Goldregenpfeifer
heipiplerke/Wiesenpieper
horndykker/Ohrentaucher
hubro/Uhu
hønsehauk/Habicht
jaktfalk/Gerfalke
jernspurv/Heckenbraunelle
jerpe/Haselhuhn
jordugle/Sumpfohreule
kjøttmeis/Kohlmeise
kongeørn/Steinadler
konglebit/Hakengimpel
kortnebbgås/Kurzschnabelgans
kråke/Nebelkrähe
krikkand/Krickente
krykkje/Dreizehenmöwe
kvartbekkasin/Zwergschnepfe
kvinand/Schellente
laksand/Gänsesäger
lappfiskand/Zwergsäger
lappsanger/Wanderlaubsänger
lappspove/Pfuhlschnepfe
lappspurv/Spornammer
lappugle/Bartkauz
lavskrike/Unglückshäher
linerle/Bachstelze
lirype/Moorschneehuhn
lomvi/Trottellumme
lunde/Papageitaucher
løvsanger/Fitis
makrellterne/Flußseeschwalbe
måltrost/Singdrossel
myrhauk/Kornweihe
myrsnipe/Alpenstrandläufer
nøtteskrika/Eichelhäher
orrfugl/Birkhuhn
perleugle/Rauhfußkauz
polarlomvi/Dickschnabellumme
polarmåke/Eismöwe
praktærfugl/Prachteiderente
ravn, ramn/Kolkrabe
ringtrost/Ringdrossel
rugde/Waldschnepfe
rødnebbterne/Küstenseeschwalbe
rødstilk/Rotschenkel
rødstjert/Gartenrotschwanz
rødstrupe/Rotkehlchen
rødvingetrost/Rotdrossel
sædgås/Saatgans
sandlo/Sandregenpfeifer
sangsvane/Singschwan
sidensvans/Seidenschwanz
siland/Mittelsäger
sildemåke/Heringsmöwe
sivsanger/Schilfrohrsänger
sivspurv/Rohrammer
sjøorre/Samtente
skjære/Elster
skjærpiplerke/Strandpieper
smålom/Sterntaucher
småspove/Regenbrachvogel
snøspurv/Schneeammer
snøugle/Schnee-Eule
sotsnipe/Dunkler Wasserläufer
spurvehauk/Sperber
spurveugle/Sperlingskauz
stær/Star
steinskvett/Steinschmätzer
steinvender/Steinwälzer
steller-and/Scheckente
stjertand/Spießente
storfugl/Auerhuhn
storjo/Skua
storlom/Prachttaucher
storskarv/Kormoran
storspove/Großer Brachvogel
strandsnipe/Flußuferläufer
svartand/Trauerente
svartbak/Mantelmöwe
svarthvit fluesnapper/Trauerschnäpper
svartspett/Schwarzspecht
svømmesnipe/Odinshühnchen
teist/Gryllteiste
temmincksnipe/Temminckstrandläufer
tjeld/Austernfischer
toppand/Reiherente
toppskarv/Krähenscharbe
trane/Kranich
tretåspett/Dreizehenspecht
tyvjo/Schmarotzerraubmöwe
vandrefalk/Wanderfalke
varsler/Raubwürger

Fiske/Fische
abbor/Barsch
gjedde/Hecht
harr/Äsche
lake/Quappe
røye/Saibling
sik/Felchen
ørre/Forelle

Finnisch/Deutsch

Nisäkäät/Säugetiere
ahma/Vielfraß
harmaakuvemyyrä/Graurötelmaus
hirvi/Elch
idänpäästäinen/Maskenspitzmaus
ilves/Luchs
isolumikko/Mauswiesel
kääpiöpäästäinen/Knirpsspitzmaus
kärppä/Hermelin
kettu/Rotfuchs
koivuhiiri/Birkenmaus
korpipäästäinen/Taigaspitzmaus
lapinmyyrä/Nordische Wühlmaus
laukonpeura/Weißwedelhirsch
liito-orava/Gleithörnchen
mäyrä/Dachs
metsäjänis/Schneehase
metsäkauris/Reh
metsäsopuli/Waldlemming
naali/Eisfuchs
näätä/Baummarder
norppa/Ringelrobbe
orava/Eichhörnchen
peura/Ren
piisami/Bisamratte
pohjanlepakko/Nordfledermaus
poro/Ren
saukko/Fischotter
susi/Wolf
tunturisopuli/Berglemming
valkohäntäpeura/Weißwedelhirsch
vesipäästäinen/Wasserspitzmaus
villiminkki/Mink

Linnut/Vögel
alli/Eisente
ampuhaukka/Merlin
etelänkiisla/Trottellumme
haapana/Pfeifente
haarapääsky/Rauchschwalbe
harakka/Elster
härkälintu/Rothalstaucher
harmaahaikara/Graureiher
harmaalokki/Silbermöwe
harmaapäätikka/Grauspecht
harmaasieppo/Grauschnäpper
helmipöllö/Rauhfußkauz
hiiripöllö/Sperbereule
hippiäinen/Wintergoldhähnchen
hömötiainen/Weidenmeise
huuhkaja/Uhu
isokäpylintu/Kiefernkreuzschnabel
isokoskelo/Gänsesäger
isokuovi/Großer Brachvogel
jänkäsirriäinen/Sumpfläufer
järripeippo/Bergfink
jouhisorsa/Spießente
kaakkuri/Sterntaucher
käenpiika/Wendehals
käki/Kuckuck
kalalokki/Sturmmöwe
kalasääski/Fischadler
kalatiira/Flußseeschwalbe
kanahaukka/Habicht
kapustarinta/Goldregenpfeifer
käpytikka/Buntspecht
keltasirkku/Goldammer
keltavästäräkki/Schafstelze
keräkurmitsa/Mornellregenpfeifer
kiiruna/Alpenschneehuhn
kiljuhanhi/Zwerggans
kirjosieppo/Trauerschnäpper
kirjosiipikäpylintu/Bindenkreuzschnabel
kiuru/Feldlerche
kivitasku/Steinschmätzer
korppi/Kolkrabe
koskikara/Wasseramsel
kotka/Steinadler
kottarainen/Star
kuikka/Prachttaucher
kulorastas/Misteldrossel
kultasirkku/Weidenammer
kurki/Kranich
kuukkeli/Unglückshäher
kuusitiainen/Tannenmeise
lapasotka/Bergente
lapinharakka/Raubwürger
lapinsirkku/Spornammer
lapinsirri/Temminckstrandläufer
lapintiira/Küstenseeschwalbe
lapinuunilintu/Wanderlaubsänger
lappinpöllö/Bartkauz
laulujoutsen/Singschwan
laulurastas/Singdrossel

lehtokerttu/Gartengrasmücke
lehtokurppa/Waldschnepfe
leppälintu/Gartenrotschwanz
liro/Bruchwasserläufer
luhtakerttunen/Sumpfrohrsänger
merikotka/Seeadler
metsähanhi/Saatgans
metsäkirvinen/Baumpieper
metsäviklo/Waldwasserläufer
metso/Auerhuhn
mustakurkku-uikku/Ohrentaucher
mustalintu/Trauerente
mustaviklo/Dunkler Wasserläufer
muuttohaukka/Wanderfalke
naakka/Dohle
närhi/Eichelhäher
naurulokki/Lachmöwe
niittykirvinen/Wiesenpieper
nokivaris/Aaskrähe
pajulintu/Fitis
pajusirkku/Rohrammer
peltosirkku/Ortolan
palokärki/Schwarzspecht
peippo/Buchfink
pensastasku/Braunkehlchen
peukaloinen/Zaunkönig
piekana/Rauhfußbussard
pikkukäpylintu/Fichtenkreuzschnabel
pikkukuovi/Regenbrachvogel
pikkulokki/Zwergmöwe
pikkusieppo/Zwergschnäpper
pikkusirkku/Zwergammer
pikkutikka/Kleinspecht
pilkkasiipi/Samtente
pohjansirkku/Waldammer
pohjantikka/Dreizehenspecht
punajalkahaukka/Baumfalke
punakuiri/Pfuhlschnepfe
punakylkirastas/Rotdrossel
punarinta/Rotkehlchen
punasotka/Tafelente
punatulkku/Gimpel
punavarpunen/Karmingimpel
puukiipijä/Waldbaumläufer
pyy/Haselhuhn
räkättirastas/Wacholderdrossel
rantasipi/Flußuferläufer
rautiainen/Heckenbraunelle
räystäspääsky/Mehlschwalbe
riekko/Moorschneehuhn
riskilä/Gryllteiste
ruokki/Tordalk
ruokokerttunen/Schilfrohrsänger
satakieli/Sprosser
selkälokki/Heringsmöwe
sepelkyyhky/Ringeltaube
sepelrastas/Ringdrossel
silkkiuikku/Haubentaucher
sinipyrstö/Blauschwanz
sinirinta/Blaukehlchen
sinisuohaukka/Kornweihe
sirittäjä/Waldlaubsänger
suokukko/Kampfläufer
suopöllö/Sumpfohreule
taivaanvuohi/Bekassine
talitiainen/Kohlmeise
tavi/Krickente
taviokuurna/Hakengimpel
teeri/Birkhuhn
telkkä/Schellente
tilhi/Seidenschwanz
tiltaltti/Zilpzalp
törmäpääsky/Uferschwalbe
töyhtöhyyppä/Kiebitz
töyhtötiainen/Haubenmeise
tukkakoskelo/Mittelsäger
tukkasotka/Reiherente
tunturihaukka/Gerfalke
tunturikihu/Falkenraubmöwe
tunturikiuru/Ohrenlerche
tylli/Sandregenpfeifer
uivelo/Zwergsäger
ulmunen/Schneeammer
urpiainen/Birkenzeisig
valkoselkätikka/Weißrückenspecht
valkoviklo/Grünschenkel
varpushaukka/Sperber
varpuspöllö/Sperlingskauz
västäräkki/Bachstelze
vesipääsky/Odinshühnchen
viherpeippo/Grünling
vihervarpunen/Erlenzeisig
viirupöllö/Habichtskauz
vitakerttunen/Buschrohrsänger

Kalan/Fische
ahven/Barsch
ahven/Flußbarsch
harjus/Äsche
hauki/Hecht
järvitaimen/Seeforelle
lahna/Brachse
lohi/Lachs
nieriä/Saibling
purotaimen/Bachforelle
siika/Große Schwebrenke
taimen/Forelle

Register

Fett gedruckte Seitenzahlen verweisen auf Fotos, schräg gedruckte auf Essays (im Text blau unterlegt). Seitenzahlen mit dem Zusatz »ff.« bezeichnen den Beginn eines Hauptreiseziels.

Pflanzen- und Tiernamen

Ortsnamen, Sachbegriffe und Personen

Die Natur als Reiseziel

Informationen und Impressionen für reiselustige Naturfreunde

»... mit diesen ›Reiseführern Natur‹ wurde eine wichtige Lücke geschlossen. Es war mir vergönnt, in den letzten dreißig Jahren alle von Ihnen publizierten Räume zu besuchen und ich kann ermessen, welche konzentrierte Einstimmung Sie jedem Naturfreund mit den vorzüglich ausgerichteten Reisevorbereitungen ermöglichen. Ich bin sicher, daß der BLV mit dieser Produktion allen reisefreudigen Naturfreunden eine große Hilfe sein wird.«

Heinz Sielmann

»Endlich, kann man nur sagen! Es gibt endlich gute Reiseführer für Leute, die vor allem die Natur des Gastlandes erkunden wollen. Vorbei sind die Zeiten, in denen man sich aus mehreren Büchern alle notwendigen Informationen über Nationalparks, Tiere, Pflanzen, Wander- und Beobachtungsmöglichkeiten selber zusammentragen mußte...«

Ein Herz für Tiere

Bereits erschienen:

Brigitte Fugger/Wolfgang Bittmann, **Australien** • Wolfgang Bittmann/Brigitte Fugge, **Galapagos** • Johannes Kautzky, **Griechenland – Festland und Küste** • Gertrud Neumann-Denzau/Helmut Denzau, **Indien** • Winfried Wisniewski, **Island** • Hans-Heiner Bergmann/Wiltraud Engländer, **Kanarische Inseln** • Eberhard und Klaudia Homann, **Malaysia** • Horst und Wally Hagen, **Ostafrika** • Roberto Cabo, **Spanien** • Eckart Pott/Werner Küpker, **Südliches Skandinavien** • Aygün und Max Kasparek, **Türkei** • Wolfgang Bittmann/Brigitte Fugger, **USA** • Matthias Schellhorn, **Neuseeland** • Bernhard Gall/Martin Wikelski, **Brasilien, Venezuela** • Gerhard Beese, **Balearen** • Renate und Achim Kostrzewa, **Schottland mit England und Wales** • Angelika Lang/Sven Halling/Detlef Singer, **Nördliches Skandinavien mit Finnland** • August Sycholt, **Südliches Afrika**

In Vorbereitung:

- Inseln im Indischen Ozean
- Nepal mit Sikkim und Bhutan
- Südliches Frankreich

Im BLV Verlag finden Sie Bücher zu folgenden Themen: Garten und Zimmerpflanzen • Natur • Heimtiere • Jagd • Angeln • Pferde und Reiten • Sport und Fitneß • Tauchen • Reise • Wandern, Bergsteigen, Alpinismus • Essen und Trinken • Gesundheit, Wohlbefinden, Medizin

Wenn Sie ausführliche Informationen wünschen, schreiben Sie bitte an:

BLV

BLV Verlagsgesellschaft mbH
Postfach 400320 • 80703 München
Telefon 089/12705-0 • Telefax 089/12705-543